Inga Tönnies

Abschied zu Lebzeiten

Wie Angehörige mit Demenzkranken leben

Tönnies, Inga: Abschied zu Lebzeiten.
Wie Angehörige mit Demenzkranken leben.
5. Auflage 2013
978-3-86739-007-1

Bibliografische Information der Deutschen Nationalbibliothek
Die Deutsche Nationalbibliothek verzeichnet diese Publikation in der Deutschen Nationalbibliografie; detaillierte bibliografische Daten sind im Internet über http://dnb.d-nb.de abrufbar.

Originalausgabe: Psychiatrie Verlag, Köln 2004
Der Balance buch + medien verlag ist ein Imprint der Psychiatrie Verlag GmbH, Köln.

Typografiekonzept: Iga Bielejec, Nierstein
Satz: BALANCE buch + medien verlag, Köln
Umschlagkonzeption: p.o.l: kommunikation design, Köln,
unter Verwendung eines Bildes von ToumaArt, Leipzig
Druck und Bindung: KN Digital Printforce, Erfurt

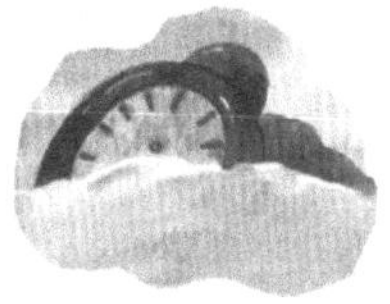

Geleitwort 5

Warum ich Angehörige demenzkranker Menschen interviewte 8

Die Interviews 15

Je länger das dauert, desto empfindlicher werde ich
Helga P. (52): Meine Mutter (84) ist seit dreizehn Jahren demenzkrank 18

Ich hatte noch nie im Leben eine so sinnvolle Aufgabe wie diese
Hartmut Tillmanns (70): Meine Frau (71) ist seit sechs Jahren demenzkrank 29

Wenn sie nichts sagt, das schnürt mir so die Luft zum Atmen ab
Sabine G. (44): Mein Mutter (81) ist seit vier Jahren demenzkrank 61

Die Krankheit bestimmt den Tag und nichts anderes
Rosemarie F. (54): Mein Mann (62) ist seit sieben Jahren demenzkrank 73

Mittlerweile freue ich mich schon, wenn er meinen Namen sagt
Lutz P. (38): Mein Vater (69) ist seit drei Jahren demenzkrank 103

Durch die Arbeit, die zu tun ist, werde ich abgelenkt
Ferdinand K. (81): Meine Frau (78) ist seit zehn Jahren demenzkrank 124

Wenn ich jetzt nicht aufpasse, dann lebe ich nicht mehr mein Leben, sondern ihr Leben
Ulrike Storm (41): Meine Mutter (79) ist seit einigen Monaten demenzkrank 141

Mein großer starker Papa – und jetzt dieses Häufchen Mensch
Ulla B. (51): Mein Vater (87) ist seit drei Jahren demenzkrank 151

Ich habe immer noch das Gefühl, das ist meine Mutter
Irmtraut D. (45): Meine Mutter (76) ist seit drei Jahren demenzkrank 162

Ich habe eine Vision – und das wird auch etwas werden
Marlene Keilhack (69): Mein Mann (75) ist seit zehn Jahren demenzkrank 182

Von anderen Angehörigen lernen: Last abwerfen! Entlastungsmöglichkeiten nutzen 208

Anhang 232

Die Autorin 238

Geleitwort

In Deutschland leben gegenwärtig mehr als eine Million Demenzkranke; zwei Drittel von ihnen sind von der Alzheimerkrankheit betroffen. Jährlich treten mehr als 200 000 Neuerkrankungen auf. Nach Vorausberechnungen der Bevölkerungsentwicklung wird die Zahl der Demenzkranken Jahr für Jahr um etwa 20 000 zunehmen und sich bis zum Jahr 2050 auf mehr als zwei Millionen erhöhen, sofern kein Durchbruch in Prävention und Therapie gelingt.

Die Demenzkrankheit rückt also immer mehr ins öffentliche Interesse. Die Menschen werden älter, und damit steigt das Risiko, an einer Demenz zu erkranken. Kaum eine Familie, die sich nicht damit konfrontiert sieht. Auch wenn in den letzten Jahren das Tabu, über die Existenz dieser Krankheit zu sprechen, aufgebrochen wurde, ist noch viel Aufklärungsarbeit nötig – Aufklärung insbesondere darüber, was eine Demenz für Angehörige bedeutet. Demenz wird als Familienkrankheit oder als Krankheit der Angehörigen bezeichnet.

Das Krankheitsbild ist gekennzeichnet durch Gedächtnis- und Orientierungsstörungen sowie Störungen des Denk- und Urteilsvermögens, die die Bewältigung eines normalen Alltagslebens immer schwieriger machen. Die Patienten sind auf zunehmende Hilfe und Unterstützung angewiesen. Dabei sind Demenzkranke keine einheitliche Gruppe, sondern Individuen mit ganz unterschiedlichen Lebensläufen, Kompetenzen und Defiziten, die in unterschiedlichen sozialen und ökonomischen Situationen leben. Ebenso differenziert sind die jeweiligen Anforderungen an Betreuung, Pflege, Therapie und ärztliche Behandlung.

Es ist eine Erkrankung, bei der die Nahestehenden lernen müssen, mit ihr zu leben – die Kranken selbst müssen zusätzlich gestützt werden, denn sie sind vielfach nicht mehr in der Lage, sich selbst mit der Krankheit auseinander zu setzen, auch wenn sie es sind, die die Symptome als Erste wahrnehmen. Den Begleitenden oder Pflegenden wird auch sonst einiges abverlangt: Ihnen wird die enorme Belastung auferlegt, im Verlauf der Krankheit allumfassend für alle Lebensbereiche des Erkrankten verantwortlich zu sein. Ebenso müssen sie die mit der Demenz einhergehenden Wesensveränderungen verkraften – sie müssen einen Abschied zu Lebzeiten bewältigen.

In diesem Buch wird die Demenz nicht aus medizinischer oder pflegerischer Sicht betrachtet, sondern es kommen pflegende oder begleitende Angehörige (Töchter, Söhne, Partner) zu Wort.

Sie berichten über ihre Gefühle, mit denen sie durch die Demenzerkrankung eines nahe stehenden Menschen konfrontiert werden. Auch häufig tabuisierte Gefühle wie Überforderung, Kränkung, Hilflosigkeit, Schuld, Wut, Scham und Trauer kommen zur Sprache. Aus eigener Erfahrung weiß ich, wie wichtig es ist, sich mit den Gefühlen auseinander zu setzen, die durch die Demenzerkrankung eines Angehörigen bei einem selbst ausgelöst werden können.

Das Buch richtet sich in erster Linie an die Angehörigen Demenzkranker. Beim Lesen der Interviews werden Sie feststellen, dass es anderen Menschen ähnlich geht, wie Ihnen selbst, Sie erleben im wahrsten Sinne des Wortes »Mitleidende« – und es entlastet, in einer solchen Situation nicht allein zu sein. Die Interviews machen deutlich, wie berechtigt und erlaubt die angeblich so negativen Gefühle sind. Zum Teil sind sie sogar notwendig, um sich mit der Krankheit auseinander setzen zu können. Und sie zeigen Ihnen möglicherweise, dass auch Sie unter der Krankheit leiden dürfen: Vielen Angehörigen macht die Demenz ihrer Nahestehenden sehr zu schaffen, aber häufig

ist ihnen nicht klar, warum sie leiden, denn die Belastung ist nicht offensichtlich greifbar.
Auch für professionell Pflegende, wie Altenpflegerinnen und Altenpfleger in den Alten- und Pflegeheimen, Mitarbeiterinnen und Mitarbeiter der Pflegedienste, der Beratungsstellen oder der ambulanten Dienste ist das Buch wichtig. Es kann dazu beitragen, die häufig bestehenden Spannungen zwischen ihnen und den Angehörigen besser zu verstehen und aufzuweichen. Ebenso könnte ich mir die Interviews als Unterrichtsmaterial in Altenpflegeschulen vorstellen.
Weil Angehörige erzählen und weil nicht aus medizinischer oder pflegerischer Perspektive auf das Thema geschaut wird, wird die Krankheit auch für Menschen greifbar, die in keiner Weise von der Krankheit betroffen sind, die also weder an Demenz erkrankte Partner, noch Eltern oder andere Angehörige haben. Sie bekommen durch die Interviews einen Einblick in die Entwicklung der Demenzkrankheit, die Anforderungen und die Leistungen der pflegenden Angehörigen. Das Buch kann also auch ganz allgemein dazu beitragen, Aufklärung zu leisten – auf eine sehr persönliche Weise.

Heike von Lützau-Hohlbein
1. Vorsitzende der Deutschen Alzheimer Gesellschaft e. V.

Warum ich Angehörige demenzkranker Menschen interviewte

Meine Mutter ist dreiundachtzig Jahre alt und seit sechs Jahren demenzkrank. Die ersten Anzeichen deuteten wir als ganz normale, altersbedingte Vergesslichkeit, aber irgendwann war nicht mehr auszublenden, dass eine Demenz vorliegt.

Früher war sie eine sehr aufopferungsbereite Frau, die sich selbst immer stark zurücknahm, die aber doch eine »ruhige Stärke« besaß. Auch heute in der Demenz ist sie sehr »pflegeleicht«: Sie ist nicht aggressiv, nicht unruhig, sie läuft nicht weg, sie stellt keine Ansprüche, hat keine körperlichen Gebrechen und sie wehrt sich nicht dagegen, dass fremde Personen vom Pflegedienst oder aus sozialen Einrichtungen zu ihr in die Wohnung kommen. Diese Bedingungen trugen erheblich dazu bei, dass wir ihren Alltag nach dem Tod meines Vaters vor vier Jahren sehr schnell gut organisieren konnten.

Meine Schwester und ich werden durch einen sehr guten Pflegedienst und durch engagierte Frauen in der Betreuung unserer Mutter unterstützt. Objektiv betrachtet sind die Bedingungen also fast ideal.

Weil die persönliche Betreuung meiner Mutter und die Organisation, die erforderlich ist, um ihren Alltag zu regeln, dennoch einen Großteil meiner Zeit beansprucht, habe ich mich entschieden, momentan nicht erwerbstätig zu sein. Ich bin dankbar dafür, dass ich eine Lebenssituation habe, die das ermöglicht. Durch diese Bedingungen kann ich mir die Zeiten, die ich bei meiner Mutter verbringe, relativ frei einteilen. Ich muss die Betreuung nicht zeitlich getrieben und innerlich gestresst nach einem harten Arbeitstag leisten. Das macht die Situation leichter für mich.

Alles wunderbar, könnte man denken. Aber trotz all der positiven Randbedingungen strengt mich die Betreuung häufig sehr an, und manchmal fällt es mir schwer, mir klar zu machen, woran das liegt.

Meine ehemals starke Mutter verwandelte sich von einer aktiven, kontaktfreudigen, einfühlsamen Frau in ein völlig willen- und antriebsloses Wesen und war plötzlich gar nicht mehr stark, sondern sehr hilfsbedürftig. Ohne Aufforderung würde sie weder morgens aufstehen noch ihre Körperpflege durchführen noch etwas zu essen für sich zubereiten. Sie würde den ganzen Tag im Bett liegen oder auf ihrem Stuhl sitzen, und essen würde sie zwischendurch mal ein paar Löffel Marmelade, Kekse oder was gerade zu finden wäre.

So, wie sie selbst ohne die täglichen Einsätze der Pflegepersonen verkommen würde, vernachlässigt sie auch alles um sich herum. Und dabei legte sie früher so viel Wert auf ihre eigene Gepflegtheit und es machte ihr immer viel Freude, Haus und Garten in Ordnung zu halten. Ihr (gesundes) Leben lang liebte sie Blumen so sehr – heute ist sie nicht mehr in der Lage, ihren Topfblumen Wasser zu geben, Schnittblumen vertrocknen in der Vase, wenn das Wasser verbraucht ist.

Diese Verwahrlosungserscheinungen zu ertragen ist sehr schwer für mich. An den unterlassenen Handlungen wird ihre Krankheit und die damit einhergehende Wesensänderung für mich besonders schmerzhaft deutlich.

Meine Mutter war sehr einfühlsam, früher, als sie noch nicht demenzkrank war. Durch die Demenz ging auch diese Fähigkeit verloren. Sie kann nicht mehr auf mich oder auf einen anderen Menschen eingehen, kann die Sorgen und Nöte anderer nicht mehr sehen. Das, was für sie und für mich das Selbstverständlichste war, geht nicht mehr.

Manchmal kann ich das so hinnehmen, aber manchmal, wenn

es mir selbst körperlich oder seelisch nicht gut geht, kränkt mich die fehlende Anteilnahme.

Vor drei Jahren habe ich geheiratet, das erste Mal in meinem Leben, mit fast fünfzig Jahren habe ich mich getraut. Ganz häufig nahm meine Mutter die Einladungskarte in die Hand, guckte kurz drauf – um sie dann wieder aus der Hand zu legen, ohne zu Ende gelesen zu haben, ohne Kommentar. Wie sehr hatte sie sich gewünscht, dass ihre Töchter heiraten. Nun erfüllte ich ihr Sehnen, aber es erreichte sie nicht mehr. Das tat mir für uns beide Leid. Für sie, weil sie sich nicht mehr darüber freuen konnte, und für mich, weil es mich kränkte, dass sie mich bei dieser großen Entscheidung nicht mehr in meine Lebenswelt begleiten konnte.

Das, was meine Mutter einmal ausmachte, löst sich auf. Vor allem die Wesensänderungen sind es, die mir sehr zu schaffen machen, die mir das Gefühl vermitteln, dem langsamen Sterben meiner Mutter zuzusehen. Oft habe ich das Gefühl, es ist ein Abschied zu Lebzeiten, den ich bewältigen muss, und häufig geht mir diese schwere Aufgabe so sehr an die Substanz, dass ich mich damit überfordert fühle.

Auch das Verhältnis zu meiner Schwester hat sich durch die Demenz unserer Mutter erheblich verändert. Wir sind jetzt nicht mehr nur Schwestern, sondern haben eine gemeinsame Verantwortung für das Leben unserer Mutter. Wir müssen ein ganzes Leben organisieren und haben uns, in unserer Überforderung damit, häufig gestritten und uns gegenseitig Vorwürfe gemacht. Dass ich zusätzlich zu dem schleichenden Abschied meiner Mutter auch noch die Unbeschwertheit in der Beziehung zu meiner Schwester verlor, war nur schwer zu verkraften.

Ich brauchte ganz dringend Unterstützung. So ging ich in eine Selbsthilfegruppe für Angehörige von Demenzkranken und stellte fest, dass es sehr gut tut, von anderen in ähnlichen Situationen zu hören. Ich ging zu vielen Vorträgen und machte die Erfahrung, dass es mir hilft, mich auch theoretisch mit dem Thema Demenz auseinander zu setzen.

Aber ich brauchte noch etwas, das ich jederzeit in die Hand nehmen konnte, das mir Trost gab, wenn ich ihn gerade nötig hatte. Gewünscht habe ich mir ein Buch, in dem benannt wird, was speziell den Leidensweg der Angehörigen Demenzkranker ausmacht. Auf der Suche nach Literatur stellte ich fest, dass alles, was ich zum Thema Demenz fand, eher auf der pflegerischen oder medizinischen Ebene bleibt, die psychologische Ebene jedoch nicht betrachtet, und dass die Literatur den kranken Menschen ins Zentrum stellt und nicht die Angehörigen mit ihren seelischen Belastungen. So entstand die Idee, Interviews mit Angehörigen von demenzkranken Menschen durchzuführen, und ich bat pflegende und begleitende Angehörige, über die Gefühle zu sprechen, mit denen sie durch die Demenz eines nahe stehenden Menschen konfrontiert werden.

Mein vordergründiges Anliegen war nicht, die allgemeinen Strapazen pflegender Angehöriger darzustellen. Auch ging es mir nicht darum, die Krankheit zu beschreiben, sondern darum, zu betrachten, welche Auswirkungen die Demenzerkrankung auf Angehörige haben kann – zu benennen, welche seelischen Belastungen sie durch die Ausprägungen der Demenz verkraften müssen.

Es war auch nicht mein Anspruch, repräsentativ zu sein. Die entstandenen Erfahrungsberichte sind Blitzlichter. Sie stellen am Beispiel dar, welche Gesichter die Krankheit haben kann und was den Angehörigen dadurch abverlangt wird.

Wesensänderungen sind ein Merkmal der Demenz, das den Angehörigen häufig sehr zu schaffen macht. Auch Angehörige, die nicht pflegen oder begleiten bzw. dies nicht durchgängig tun, müssen sich mit der Persönlichkeitsveränderung des erkrankten Menschen und den damit einhergehenden Abschiedsprozessen auseinander setzen. Darum habe ich nicht nur pflegende Angehörige interviewt, sondern auch Angehörige, die nicht oder nicht ständig in die Pflege oder Begleitung eingebunden sind.

Vielleicht kann man sogar nur dann, wenn die tägliche Pflege oder Begleitung des nahe stehenden Menschen einen nicht permanent aufreibt, Gedanken zur eigenen seelischen Belastung zulassen?

Davon ausgehend, dass es besonders schmerzhaft ist, die Wesensänderungen zu erleben, wenn man zu dem erkrankten Menschen lange vor Ausbruch seiner Krankheit eine intensive Beziehung hatte, wie Kinder sie zu ihren Müttern oder Vätern haben oder Partner zueinander, habe ich nur diese Personengruppen für die Gespräche gewählt.

Es war nicht schwierig, Interviewpartner und -partnerinnen zu finden. Das erste Interview führte ich mit meiner Schwester. Durch meinen nahen oder ferneren Bekanntenkreis wurden mir Menschen vermittelt, deren Mutter oder Vater demenzkrank ist. In einer Selbsthilfegruppe traf ich Frauen und einen einzigen Mann, deren Partner von dieser Krankheit betroffen sind. Weitere Angehörige Demenzkranker wurden mir von verschiedenen Pflegediensten genannt.

Die Befragten tauchten in diesen Gesprächen sehr intensiv in die Demenz-Problematik ein. Einigen ging das Thema so nahe, dass auch Tränen flossen.

Nach der Durchführung der Interviews bekam ich von einigen Gesprächspartnern und -partnerinnen die Rückmeldung, dass sie es als hilfreich empfanden, sich einmal »am Stück«, ohne Unterbrechung, mit ihren Gedanken und Gefühlen zum Thema

Demenz auseinander zu setzen. Sie teilten mir mit, dass es ihnen gut tat, Fragen zu beantworten, die sie sich manchmal auch allein gestellt, aber nicht zu Ende gedacht hatten, weil sie durch den Alltag unterbrochen wurden oder sie nicht zu Ende denken mochten. Manche bemerkten, dass ihnen durch das Interview, durch die intensive Auseinandersetzung mit dem Thema, erstmalig bewusst wurde, was sie bisher geleistet hatten oder immer noch leisten. Durch die Fragen wurde einigen erst klar, was es bedeutet, mit einem demenzkranken Elternteil oder einem demenzkranken Partner zu leben.

Ich habe meinen Interviewpartnern sehr persönliche Fragen gestellt, auch – vielleicht – umstrittene Fragen wie: »Haben Sie sich schon manchmal gewünscht, dass Ihr kranker Angehöriger stirbt?« Dass bei der Pflege oder Begleitung eines nahe stehenden Menschen auch Gefühle auftauchen, wie Trauer, Wut, Scham, Hilflosigkeit, Überforderung, Schuld, Kränkungen etc. ist nicht verwunderlich. Oft hatte ich den Eindruck, dass meine Gesprächspartner erleichtert waren, endlich einmal nach ihren – in der eigenen Bewertung häufig unerlaubten – Gefühlen gefragt zu werden und diese dann aussprechen zu dürfen. Durch meine Fragen wurde anerkannt, dass es berechtigt ist, diese Gefühle zu haben, dass sie vorhanden sein dürfen – in einer solch belastenden Situation erst recht.

Die verschrifteten Gespräche zeigen aber nicht nur, wie sehr die Demenz eines nahen Familienmitglieds den Alltag der Angehörigen bestimmt und ihre Gedanken bindet, sondern auch, in welch hohem Maße Angehörige bereit sind, für ihre erkrankten Mütter, Väter und Partner da zu sein.

Das in den Gesprächen Gehörte ging mir oft sehr unter die Haut. Im Nachhinein würde ich sagen, dass ich durch die Gespräche und durch das spätere Abhören und Verschriften der Interviews

vieles von dem, was mich an der Erkrankung meiner Mutter bedrückte, verarbeiten konnte.
Ich danke allen Interviewpartnern und -partnerinnen ganz herzlich für ihre Bereitschaft, so ehrlich über ihre Gefühle zu sprechen und über eine äußerst schwierige und belastende Situation in ihrem Leben so offen Auskunft zu geben.
Wenn andere Angehörige diese Offenheit genauso entlastet wie mich, dann hat dieses Buch seinen Zweck erfüllt.

Inga Tönnies

Die Interviews

Alle Interviewpartner erklärten sich damit einverstanden, dass das Gesagte auf Kassette aufgezeichnet und anschließend vollständig verschriftet wurde. Alle Angaben, die Rückschlüsse auf die befragte Person oder andere, namentlich genannte Personen ermöglichten, wurden anonymisiert, wenn die Befragten das wollten.

Die Gespräche begannen in der Regel mit der Eingangsfrage, die sich darauf bezog, wie sich die ersten Anzeichen der Demenz bemerkbar machten. Dann entwickelten sie sich entlang eines vorher erstellten Interviewleitfadens:

- Wie fing es an, wie haben Sie die ersten Anzeichen gemerkt?
- Wie ist die Pflege organisiert?
- Welche Gefühle löst die Demenz Ihres Angehörigen bei Ihnen aus?
- Haben Sie manchmal Schuldgefühle?
- Empfinden Sie Trauer um verloren gegangene Selbstverständlichkeiten?
- Wo bleiben Sie mit Ihrer Wut, Ihren Aggressionen?
- Wie geht es Ihnen damit, wenn Ihr Angehöriger Sie nicht mehr erkennt?
- Wie bewältigen Sie den Rollentausch?
- Welche Gefühle werden bei Ihnen ausgelöst, wenn Sie den Verfall Ihres Angehörigen miterleben?
- Worunter leiden Sie am meisten – an welchen Verhaltensweisen des Kranken?
- Wie gehen Sie damit um, wenn Ihr Angehöriger etwas macht, was Ihnen auf die Nerven oder unter die Haut geht?
- Ein Merkmal der Demenz ist ja, dass der Kranke sich einigelt.

Macht es Ihnen manchmal Probleme, dass Sie nicht wissen, wie Sie zu ihm vordringen, wie Sie ihn erreichen können?

- Symptomatisch für die Demenz ist ja auch, dass der Kranke nichts zurückgeben kann – keine Freude über Besuche, Geschenke oder Spaziergänge, keine Anerkennung, keine Anteilnahme. Wie werden Sie damit fertig?
- Haben Sie sich schon manchmal gewünscht, dass Ihr Angehöriger stirbt?
- Hat Ihre eigene Befindlichkeit (ob es Ihnen gut oder schlecht geht) Einfluss darauf, wie Sie die Krankheit bzw. die Veränderungen Ihres Angehörigen ertragen können?
- Was gibt Ihnen die Kraft, Ihren Angehörigen zu pflegen und zu betreuen?

- Was ist Ihre Motivation, Ihren Angehörigen zu pflegen?
- Gibt es Ihnen auch etwas, Ihren Angehörigen zu pflegen und zu begleiten?
- Gibt es auch beglückende oder erfreuliche Momente für Sie im Zusammensein mit Ihrem Angehörigen?
- Fallen Ihnen auch witzige, kuriose Dinge im Zusammenhang mit der Demenz ein?
- Gibt es auch etwas, was gut ist an der Demenz?
- Wie war Ihre Beziehung zu Ihrem Angehörigen vor Ausbruch der Demenz?
- Hat sich durch die Verantwortung für Ihren Angehörigen Ihr Verhältnis zu anderen Familienmitgliedern verändert?
- Haben Sie manchmal Angst, dass Sie selbst auch demenzkrank werden?
- Gelingt es Ihnen, Ihre eigenen Belastungsgrenzen zu beachten und mit sich selbst gut umzugehen?
- Das Pflegeheim – der vorletzte Abschied. Welche Gefühle löste das bei Ihnen aus?

- Man muss ja immer wieder neu entscheiden, wie oft man seine Angehörigen im Heim besucht, ob man jeden Tag hinfährt oder nicht. Fällt Ihnen das schwer?
- Der eigene Alltag ist ja eigentlich gut ausgefüllt. Worauf verzichten Sie also oder was organisieren Sie anders, um Zeit für die Pflege oder Begleitung Ihres Angehörigen zu haben?
- Haben Sie das Gefühl, dass Ihre pflegerische Arbeit anerkannt wird?
- Hatten Sie Zeit, mit der Krankheit zu wachsen?
- Informieren Sie sich über die Krankheit, z. B. durch Fernsehen, Bücher? Wodurch sonst?
- Können Sie sich auf irgendeine Weise Entlastung verschaffen? Wenn ja, wie?Wenn nein, was könnten Sie sich vorstellen, was Sie entlasten würde?
- Was würden Sie Angehörigen, die in ähnlichen Situationen sind, raten, wie sie sich Entlastung verschaffen können?

Die Dauer der Interviews lag zwischen fünfundvierzig Minuten und eineinhalb Stunden.

Jedes Interview spricht für sich und ist so aussagekräftig, dass es weder kommentiert noch bewertet noch interpretiert wurde. Das Erzählte wurde lediglich geordnet, gekürzt und zusammengefasst. Angefangene Sätze wurden beendet, niemals aber die Aussage, der Sinn verändert. Alle Gesprächspartner haben die Druckfassung durchgesehen und autorisiert.

Je länger das dauert, desto empfindlicher werde ich

Helga P. (52): Meine Mutter (84) ist seit dreizehn Jahren demenzkrank

Helga P. ist Architektin, arbeitet aber nicht mehr in ihrem Beruf. Sie lebt mit ihrem Mann und ihren zwei fast erwachsenen Kindern in Zeven, einer kleinen norddeutschen Stadt. Helga hat eine Schwester, die in der Nähe von Rotenburg/Wümme wohnt, gut zwanzig Kilometer entfernt. Ihre Mutter lebte nach dem Tod ihres Vaters vor dreizehn Jahren noch acht Jahre allein in ihrer Wohnung in Zeven. Helga begleitete und versorgte sie zweimal in der Woche. Seit fünf Jahren lebt Helgas Mutter in einem Altenheim in Rotenburg.

Ja, meine Mutter war vergesslich. Und als mein Vater vor 13 Jahren starb, da haben wir erst so richtig gemerkt, dass sie mehr als nur tüdelig war. Irgendwann bin ich dann mit ihr zum Arzt gegangen, zum Nervenarzt. Es wurde Alzheimer diagnostiziert. Sie bekam auch irgendwelche Tabletten, aber ich weiß nicht mehr, welche es waren.

Ich hatte damals gedacht, ich teile mir die Betreuung mit meiner Schwester: Ich fahre zweimal die Woche hin und sie einmal, weil sie ja 20 Kilometer entfernt wohnt. Aber dann konnte sie nicht, weil irgendetwas im Fernsehen lief, weil dies war und das war. Ich hatte mit meiner Schwester abgesprochen, dass wir uns das Putzen teilen, aber das klappte auch nicht so gut. Ja, dann habe ich das alles irgendwie in die Hand genommen.

Am Anfang konnte ich noch mit meiner Mutter einkaufen gehen. Wenn sie alleine ging, war ich mir nicht sicher, ob die Verkäuferinnen da nicht ein paar Münzen mehr aus dem Portemonnaie genommen haben. Das ist ja auch verlockend. Sie wurde auch so ausgenutzt, finde ich.

Später habe ich gemerkt, dass sie gar nicht mehr richtig isst. Ganz ohne Antrieb. Sie hat immer lange geschlafen – es wurde immer länger.

Drei Zeitschriftenabonnements hat sie sich aufschwatzen lassen, unter anderem eine Zeitschrift, die sie bereits abonniert hatte. Der Vertreterin hat sie wohl erzählt: »Meine Tochter, die liest immer die ›Brigitte‹.« Die hat sie also auch noch abonniert. Und wir sind nicht rausgekommen aus den Abos.

Die Nachbarn meiner Mutter haben sich ganz tüchtig um sie gekümmert. Das sind ganz liebe, nette Leute. Die haben zum Beispiel darauf geachtet, dass sie morgens aufsteht. Ein anderer Nachbar hat ihren Rasen mit gemäht.

Wir haben immer versucht, meine Mutter noch in unsere Familie einzubinden. Als unsere Tochter heiratete, haben wir sie frühmorgens abgeholt. Irgendwann klingelte das Telefon. Am Apparat war ihr Nachbar, ganz aufgeregt: »Ihre Mutter ist nicht da.« Als ich ihm erklärte, was anliegt, sagte er völlig empört: »Ja, da müssen Sie mir doch Bescheid sagen.« Also, die waren ganz besorgt und verantwortungsbewusst.

Nur, meine Mutter rauchte, und je stärker die Krankheit voranschritt, desto mehr Zigaretten rauchte sie. Ich nehme an, sie hat einfach vergessen, dass sie gerade eine geraucht hatte, und sich gleich die nachste angesteckt. Ja, dann sah man überall Brandflecken, und da bekamen die Nachbarn natürlich Angst, dass sie das Haus in Brand setzt.

Irgendwann war sie mit dem Fahrrad hingefallen und hat so eine Geschichte erzählt, jemand hätte sie angefahren. Eigentlich wusste keiner genau, was passiert war. Aber sie hatte einen ganz blauen Arm.

Ich bin mit ihr zum Arzt gefahren. Es wurde ein leichter Haarriss festgestellt und der Arm wurde vergipst. Immer wenn ich mit ihr zur Kontrolle musste, hatte sie den Gips ganz abgepult. Sie war handwerklich so ganz geschickt. Und dann: neu vergipsen! Die Arzthelferin hat sie heftig ins Gebet genommen: »Frau K., das können Sie doch nicht machen. Versprechen Sie mir, dass Sie da nicht rangehen.« Ich werde das nie vergessen. Meine Mutter sagte mit aller Inbrunst: »Das verspreche ich Ihnen.« Und am nächsten Tag war der Gips wieder ab. Nachdem wir das dreimal hatten vergipsen lassen, habe ich zu der Arzthelferin gesagt: »Wissen Sie was, jetzt brauche ich eine Behandlung. Ich mach das nicht mehr mit. Ich fahr doch nicht jeden Tag mit ihr zum Vergipsen.« Und so ist der Arm dann auch geheilt – irgendwie.

Durch die Geschichte mit dem Arm sind wir überhaupt an die

Sozialstation geraten. Meine Mutter bekam häusliche Pflege wegen des Bruchs. Das war auch gut so, denn das körperliche Pflegen ist mir sehr schwer gefallen. Nachdem der Arm wieder in Ordnung war, haben wir die Sozialstation behalten.

Eine Bekannte sagte: »Versuch doch mal, Pflegegeld zu bekommen.« Ich kannte eine Frau, die bei der Krankenkasse arbeitet. Die hat mir beim Ausfüllen der Formulare geholfen. Sie meinte, der geistige Verfall sei eigentlich gar nicht so wichtig in Bezug auf das Pflegegeld, sondern dass meine Mutter körperlich nicht mehr so recht kann, sei ausschlaggebend. Ich habe also Pflegegeld für sie beantragt.

Mit der Sozialstation hatte ich vereinbart, dass ich sofort anrufe, wenn der Gutachter da ist, damit einer kommt, um mich in dem Gespräch zu unterstützen. Es war ja so: Wenn man meine Mutter fragte: »Kochen Sie oder machen Sie dies und das«, sagte sie im Brustton der Überzeugung »Ja!« Sie machte ja angeblich noch alles. Aber die Ärztin vom Medizinischen Dienst, die als Gutachterin kam, die hat das schon so gesehen, wie es wirklich war.

Meine Mutter wurde in Pflegestufe eins eingestuft und bekam dieses kombinierte Pflegegeld, das heißt, der Teil, den die Sozialstation nicht für ihre Einsätze brauchte, wurde anteilig bar ausgezahlt.

Ich habe dann eine Frau zum Putzen organisiert und sie von diesem Geld bezahlt. Aber die hat dann doppelt kassiert, bei meiner Mutter und bei mir auch. Irgendwann kam ich mal überraschend, da saß diese Frau und las Zeitung. Ab dann hat meine jüngste Tochter bei meiner Mutter sauber gemacht, gegen Bezahlung. Wir haben gesagt, warum nicht.

Ich bin in der Zeit weiterhin so zweimal die Woche zu ihr gefahren, habe mit ihr eingekauft, bin mit ihr spazieren gegangen und habe die Arztbesuche mit ihr gemacht. Es war mir schon wichtig, darauf zu achten, dass sie noch rauskommt. Aber das körperliche Berühren ist mir sehr schwer gefallen. Wenn ich mir das überlege, was man alles so gemacht hat!

Manchmal mochte ich gar nicht hinfahren und habe es hinausgezögert oder ich habe es ganz schnell hinter mich gebracht. Oft habe ich es so eingerichtet, dass ich hinterher noch einen Termin hatte: Vorher eben schnell dahin und dann konnte ich sagen: »Ich muss jetzt los, ich kann nicht mehr hier bleiben.« Bin oft geflüchtet! Ich war ganz froh, als das vorbei war mit den zwei Nachmittagen.

Ja, bis vor fünf Jahren reichte die Betreuung so aus. Dann riefen die von der Sozialstation mich eines Morgens an: »Ihre Mutter macht die Tür nicht auf. Kommen Sie!« Ich bin mit meinem Schlüssel hin. Sie saß da und hatte nichts gehört. Wir dachten an einen Hörsturz. Ich bin mit ihr zum Ohrenarzt gefahren. Der hat ganz viel Dreck aus den Ohren geholt, deshalb konnte sie nicht hören.

Lauter solche Sachen sind passiert. Es war auch witzig teilweise.

Wir hatten irgendwann entschieden, es hat auch etwas Komisches, sonst hält man das gar nicht aus.

Noch in derselben Woche war es, als mein Mann und ich bei meiner Mutter ankamen, und sie lag im Bett und sah aus, als wenn sie sterben würde. Das war am Sonnabend. Da kam dann die ganze Familie zusammen, meine Familie, meine Schwester und meine vier Nichten.

Unsere Mutter lag im Bett und wollte nicht aufstehen und war auch ziemlich verwirrt. Wir haben einen Arzt geholt, der meinte: »Grippe.« Es grassierte auch gerade die Grippe. Sie lag da und konnte überhaupt nichts mehr. Es war unmöglich, sie in der Situation allein zu lassen. Wir wollten unsere jüngste Tochter überreden, dazubleiben. Aber die sagte: »Das mag ich auch nicht.«

Meine Schwester hat eigentlich Platz genug, ein Haus mit vier Kinderzimmern, aber die wohnt 20 Kilometer entfernt. Ja, da haben wir gesagt, dann nehmen wir sie vorübergehend mit zu uns.

Eine meiner Nichten kannte die Leiterin eines Pflegeheims recht gut. Die waren damals gerade am Ausbauen, und so bekamen wir innerhalb einer Woche einen Pflegeplatz. Nur, diese Woche mussten wir halt überbrücken.

Wir konnten meine Mutter ja nicht fünf Minuten allein lassen, weil sie sich hier überhaupt nicht zurechtfand. Und wenn ich ein Brot vergessen hatte und dachte, ich fahre mal eben schnell ein Brot holen – man lebt ja so! –, dann fiel mir aber ein: »Ach, das kannst du ja nicht wegen Oma.«

In dieser Zeit haben wir erst gemerkt, wie nachtaktiv meine Mutter ist. Als sie noch allein in ihrer Wohnung lebte, war auch manchmal spät in der Nacht überall Licht an. Das haben wir hin und wieder gesehen, wenn wir von einer Feier kamen und da vorbeifuhren. Wir dachten dann nur: »Ach, die muss wohl mal auf die Toilette.«

Als sie hier bei uns war, wollte sie immer ganz früh ins Bett. Später ist sie dann wieder aufgestanden. Einmal – wir haben die Schlafräume oben – hat meine Jüngste sie auf der Treppe gefunden. Da war sie ein Stück die Treppe hinuntergefallen. Wir haben dann alles verbarrikadiert. Aber sie war immer sehr praktisch veranlagt, sie hat eben alles wieder zur Seite geräumt.

Eines Abends, als mein Mann ins Bett wollte, lag sie bei mir im Bett.

Meine Jüngste sagte: »Ich zieh hier aus. Ich will hier nicht mehr wohnen.«

Seit Sonnabend hatten wir sie also hier. Das Heim brauchte ja eine Bescheinigung, dass sie frei von Infektionskrankheiten ist. In der darauf folgenden Woche Donnerstag hatten wir den letzten Untersuchungstermin, Röntgen. Ich war davon ausgegangen, dass nun alles erledigt sei. Da sagte der Röntgenmensch zu mir: »Ja, am Montag kommt der Arzt und guckt sich die Bilder an.«

Ich war schockiert und habe gesagt: »Wissen Sie was – ich lasse Ihnen meine Mutter hier. Ich fahre nicht ohne diesen Zettel nach Hause. Es wird doch wohl irgendeinen Arzt geben, der sich das ansehen kann.« Ich habe das wohl auch so gesagt, dass der merkte, die kann nicht mehr. Ich war so fertig bei dem Gedanken: »Noch vier Tage!«

Also, meiner Mutter lag damals nicht viel am Leben – und jetzt wohl auch nicht –, aber das hätte ich ganz schrecklich gefunden, wenn sie bei uns zu Hause die Treppe hinuntergestürzt oder sonst irgendwie zu Schaden gekommen wäre.

Na, dann haben die mir das unterschrieben, und wir konnten sie noch am Donnerstag in das Pflegeheim bringen. Wir sind mit ihr dahin gefahren und haben sie gefragt: »Möchtest du hier bleiben?« Sie sagte ganz zögerlich: »Ja«, und dann hat sie unterschrieben.

Ich hatte auch ein schlechtes Gewissen, sie ins Heim zu geben. Mittlerweile ist sie diejenige, die am längsten dort ist. Am Anfang war sie noch viel unterwegs. Sie hatte eine Freundin, die sie jeden Tag neu kennen lernte. Die hatten sich gesucht und gefunden. Einmal sind die beiden von der Polizei aufgegriffen worden. Sie haben erzählt, sie wollten nach Zeven, was ja bestimmt 20 Kilometer entfernt liegt, meine Mutter wüsste, wo sie da wohnt. Diese Freundin ist inzwischen aber leider verstorben.

Am Anfang hat meine Mutter im Pflegeheim noch allein essen können, aber inzwischen geht das nicht mehr. Es wird immer schlimmer. Wenn ich sie besuche, fahre ich zu den Mahlzeiten hin. Ich denke immer, sie weiß sowieso nicht, dass ich da bin, dann soll mein Besuch wenigstens einen praktischen Wert haben, indem ich ihr beim Essen helfe. Sie nimmt den Löffel in die Hand, dann legt sie ihn wieder hin. Sie isst ihren Teller zwar leer, aber nur wenn man sich drum kümmert.

Kauen tut sie nicht mehr. Sie bekommt alles püriert, und alles, was ein bisschen grob ist oder ihr nicht schmeckt, spuckt sie so in die Gegend. Und das Rülpsen nach dem Essen – lautes Rülpsen!

Ja, dass sie sich so gehen lässt, das finde ich schrecklich. Wenn die Nase läuft und sie kein Taschentuch hat, nimmt sie den Ärmel, und dann nimmt sie die Zähne raus, dann die Zähne rein. Also teilweise ekelt mich das an. Ich mag sie gar nicht anfassen. Ja, das stimmt, ich mag sie überhaupt nicht anfassen. Überall sitzt der Schnott. Und da muss ich die Pflegerinnen bewundern, dass die das so können.

Dass ich sie nicht anfassen mag, liegt vielleicht an dem Verhältnis, das wir zueinander haben. Meiner Mutter ist nicht bewusst, dass wir ein schwieriges Verhältnis haben, und das war mir auch nicht bewusst. Das habe ich eigentlich auch erst im Laufe dieser Krankheit gemerkt. Als sie noch gesund war, hat sie immer zu mir gesagt: »Du wolltest schon als Kind nicht auf den Arm.« Ich habe selbst zwei Kinder und ein Enkelkind und habe nie erlebt, dass ein Kind nicht auf den Arm wollte. Aber ich wollte es angeblich nicht. Und so ist natürlich auch mein Verhältnis zu ihr. Deshalb ist mir auch dieses körperliche Pflegen ganz, ganz schwer gefallen. Ich habe mich, auch als sie noch zu Hause war, immer schon geekelt, weil sie ja auch so gesabbert hat. Und immer war sie voll gekleckert. Dieser Dreck, so diese ständig voll gekleckerte Kleidung und die Toilette, die nie gespült war.

Oft erkennt sie mich gar nicht. Wenn ich dann sage: »Ich bin doch die Helga«, sagt sie: »Ach, ja«, aber sie vergisst es ja sofort, dass ich es bin. Da kommt dann auch wieder diese verquere Beziehung durch, die wir haben. Kein schlechtes Verhältnis, aber es war einfach nicht innig. Und durch ihre Krankheit wird mir so vieles klar, dass ich zum Beispiel denke, mein Gott, ich hechle immer noch danach, dass sie mich nett findet. Irgendwann, das ist schon ein bisschen her, hat sie mir erzählt, ja, sie hätte zwei Töchter, und die jüngere – das bin ich –, das sei die Patentere. Das ging mir runter wie Öl. Und da merkte ich, ich möchte eigentlich immer noch, dass sie mich liebt.

Der Prozess, dass sie mich nicht mehr erkannt hat, ist langsam gegangen, ganz, ganz langsam. Eine Bekannte sagte neulich mal zu mir: »Wieso fährst du denn dahin? Sie weiß doch sowieso nicht, dass du da bist.« Aber ich brauche das einfach für mich selbst, damit ich das Gefühl habe, ich habe mich gekümmert.

Beim letzten Besuch war ich gut drauf. Dann kann ich das auch alles besser ertragen. Ja, es ist davon abhängig, wie es mir geht. Wenn ich merke, dass es mir nicht gut geht, fahre ich da gar nicht mehr hin. Und je länger das dauert, desto empfindlicher werde ich. Und was mich auch kränkt, ist die Tatsache, dass es ihr immer schlecht geht. Ich weiß ja, dass sie nichts dafür kann, aber das halte ich ihr wirklich vor.

Wenn ich die anderen im Heim sehe, die lächeln. Da ist eine Süße, die guckt immer freundlich und die denkt immer, ich besuche sie, und sagt dann: »Das ist nett, dass Sie da sind.« Die hat so etwas Positives. Das hat meine Mutter nicht. Man sagte doch so: »Contenance bewahren«. Aber das ist ihr gar nicht gegeben. Sie tut sich nur selbst Leid. Und ich nehme an, ich könnte mit einem gebrochenen Fuß kommen und sie würde sich Leid tun. Ihr geht es schlecht. Und mein Leid wäre längst nicht so schlimm wie ihres.

Als das mit der Demenz losging, war ich unheimlich sauer, und das bin ich auch heute noch. Ich möchte immer sagen: »Mensch, reiß dich doch zusammen.« Das war so ein Spruch, den sie auch immer drauf hatte. Das musste man, sich zusammenreißen.

Zu Beginn der Krankheit hatte ich schon das Gefühl, dass sie sich unheimlich hat gehen lassen. So nach dem Motto: Irgendjemand wird es schon machen. Ja, und jetzt, das schwankt so zwischen Mitleid und Zorn, und manchmal hat sie auch so etwas ganz Liebes.

Dass sie mich nicht trösten kann, das fehlt mir nicht. Das hat sie nie gemacht. Ist ja eigentlich traurig, nicht? Ich glaube, diese Trauerarbeit habe ich in vier Jahren Analyse geleistet, und da habe ich wirklich um alles getrauert. Und jetzt denke ich: Oh, Mensch, sie tut mir unheimlich Leid. Aber ich tu mir auch Leid. Ich merke, ich habe da so meine Grenze.

Ich habe sicher gelernt, ein bisschen ehrlicher zu sein. Und wenn ich ganz ehrlich sein soll, dann denke ich manches Mal: »Wenn du doch einschlafen würdest und morgens nicht wieder aufwachen.« Ich wünsche mir manchmal für sie, dass sie stirbt. Für mich natürlich auch. Ich habe im Laufe der Jahre schon meinen Frieden mit ihr geschlossen. Aber ich wünsche mir eigentlich auch für sie, dass es bald zu Ende ist, weil sie es an einigen Tagen so schwer hat, nur ihren Körper zu halten. Dann liegt sie da, den Kopf auf dem Tisch, oder ihr Oberkörper fällt im Sitzen vornüber, weil sie ihn nicht mehr halten kann.

Am Anfang haben wir schon noch so unseren Spaß gehabt, und da hatte ich auch das Gefühl, dass sie es genossen hat, wenn man ein bisschen mit ihr spazieren gegangen ist. Heute würde ich sagen, gibt es keine beglückenden Momente mehr, dazu ist die Demenz zu weit fortgeschritten.

Ich habe das Gefühl, die Demenz fing an, als mein Vater, der ihre große Liebe war, Rentner wurde und immer zu Hause war. Er hat sie tierisch genervt, nehme ich an, und sie auch ganz schön erdrückt. Nur, wie gesagt, sie liebte ihn doch, dann kann das ja nicht sein, dass er sie nervt. Ich glaube, sie wollte auch ihre Ruhe vor ihm haben. Er war ja immer da. Ich denke, ihr war nicht bewusst, dass sie nicht genug Freiraum hatte, und ich wüsste auch nicht, dass sie irgendwelche Interessen hatte. Ja, Kreuzworträtsel, aber ansonsten?

Ich glaube, den Tod meines Vaters hat sie abgeblockt. Das Sterben fing ja frühmorgens an. Zuerst hat man viel zu tun. Später hat meine Mutter sich hingelegt, weil sie müde und kaputt war, dann hat sie einmal geschluchzt, und das war's. Das war alles! Sie hat auch nicht geweint.

Ja – und meine Schwester? Ich weiß nicht, wie oft sie jetzt ins Altenheim fährt. Wenn ihre Enkelkinder da sind, kann sie gar nicht. Und ich höre schon oft: »Ich konnte am Wochenende nicht.« Und dann nicht und dann nicht. Ich nehme an, sie resigniert jetzt.

Und ich resigniere auch. Am Anfang ... was hab ich über Demenz gelesen und mir Gedanken gemacht und mir Berichte im Fernsehen angeguckt. Dann sind wir mit meiner Mutter zu Blasmusik-Konzerten gefahren, die ich schrecklich finde. Aber sie liebte die doch so. Nur, das war alles nichts. Nein, das merke ich, ich habe keine Energie mehr.

Auch jetzt mit ihren Zähnen: Ich habe keine Lust, mit ihr zum Zahnarzt zu fahren. Ja, vielleicht so nach dem Motto: Sie dankt es einem ja doch nicht, sie würde die neuen Zähne wahrscheinlich nicht einmal einsetzen. Nein, ich denke, was soll das?

Mensch, was habe ich ihr für Schuhe gekauft. Und die waren so teuer. Man muss ja einen besonderen Schuh nehmen, weil sie so dicke Füße hat. Und inzwischen kann sie gar nicht mehr laufen. Ich weiß nicht, wo diese Schuhe geblieben sind.

Ja, es gibt da so eine Pflegerin, die sagte neulich: »Sie müssen Ihrer Mutter mal was Schickes kaufen.« Aber meine Mutter hat ja gar nicht mehr viel Geld. Ich habe nur gedacht, mein Gott, früher hat sie immer gesagt: »Das ist doch noch gut.« Was soll ich sie da schick machen, nur damit der Pflegerin irgendwie wohler ist. Meine Mutter könnte auch immer im Bett liegen – im Grunde ist es egal.

Ich finde es eigentlich auch ein bisschen ungerecht, wenn ich so denke, jetzt habe ich meine Kinder groß, und wenn ich mit meiner Mutter durch bin, bin ich selbst alt. Doch, das empfinde ich wirklich als ungerecht.

Eigentlich ist es ja kein so großes Opfer, zu ihr ins Heim zu fahren, aber ich denke oft, das würde mir nicht fehlen.

Als sie noch zu Hause lebte, hatte ich auch nicht immer Lust, hinzufahren, aber da habe ich das als meine Aufgabe angesehen. Nur, ich merke, das kann man gar nicht über Jahre. Das geht ja schon länger als 13 Jahre!

Ich war jetzt vier Wochen nicht da. Dann denke ich schon, heute muss ich hinfahren. Dann gibt es auch wirklich keine Entschuldigung mehr. Aber bis zu vier Wochen ...
Ich fahre nach Möglichkeit alle zwei Wochen hin. Am Anfang bin ich jede Woche gefahren. Aber jetzt nicht mehr. Ich streike schon manchmal. In der dritten Woche, na ja, am einfachsten ist es, ein paar Tage zu überziehen. Das mache ich also hemmungslos. Aber danach finde ich es nicht mehr so gut. Ich fahre dann hin, weil ich genau weiß, jetzt bringt das Herauszögern nichts mehr. Ich habe dann so starke Schuldgefühle. Deshalb fahre ich hin. Wenn ich da bin, unterhalte ich mich oft mit der Leiterin oder mit den Pflegern.
Sicher bin ich nicht die typische Angehörige.

Ich hatte noch nie im Leben eine so sinnvolle Aufgabe wie diese

Hartmut Tillmanns (70): Meine Frau (71) ist seit sechs Jahren demenzkrank

Hartmut Tillmanns und seine Frau sind seit 47 Jahren verheiratet. Sie leben in einem 360 m² großen eignen Haus in der Nähe von Delmenhorst. Sie haben einen Sohn. Vor sechs Jahren stellte ein Neurologe fest, dass Frau Tillmanns an einer endogenen Depression erkrankt ist. Mit diesem falschen Befund lebte das Ehepaar drei Jahre lang, bis erkannt wurde, dass Alzheimer vorliegt. Hartmut Tillmanns hat ein schweres Augenleiden, das ihn zwingt, im sechswöchigen Rhythmus zu einem Facharzt nach Peine zu fahren. In den Zeiten übernehmen entweder die ältere Schwester seiner Frau oder eine seiner Schwestern und deren Mann die Betreuung seiner Frau.

Im Frühjahr vor sechs Jahren hatte meine Frau eine Brustkrebsoperation. In dem Krankenhaus hatte sie zum ersten Mal ganz große Orientierungsprobleme, was die Ärzte zunächst mit einem Narkoseschock erklärten. Das waren die ersten Anzeichen.

Nach dem Krankenhausaufenthalt ging es schrittweise los, dass sich Fähigkeiten, die sie vorher besaß, sehr schnell abbauten. Als Beispiel: Sie hat fantastisch genäht, ganz toll! Und mit einer Liebe! Sie hatte eine klasse Maschine mit Stickeinsatz und allem Drum und Dran, mit allen technischen Sachen. Die beherrschte sie in- und auswendig. Dann bemerkte ich plötzlich, dass sie das Garn nicht mehr einspulen konnte, also die leichteste Übung für eine Näherin an der Maschine. Und dass sie Handgriffe, die ihr ganz geläufig waren, überhaupt nicht mehr hinbekam. Sie wusste zum Beispiel nicht mehr, wie sie die verschiedenen Schnittteile aufeinander legen sollte.

Sie besaß auch eine Strickmaschine und hat hervorragend gestrickt. Sie hat mir Pullover gestrickt, und plötzlich, ich hatte mir zu Weihnachten einen Pullover gewünscht, da klappte das mit dem Muster nicht mehr. Meine Schwester war zufällig zu Besuch. Die half ihr dann und meine Frau war ganz glücklich: »Oh, jetzt geht das wieder.« Am nächsten Tag machte sie einen neuen Versuch, da klappte es wieder nicht. Das waren so die ersten Punkte.

Auch beim Autofahren wurde deutlich, dass etwas nicht stimmte. Sie war immer brillant Auto gefahren. Sie war die ganze Zeit, während wir verheiratet waren, immer allein unser Auto gefahren. Ich hatte keinen Führerschein und kam überhaupt nicht auf die Idee, einen zu machen. Dann passierte es, dass sie vergaß, das Licht anzumachen. Ich sagte ihr: »Schaltest du bitte das Licht ein.« – »Ich habe Licht eingeschaltet!« Oder sie fuhr mit Aufblendlicht und wir bekamen von vorn die Signale der

Entgegenkommenden. Ich sagte: »Du fährst mit Aufblendlicht.« – »Ich fahre nicht mit Aufblendlicht!«

Es kam vor, dass sie plötzlich Wege, die ihr sehr geläufig waren, nicht mehr fand. Eines Tages wollte sie zu ihrer Freundin. Nach drei Stunden kam sie zurück und erklärte: »Da waren so viele Baustellen, ich habe das nicht gefunden.«

Parallel war es so, dass sie morgens runterkam zum Frühstück, sich an den Tisch setzte und anfing zu weinen. Dieses Weinen war das, was für mich am Auffälligsten war und was sich so richtig eingefressen hat bei mir.

Ich würde sagen, unter ihren Ausfällen hat sie gar nicht so sehr gelitten, so dass sie sich die Haare gerauft und gesagt hätte, jetzt kann ich dies oder das nicht mehr. Nein, sie sagte einfach: »Ach, ich habe keine Lust mehr dazu.« Wenn ich sie fragte: »Willst du denn heute nicht mal versuchen zu nähen?«, sagte sie ganz beiläufig: »Ach, nein, heute nicht.« Aber mit dem Weinen, das war etwas anderes. In den Momenten, wenn sie weinte, hat sie gelitten.

Das waren alles so Punkte, die mich veranlassten, mit meiner Frau zu unserer Hausärztin zu gehen. Die wusste aber auch nicht weiter und überwies uns zu einem Neurologen. Der stellte fest: »Das sind endogene Depressionen. Da haben wir gute Medikamente, das kriegen wir wieder in den Griff.«

Und ich war bei meinem Temperament natürlich immer bemüht, zu überlegen, wie kannst du deiner Frau wieder auf die Sprünge helfen. Zuerst habe ich ihr gesagt: »Du übst zu wenig! Du musst üben, üben, üben! Wir alten Leute, wir müssen Dinge, die wir nicht jeden Tag tun, die müssen wir üben!« Ich habe sie von einer Aufforderung in die andere getrieben und habe sie letzten Endes vollkommen falsch behandelt.

Was ganz wesentlich war in der Anfangszeit, war das Desinte-

resse, das meine Frau ausstrahlte. Das stellten auch Außenstehende schnell fest. Wenn wir bei Freunden eingeladen waren oder wenn Verwandte zu uns kamen, hörte ich immer wieder: »Was ist eigentlich mit deiner Frau los? Die beteiligt sich nicht mehr am Gespräch, die sitzt nur da und guckt in die Weltgeschichte.«
An ihrem Blick war erkennbar, dass sie sich nicht an den Anwesenden orientierte. Sie saß in sich gekehrt da, abgeschlossen. Das war sehr auffallend. Heute weiß ich, was da passiert, heute kann ich das alles nachvollziehen, hundertprozentig. Aber damals habe ich völlig falsch reagiert und sie in solchen Situationen gefragt: »Hast du was gegen die Leute oder sollen wir sie nicht mehr einladen? Du benimmst dich unmöglich!«

Es passierte auch immer häufiger, dass meine Frau Dinge behauptete, die so nicht stimmten. Nachdem eine Freundin sie besucht hatte, verabschiedete ich die Frau unten an der Tür. Da sagte die zu mir: »Ich wünsche euch heute einen schönen Aufenthalt in Hamburg.« Ich sagte: »Wie bitte?« – »Ja, Marlene hat mir erzählt, ihr fahrt jetzt gleich nach Hamburg.« Das war aber absolut nicht geplant.
Das steigerte sich bis zu dem Punkt, dass ich morgens runterkam und sie mich nicht mehr erkannte. Da war ich fix und fertig! Ich rief dann gleich den Neurologen an. Der meinte: »Ja, dann wird das Medikament nicht mehr hinhauen.« Der hat immer alles auf die Medikamente geschoben und nie irgendetwas anderes in Betracht gezogen.
Ich hatte schon oft gedacht, ob es wohl wirklich Depressionen sind oder ob es nicht doch Alzheimer ist. Er sagte, dann wollen wir vorsichtshalber noch mal eine Computertomographie machen. Als er die Bilder mit mir besprach, habe ich ihn gefragt: »Sind Sie nicht der Meinung, dass meine Frau an Alzheimer erkrankt ist?« Da nahm er das CT-Bild – ich sehe das noch

wie heute – und sagte: »Herr Tillmanns, anhand dieses CTs kann ich Ihnen versichern, dass Ihre Frau niemals Alzheimer bekommen wird.«

Der Zustand meiner Frau wurde so schlimm, dass sie auch gar nicht mehr reagierte. Sie lag auf der Couch und weinte oder schmiss sich in irgendeine Ecke. Sie war absolut nicht mehr wie früher. Ich weiß noch, eines Sonntags, ich kochte, weil sie ja auch nicht mehr fähig war, irgendetwas im Haushalt zu machen, da lag sie auf der Couch und in meiner Pfanne ging das Öl in Flammen auf. Sie hat das gar nicht zur Kenntnis genommen! Sie konnte überhaupt nicht mehr umsetzen, was da passiert.

Daraufhin habe ich dem Neurologen gesagt: »So, jetzt ist Feierabend. Machen Sie bitte Nägel mit Köpfen. Meine Frau muss in eine Klinik!« Sie wurde dann mit dem Befund ihres Neurologen, endogene Depression, in eine Nervenklinik eingeliefert. Mein Sohn und ich brachten sie hin.

Zwei Stunden später klingelte das Telefon bei mir zu Hause. Am Apparat war eine Stationsärztin: »Ihre Frau wurde auf meine Station verlegt, weil sie mit einem absolut falschen Krankheitsbild eingeliefert wurde. Im Übrigen haben wir hier in der Klinik für diese Art Krankheit überhaupt keine Möglichkeiten. Wir haben keine geschlossene Abteilung, aber wir sehen die Problematik, dass Ihre Frau normalerweise dahin gehören würde.« Da kam die gleich mit solchen Hämmern!

Und dann fragte sie mich bereits am Telefon: »Haben Sie schon mal etwas von der Alzheimerkrankheit gehört?« Ich sagte: »Das habe ich!« Sie meinte: »Ja, dann wäre ich Ihnen dankbar, wenn Sie sofort hierher kämen, damit wir uns mal unterhalten könnten.«

Mein Sohn und ich fuhren ohne Umschweife in die Klinik. Da stand meine Frau – Koffer gepackt – auf dem Flur und sagte:

»Hier bleibe ich nicht.« Aus! Feierabend! Ich brachte sie dann in ihr Zimmer und redete mit ihr.

Mein Sohn wurde von der Ärztin aufgeklärt. Anschließend hat er sich bei mir entschuldigt. Er hatte mir die ganze Zeit über Vorwürfe gemacht, ich würde seine Mutter falsch behandeln, ich solle sie mal ein bisschen auf Vordermann bringen. Nach dem Gespräch mit der Ärztin sagte er: »Es tut mir Leid, ich habe nicht geahnt, dass sie so schwer krank ist.«

Der Chefarzt wollte mich schon nach drei oder vier Tagen allein sprechen und machte mir klar, dass meine Frau ganz eindeutig Alzheimer hat. Er sagte: »Die Ausprägungen sind offenkundig. Das ist Alzheimer, darauf müssen Sie sich einstellen. Wir machen jetzt noch einige Ausschlussuntersuchungen und stellen Ihre Frau auf ein Medikament ein, aber die Krankheit ist schon sehr weit fortgeschritten.« Ich sagte ihm, dass ich darauf vorbereitet war. Ich hatte immer befürchtet, dass eine Demenz vorliegt, obwohl mir der Neurologe ständig gesagt hatte, es sei kein Alzheimer.

Ich kann mich noch genau an den Abend erinnern, als ich von diesem Privatissimum zurückkam: Was der Chefarzt mir da gesagt hatte, das hat mich erschlagen. Aber es hat mich auch beruhigt. Es hat mich beruhigt, weil ich von dem Zeitpunkt an wusste, worum es geht. Es waren ja immerhin schon drei Jahre vergangen, in denen meine Frau mit einer falschen Diagnose lebte und in denen sie auch völlig falsch behandelt wurde.

Der Klinikaufenthalt war, wenn ich das jetzt im Nachhinein sehe, ein absolutes Horrorszenario. Meine Frau hatte überhaupt keine Orientierung. Wenn man weiß, dass ein Mensch an Alzheimer erkrankt ist, kann man ihn nicht in einem völlig fremden Umfeld laufen lassen.

In den vier Wochen, in denen sie in der Klinik war, habe ich von morgens bis abends nur gelesen, gelesen, gelesen! Ich wollte wissen, was da so alles auf mich zukommt. Das alles zu lesen, was noch kommen kann, war zwar heftig, aber ich muss ganz ehrlich sagen, noch schlimmer waren die drei Jahre, die davor lagen. Die waren so schlimm, durch diese Ungewissheit und durch das ständige Hoffen, dass es kein Alzheimer ist.

Das Tollste war dann, wie der Neurologe, bei dem wir vorher waren, reagierte. Den rief ich an und teilte ihm mit, dass bei meiner Frau nun doch Alzheimer festgestellt worden sei. Er meinte nur: »Ach ja? Ja, dann lege ich Ihnen mal ein paar Schriften ins Sekretariat, damit Sie sich mit der Krankheit auseinander setzen können.« Ich sagte: »An sich möchte ich gern noch mal mit Ihnen reden.« Darauf ließ er sich nicht ein: »Es tut mir furchtbar Leid, aber ich habe überhaupt keine Zeit.« Also, ich muss sagen, für mich war das so schlimm!

Der Chefarzt der Klinik hatte mir gesagt: »Was Sie jetzt brauchen, sind gute Freunde und eine Selbsthilfegruppe, sonst werden Sie damit nicht fertig.« Und das ist mir im Laufe der Zeit dann auch klar geworden! Ich habe nach dem Gespräch mit dem Arzt sofort die Alzheimer-Gesellschaft in Berlin angerufen. Die gaben mir die Adresse einer Selbsthilfegruppe für Angehörige Demenzkranker in meiner Nähe. Ich bin dann zu dem nächsten Treffen gegangen und bin jetzt fast vier Jahre dabei.

Ich denke, wenn ein Mensch sich in seinem Verhalten so sehr verändert, müssen die Angehörigen von den Ärzten darauf hingewiesen werden, dass es sich auch um eine Demenz handeln kann. Ich wäre dankbar gewesen, wenn mein Neurologe gesagt hätte: »Herr Tillmanns, es könnte sein, dass es Alzheimer ist, ich weiß es nicht hundertprozentig. Aber wir sollten mal darüber sprechen, welche Probleme sich da auftun können. Wissen Sie was, ich begleite Sie in Zukunft, was die Medikamentenseite angeht, aber ich würde Ihnen raten, gehen Sie mal in die und die Gruppe und sprechen Sie. Erzählen Sie, was los ist, und nehmen Sie auf, was Ihnen von den anderen gesagt wird. In einer Selbsthilfegruppe finden Sie die Leute, die Erfahrungen mit dieser Krankheit haben.«

Ich sage, wie der Idealfall gewesen wäre, wie es hätte sein können. Bei dem Neurologen, der meine Frau jetzt betreut, wäre das so gelaufen. Der hätte gesagt: »Ab in die Selbsthilfegruppe!« Aber als ich zu ihm kam, war ich ja schon in einer Gruppe für Angehörige. Durch sie hatte ich seine Adresse bekommen. Er sagte mir gleich am Anfang: »Herr Tillmanns, die Angehörigen sind die Fachleute. Ich bin derjenige, der Sie berät, wenn Sie mir erzählen, das und das ist jetzt, der dann vorschlägt, wollen wir es mal mit diesem oder jenem Medikament probieren.«

Wenn ich gleich zu Beginn der Krankheit in eine Gruppe gegangen wäre, hätte ich von Anfang an gelernt: »Du kannst deiner Frau nichts mehr beibringen, es nützt nichts, ihr zu sagen, übe mal ein bisschen.« Das ist der größte Schwachsinn aller Zeiten! Wenn das anders gelaufen wäre, hätten wir von Beginn der Krankheit an friedlich miteinander gelebt.

Das Wissen um diese Krankheit bringt sofort Ruhe in den Karton! Bringt Ruhe für die Angehörigen, die jetzt mit der Krankheit zu leben haben. Und wenn sie einigermaßen plietsch sind, können sie überlegen, wie bringen wir Dinge, die Schwierigkeiten hervorrufen, in unserem gemeinsamen Leben unter. Sie können die Haltung entwickeln, ich akzeptiere das jetzt und sage ja zu der Krankheit.

Aber solange man nicht weiß, was los ist, ist es ja auch so, dass man den Ehrgeiz hat: »Verdammt noch mal, die muss doch wohl selbst ihren Schlüssel finden.« Also sagt man: »Such mal schön, den wirst du schon finden.« Und in Wirklichkeit stürzt man die Kranken damit in Peinlichkeiten und in inneren Stress. Die Erschöpfung meiner Frau, das Weinen, die Traurigkeit und diese Depressionen, das war alles in der Zeit, in der ich falsch reagiert habe. Ich war der Faktor, der sie immer mehr in diese Betrübnis gestürzt hat, weil ich am Anfang nicht wusste, dass sie Alzheimer hat und wie ich sie behandeln muss. Wenn mir das klar gewesen wäre, hätte einiges leichter sein können.

Wenn die Angehörigen, die mit den Demenzkranken leben, gar nicht wissen, dass eine Demenz vorliegt, oder wenn sie nichts über die Krankheit wissen, können sie gar nicht anders als immer wieder Fehler machen, den Kranken immer wieder etwas sagen, woran sie zerbrechen, woran sie innerlich kaputtgehen. Die Kranken können ja nicht sagen: »Du, hör mal, ich kann es nicht mehr.« Das sagen sie nicht. Sie weinen. Dann fragt man: »Warum weinst du?« – »Weiß ich nicht.« – »Du brauchst doch gar nicht zu weinen. Hier ist doch alles schön. Warum weinst du also?« Und schon kommt der nächste Schub. Und das steigert sich natürlich immer weiter.

Deshalb sage ich ja immer wieder: Ärzte, seid mutig und sagt bitte, es könnte eine Demenz sein. Und wenn es so ist, dann schmink dir doch bitte mal ab, lieber Angehöriger, dass deine Frau mit Messer und Gabel isst. Finde doch mal heraus, ob sie es mit dem Löffel nicht einfacher hat. Und all solche Sachen. Am Anfang weiß man ja auch nichts von den Ängsten, die der Kranke hat. Ich habe erst viel später davon erfahren, weil ich viel darüber gelesen und in der Selbsthilfegruppe davon gehört habe.

Ich habe die Erfahrung gemacht, dass man in der Selbsthilfegruppe so viele Tipps, so viele Anregungen und so viele Hilfen bekommt, die kein Arzt und kein anderer Mensch einem geben kann. Da sitzen die wirklichen Experten. Diejenigen, die bereit sind, über ihren Schatten zu springen, die sich öffnen und ihre

Probleme auf den Tisch legen, die werden in einer Selbsthilfegruppe auch Hilfe finden. Ich fühle mich da zu Hause, ich könnte mir einen Monat ohne die Gruppe einfach nicht vorstellen.

Da werden Probleme auf den Tisch gelegt wie mit diesen Medikamenten, die den Krankheitsverlauf verzögern. Wir haben uns die Frage gestellt, ob den Kranken damit wirklich geholfen ist oder ob dadurch ihr Leidensweg verlängert wird, weil sie durch die Einnahme eines so genannten Antidementivums über einen längeren Zeitraum merken, dass etwas mit ihnen nicht stimmt. Wir haben über die Frage der künstlichen Ernährung diskutiert oder über die ganze Problematik mit der Generalvollmacht. Das sind ja Fragen, die in gewissen Phasen jedem auf den Nägeln brennen.

Aber ich stelle immer wieder fest, wenn ein Frischling in die Selbsthilfegruppe kommt, ist die einzige für ihn wirklich wichtige Frage: »Wo finde ich einen guten Arzt?« Alles andere existiert nicht. Die gucken nicht nach rechts und nicht nach links und sind der Meinung, Angehörige haben sowieso keine Ahnung, nur ein Arzt kann weiterhelfen. In unserer Gesellschaft schreit ja alles nach dem Doktor und nach Medikamenten. In Wirklichkeit kann der Arzt aber nichts anderes machen, als unterstützend mit Medikamenten zu helfen. Mehr kann er nicht tun. Er erlebt die Patienten ja nur ausschnittweise, die überwiegende Zeit sind doch die Angehörigen mit den Kranken zusammen.

Wenn ein an Demenz Erkrankter zu einem Neurologen kommt, dann geht doch bei dem sowieso gleich die Jalousie runter, und innerlich sagt er: »Lieber Freund, dir kann ich sowieso nicht helfen, dein Schicksal ist vorbestimmt.«

Es kann doch im Grunde genommen nur darum gehen, wie er den Angehörigen helfen kann. Und was den Angehörigen wirklich helfen kann, ist eine Selbsthilfegruppe.

Heute empfinde ich mich in der Gruppe schon ein bisschen mehr als Helfer für die anderen, weil ich langsam so weit vorgerückt bin, dass keiner mehr über mir ist, der diese Erfahrungen hat. Der Mann von Frau Harms ist gestorben, der Mann von Frau Pock auch, und ich werde jetzt vermutlich der Nächste sein, dessen Angehöriger stirbt.

Bei uns im Ort wurde auch der Versuch gemacht, so eine Gruppe aufzubauen. Das Ding ist dann doch den Bach runtergegangen. Das lag daran, dass sich dort Angehörige von Menschen mit verschiedenen Krankheitsbildern trafen. Es hat keinen Zweck, wenn sich eine Gruppe aus allgemein pflegenden Angehörigen zusammensetzt. Da kommen ganz andere Probleme zum Tragen. Wesentlich sinnvoller ist es, sich speziell zur Demenz auszutauschen.

Es gibt so viele unsinnige Dinge, die im Rahmen dieser Krankheit veranstaltet werden. Es kann nur um eines gehen: um Lebensqualität. Und dabei muss mir klar sein, dass meine Lebensqualität niemals identisch sein kann mit der Lebensqualität eines an Demenz erkrankten Menschen. Eine fremde Stadt zu besichtigen wäre für mich ein Lusterlebnis, für meine Frau aber wäre ein Besuch an einem Ort, den sie nicht kennt, chaotisch und anstrengend.

Auch wenn ich meinen an Alzheimer erkrankten Partner in eine Kurzzeitpflege gebe, ihn also für ein paar Wochen an einem für ihn fremden Ort unterbringe, muss ich mir darüber im Klaren sein, dass ich das Risiko eingehe, ein Chaos auszulösen. Die räumlichen Umstellungen sind ja schon im eigenen Haus problematisch, wenn zum Beispiel irgendwelche Umbauten erfolgen, geschweige denn, wenn man sich nach außerhalb bewegt.

Seitdem ich weiß, dass meine Frau Alzheimer hat, habe ich das beherzigt. Wir haben jeden Tag den gleichen Spaziergang gemacht, sind immer denselben Weg gegangen. Ich habe ein Tagesraster entwickelt, das immer deckungsgleich ist mit dem vorherigen: Vom Aufstehen über die Zeit im Badezimmer, über das Frühstück, über die Morgengymnastik haben wir immer den gleichen Rhythmus eingehalten und alles, alles, alles vermieden, was aus diesem Rahmen herausfällt. So ein Raster gibt Sicherheit und Orientierung und damit Lebensqualität. Ganz klar.

Die Kranken können mir nicht mehr sagen, dass sie so ein Raster brauchen, sie können ja auch ihre Empfindungen nicht mehr mitteilen. Aber ich kann anhand ihres Verhaltens, ihrer Ruhe und daran, dass sie nicht aufsässig und aggressiv reagieren, zumindest feststellen: »Du fühlst dich wohl bei mir.«

Man hört ja bei Alzheimerkranken sehr oft von aggressivem Verhalten. Sicherlich kann man nicht alle Menschen über einen Kamm scheren. Sicher wird es auch an der Persönlichkeit des Einzelnen liegen, ob jemand aggressiv reagiert oder nicht. Aber ich würde sagen, zu mindestens fünfzig Prozent liegt die Aggressivität der Kranken an Fehlern, die von den Pflegenden gemacht werden. Wenn die Kranken überfordert werden, erwachsen aus dieser Überforderung heraus ihre Aggressionen.

Wenn der gesunde Partner immer mehr prophetische Kräfte aufbaut, um vorausschauend zu erkennen, wo es Probleme geben könnte, kann die Situation sehr stark entspannt werden. Beim Schmuck zum Beispiel: Ständig verlegte meine Frau ihre Armbänder oder ihre Ohrringe, bis ich mal sagte: »Mensch, komm, ist das denn wichtig, dass du den Schmuck jetzt anlegst? Wir tun die Ohrringe in ein Kästchen, und ich passe darauf auf, dann brauchst du keine Sorgen zu haben, dass die wegkommen.« Genauso mit der Geldbörse. Ich habe ihr vorgeschlagen: »Guck mal, ich bezahle für dich, wenn wir ausgehen. Warum willst du denn unbedingt eine Geldbörse mit dir herumschleppen?« All solche Dinge. Darüber kann man vernünftig reden und schon existiert das Problem des ständigen Suchens nicht mehr.

Wenn man die Krankheit erkannt hat, sind die Probleme so einfach zu lösen! Jedenfalls die Schwierigkeiten, die man durch das richtige Handeln in den Griff bekommen kann.

Ein anderes Problem, das durch die Krankheit deutlich wurde, ist, dass meine Frau und ich sehr intensiv aufeinander fixiert waren. Sie war 36 Jahre als Lehrerin tätig, sie hatte also neben der Erziehung unseres Sohnes und dem Haushalt eine ganze Menge Aufgaben. Ihr Freundeskreis, ihr Bekanntenkreis war ihr Kollegium. Als sie wegen ihrer Krankheit aus dem Beruf ausschied, fielen die mehr oder weniger schon mal raus. Es war bei uns so: Freunde, von denen man sagen könnte, das sind ganz dicke Freunde, die gab es damals nicht. Die guten Bekannten und die entfernten Freunde haben sich im Laufe der Krankheit alle verabschiedet.

Und ich finde, das war auch gut so, denn, was die Alzheimerkranken nicht ertragen können, ist, wenn drei Menschen am Tisch sitzen und sich unterhalten. Das geht gar nicht. Als ich das erkannt hatte, habe ich zu jeder Freundin meiner Frau gesagt: »Wenn du sie besuchst, dann musst du dich mit ihr allein unterhalten. Ich halte mich da raus, mache in der Zeit etwas anderes.« Aber das funktionierte nicht. Ihre Freundinnen und unsere gemeinsamen Freunde konnten mit ihr allein nichts mehr anfangen und zogen sich alle zurück.

Für mich wurden die Kontakte dadurch natürlich auch dünner. Ich hätte die Gespräche vielleicht manchmal gebraucht. Für mich hat die Krankheit meiner Frau ja bedeutet: Trennung von der Weiblichkeit, von dem, was uns in der Ehe verband, nicht vom Tisch, aber vom Bett. Meine Frau zeigte an Sexualität schon sehr bald kein Interesse mehr. Damit muss man als Ehemann dann einfach fertig werden. Man muss das allein verarbeiten. Sicherlich wären da freundschaftliche Gespräche oder auch mal eine Flucht zu einem guten Freund oder zu einer guten Freundin hilfreich gewesen. Alles das hat es in dieser ganzen Zeit für mich nicht gegeben. Man fühlt sich verdammt allein!

Ich habe vier Schwestern und die haben mir alle vier geraten, mir doch eine gute Freundin zuzulegen, von der ich auch mal eine Streicheleinheit bekomme. Aber ich habe gesagt: »Das geht nicht. Ich habe dafür auch gar keine Zeit.« Ich muss ja bei jedem Kontakt nach außen sofort denken: »Ja, wer passt denn dann auf deine Frau auf?« Die Frage ist doch: Hole ich mir durch ein Glücksgefühl von draußen, meinetwegen für ein, zwei, drei Stunden, Schwierigkeiten rein, die sich dann auf unser Zusammenleben hier im Hause auswirken? Und da spielt dann auch so ein gewisser Selbsterhaltungstrieb eine Rolle. Ich habe mir gesagt: »Mein Gott, jetzt sehe es mal als ein Geschenk, dass das Zusammenleben absolut friedlich ist, und mach so weiter. Eventuell kommt dir ja später noch mal etwas zugeflogen in deinem Leben, wenn das alles überstanden ist.«

Ich hatte in der ersten Krankheitsphase auch das große Problem, dass ich nicht in Ruhe telefonieren konnte. Meine Frau war absolut misstrauisch, wenn ein Anruf kam. Sie konnte ja mit dem Telefonat nicht mehr viel anfangen, wer auch immer dran war. Sie sagte: »Guten Tag. Mir geht es gut. Auf Wiedersehen«, und legte den Hörer auf. Sobald ich ein längeres Gespräch führte, wurde sie misstrauisch, was redet der denn schon wieder über mich. Das war ein Riesenproblem.

Ich habe dann eine Pflegerin eingestellt, die für zwei Stunden am Tag kam und mit meiner Frau spazieren ging. In der Zeit hätte ich dann mal telefonieren können, aber am Tage ist das natürlich schwierig, die Freunde sind tagsüber oft nicht zu erreichen. Also, man fühlt sich schon ganz schnell auf eine einsame Insel verbannt.

Das nächste Problem war dann, dass meine Frau die Pflegerin von heute auf morgen nicht mehr erkannte und dann auch nicht mehr akzeptierte. Das Langzeitgedächtnis vermittelt ihr nur bei Personen wie mir einen Bekanntheitsgrad, weil sie mich schon solange kennt. Ob sie mich noch als ihren Mann erkennt oder nicht, darüber brauche ich mir gar keine Gedanken zu machen, aber sie erkennt mich als ihr bekannte Person. Aber diese Pflegerin, die am Dienstag mit ihr spazieren ging, erkannte sie am Mittwoch nicht mehr.

Dann ging das mit der Inkontinenz los. Schrecklich! Die Inkontinenz ist für den pflegenden Angehörigen ein enormes Problem. Die machte erforderlich, dass die Pflegerin mit meiner Frau auf die Toilette gehen musste. Damit kam das nächste riesige Problem: Meine Frau wollte sich von fremden Menschen nicht anfassen lassen: »Fassen Sie mich nur nicht an! Kommt nicht in Frage!« – »Frau Tillmanns, wir müssen jetzt auf die Toilette.« – »Nein!« Zack! Aus!

Es gab Phasen, da hätte ich verzweifeln können, da akzeptierte sie nichts. Und dann habe ich gesagt: »Mensch, bevor ich jetzt wer weiß wie viel Geld rausschmeiße und mir doch nur Unruhe ins Haus hole, eventuell noch Aggressionen aufbaue und mir selbst noch Schwierigkeiten bei den Toilettengängen einhandele, bestelle ich die Pflegerin ab.« Sie kam dann nicht mehr. Ich habe ihr aber gesagt: »Irgendwann kommen wir wieder zusammen.« Und das hat sich später dann bewahrheitet.

Zwei Jahre lang habe ich alles mutterseelenallein gemacht. Alles! Ich habe meine Frau rund um die Uhr betreut, ich habe für uns gekocht und das Haus sauber gemacht, eine Putzfrau hatte ich nie.

Das Schlimmste für einen Angehörigen, der mutterseelenallein vor der Pflege steht, ist, dass er niemals einen Menschen neben sich hat, mit dem er sich abends mal unterhalten und austauschen kann. Dieses Alleinsein ist sehr schwer. Ich muss ganz ehrlich sagen, diese zwei Jahre allein hier, die waren hart, die waren grausam. Es ist sehr schlimm, wenn man absolut nichts mehr am Horizont sieht, worauf man sich wirklich freuen kann. Es ging immer nur im gleichen Trott und mit meiner Frau ging es immer weiter bergab.

Auf der anderen Seite dient das Alleinsein dem Kranken. Denn nur so kann ich mich wirklich mit ihm und mit seiner Krankheit beschäftigen. Ich würde durch andere viel zu sehr abgelenkt, viel zu sehr von ihnen in Anspruch genommen werden und würde vieles in Bezug auf den Kranken vernachlässigen. Und deshalb sage ich immer wieder, bei allem Schlimmen und bei allen Entbehrungen ist diese Zweisamkeit das Nonplusultra. Etwas Besseres kann ich mir für Alzheimerkranke gar nicht vorstellen. Und davon profitiere ich selbstverständlich auch. Aus meiner Erfahrung muss ich sagen, bei aller Härte habe ich mir das Leben damit erleichtert, absolut erleichtert!

Gut, es kommt natürlich auch darauf an, wie derjenige, der pflegt, gestrickt ist. Ist er in der Lage, sich selbst zu beschäftigen, oder nicht. Ich kann mich jeden Tag an einer Stunde Geigeüben erfreuen, und ich habe einen Schachcomputer, an dem ich knifflige Schachprobleme lösen kann. Ich sage immer, ich brauche etwas, wobei ich wirklich abschalten kann, wobei ich die Situation, in der ich mich ansonsten permanent befinde, mal ausblenden kann. Und da hilft mir eben meine Geige. Beim Üben muss ich mich absolut konzentrieren und beim Musizieren passiert auch sehr viel mit dem Bauch. Und mit meinem Schachcomputer baue ich mir selbst Problemstellungen auf und knobele,

wie es möglich ist, meinen Gegner in drei Zügen matt zu machen. Aber das kann ja nicht jeder. Wenn jemand so veranlagt ist, dass er unbedingt jeden Monat mindestens einmal ins Kino und ins Konzert gehen muss und es ein Problem für ihn wird, wenn er darauf verzichtet, dann wird die Sache schwierig.
Was diesen Punkt betrifft, war es für mich absolut kein Thema, mich vorwiegend im Haus und um das Haus herum aufzuhalten. Das kam natürlich auch daher, weil wir beide, meine Frau und ich, immer so gelebt haben. Wir haben unwahrscheinlich viel zusammen unternommen, wir sind gemeinsam Fahrrad gefahren, wir sind zusammen gewandert. Aber wir haben nie große Ereignisse gebraucht, um zu sagen, das ist Lebensqualität für uns. Wir waren auch nicht die Reisekoffer, wir waren sehr bodenständig. Unsere Urlaube haben wir nach dem Motto verlebt: Hauptsache, jeden Abend wieder im eigenen Bett, und dann schauen wir mal, was am Tage so passiert. Das hat mir bei der Krankheit sehr geholfen! Das gebe ich unumwunden zu. Ich brauchte meinen Rhythmus im Grunde nicht so stark umzustellen, als meine Frau krank wurde, und ich hatte nicht das Gefühl, auf vieles verzichten zu müssen.
Man muss natürlich sagen, auch das Umfeld ist entscheidend. Es ist ja ein tolles Umfeld, das wir hier haben: die Natur hier draußen, ein schönes großes Haus mit eigenem Garten. Und es spielt auch eine Rolle, ob ich materielle Sorgen habe oder nicht, ob ich auf irgendetwas verzichten muss. In der Beziehung geht es mir wahrscheinlich besser als vielen anderen pflegenden Angehörigen.
Dieses Alleinsein hier im Haus mit meiner Frau, das ging bis Ende letzten Jahres. Dann habe ich die Pflegerin wieder eingestellt. Es gab einen äußeren Anlass: Ich stürzte die Treppe hinunter und kugelte mir den Arm aus, und da ging es nicht mehr anders. So

hat es sich dann ergeben, dass ich regelmäßig eine Pflegerin für meine Frau brauchte.

Ich denke, eine Frage, die dringend mal mit Medizinern und Psychologen zu diskutieren wäre, ist, warum bastelt man nicht an Dingen herum, die diese Krankheit verkürzen können. Ist es wirklich notwendig, dass eine solche Krankheit, die absolut nicht zu heilen ist, sich über diesen langen Zeitraum hinziehen muss? Warum können wir den nicht verkürzen? Ich möchte bei diesen Äußerungen nicht mit Adolf Hitler und seiner Sache in einen Topf gesteckt werden. Aber ich denke sowohl an die begleitenden Personen als auch an die Erkrankten selbst. Warum muss es denn bis zu diesem fürchterlichen Ende kommen? Diese Krankheit setzt einen ganz klaren Schlusspunkt, von Anfang an. Es gibt kaum eine Krankheit, die das so eindeutig tut wie die Alzheimerkrankheit.

Wir können nicht über die Empfindungen der an Alzheimer erkrankten Menschen befinden. Das ist mir klar. Zu diesem Bereich möchte ich nur sagen, sie sind sicherlich bis zu einem bestimmten Punkt noch in der Lage, sich über die Sonne zu freuen, festzustellen, dass es regnet, dass sie nass werden und dass sie kalte Füße haben. Aber sie können von einem sehr frühen Zeitpunkt ihrer Krankheit an nicht mehr über sich selbst und über ihre Empfindungen reden. Und ich finde, es ist schon etwas Katastrophales, wenn ich einem anderen Menschen nichts mehr über meine eigenen Empfindungen mitteilen kann.

Für mich hat sich trotzdem nie die Frage gestellt, meine Frau in ein Pflegeheim zu geben, weil mir immer klar war, dann kann ich nicht mehr fröhlich sein. Ich denke, das Schlimmste für mich wäre gewesen, wenn ich meine Frau hätte loslassen müssen. Ich weiß nicht, ob ich das gepackt hätte. Darüber habe ich viel nachgedacht. Das war auch der erste Punkt, den ich in der Selbsthilfegruppe besprochen habe. Als ich dort mitteilte, dass ich mir vorstelle, meine Frau bis zum Schluss zu Hause zu behalten und sie allein zu pflegen, sagte die Leiterin der Gruppe nur: »Herr Tillmanns, so geht das nicht. Das halten Sie nicht durch. Machen Sie sich mal darauf gefasst, irgendwann müssen Sie loslassen.«

Auch heute, in der letzten Phase, in der wir uns jetzt befinden, würde ich es nicht ertragen, meine Frau in ein Heim zu geben. Obwohl ich heute wüsste, an ihrem Zustand würde sich nicht mehr viel ändern, ob sie nun hier liegt und schläft oder ob sie dort im Bett liegt. Doch bin ich der Meinung, sie fühlt es noch, wo sie sich befindet. Davon bin ich fest überzeugt, und darum treibe ich diesen ganzen Aufwand. Aber es geht jetzt wirklich dem Ende entgegen. In der letzten Gesprächsrunde sagte die Leiterin auch zu mir: »Ich bin jetzt überzeugt, sie schaffen es, Ihre Frau bis zum Schluss zu Hause zu behalten.«

Ja, ich würde sagen, wir wünschen es meiner Frau alle, dass sie bald stirbt. Die Pflegerinnen und ich, alle, die um sie herum sind, wünschen ihr von Herzen, dass es für sie so schnell wie möglich zu einem ruhigen Ende kommt. Und das ist, glaube ich, kein Egoismus. Ich denke, man sollte ihr die Möglichkeit geben, zur Ruhe zu kommen.

Heute Morgen habe ich mich gerade fürchterlich aufgeregt. Eine recht neue Pflegerin meinte: »Gucken Sie mal, Ihre Frau kann doch noch ein bisschen laufen, warum liegt sie so viel im Bett?« Ich erklärte ihr, einen Menschen, von dem ich annehme, dass er wieder aufstehen kann und dass er mal wieder laufen kann, den werde ich mobilisieren, wo ich kann. Mit dem würde ich Übungen machen, die Arme hoch heben und weiß der Kuckuck was. Ich würde mich auf den Kopf stellen für den. Aber einen Menschen, der sich zur Ruhe begibt, der mir signalisiert, ich möchte schlafen, ich möchte weg sein, den noch zu quälen, ein paar Trippelschrittchen zu laufen, das ist doch Schwachsinn!

Wir wissen alle, was auf uns zukommt bei dieser Krankheit, aber wir haben immer noch nicht begriffen, dass es um einen Menschen geht, der sich auf sein endgültiges Zuhause hin bewegt. Auf seinem letzten Weg hat das Zuhause, das er als Kind erlebt hat, eine große Bedeutung für ihn. Er sagt dann oft: »Ich will nach Hause.« Bei einem Familientreffen vor etwa einem Jahr war es auch so. Wir saßen im Kreis und meine Frau stand auf und sagte: »Ich will nach Hause.« Diese Aussage hat mich und alle anderen sehr verdutzt. Da fragt man sich natürlich, was soll das?

Ich habe kürzlich eine Erfahrung gemacht, die der Sache etwas näher kommt: Meine Frau und ich haben während der Krankheit viel Unterstützung von ihrer älteren Schwester erfahren. Die war sehr häufig hier, besonders in der ersten Zeit. Es hat an sich immer ganz gut geklappt, bis auf einen Punkt: Meine Frau ließ sich nie von ihrer Schwester anfassen, sprich an das Händchen nehmen.

Meine Frau war ein ungewolltes Kind. Sie kam zu einem Zeitpunkt auf die Welt, zu dem ihre Eltern gerade ein Geschäft eröffnet hatten. Darum wurde ihre ältere Schwester quasi als Mutter eingesetzt, um auf sie aufzupassen. Dabei ist die nicht zimperlich mit ihr umgegangen. Als wir uns vor fünfzig Jahren kennen lernten, erzählte mir meine Frau von den Problemen, die sie mit ihrer Schwester hatte. Vor drei oder vier Monaten war meine Schwägerin mal wieder dran, um mich zu vertreten, damit ich zu meinem Augenarzt fahren kann. Sie kam Sonntagnachmittag hier an. Wir standen im hellen Sonnenschein draußen im Garten, meine Frau ging auf sie zu und latschte ihr voll vors Schienbein, aber mit aller Gewalt! Sie guckte ihre Schwester an und sagte kein Wort. Meine Schwägerin machte natürlich den

Fehler, sich gekränkt zu fühlen, und dachte wohl nur: »Die tut mir unrecht.« Statt ihre kranke Schwester in den Arm zu nehmen und sie zu streicheln, guckte sie böse zurück.

Eine Stunde später setzten wir uns an den Tisch, um Abendbrot zu essen. Als meine Schwägerin hinzukam, boxte meine Frau sie und wollte, dass sie weggeht. Da hatte meine Frau auf ihrem Nachhauseweg wohl das Szenario ihrer Kindheit vor Augen und sah in ihrer Schwester wieder diejenige, der sie früher ganz gern mal eine gelangt hätte. Und jetzt hat sie es gewagt.

Ich dachte, wir warten mal den nächsten Morgen ab. Vielleicht hat sich das dann wieder gelegt. Am nächsten Morgen beim Frühstück war aber das Gleiche, und zwar noch wesentlich härter. Ich sagte meiner Schwägerin: »Ich fahre nicht nach Peine, und du solltest deinen Wagen nehmen und dich auf den Heimweg machen, es hat keinen Zweck, denn du müsstest mit Marlene auf die Toilette gehen, und das geht so nicht.«

Meine Frau wurde auch oft, wenn ich zum Augenarzt fahren muss, von meiner Schwester und ihrem Mann betreut. Die sind ein Herz und eine Seele. Da gibt es keine alten Sachen, die die Beziehung stören, keine Kindheitserfahrungen. Wenn ich einen Termin beim Augenarzt habe, geht es nicht ohne Vertretung. Ansonsten habe ich gelernt, selbstständig zu denken und auf mich selbst gestellt zu sein.

Ich bin von Geburt an ein Perfektionist und immer dabei, alles auf dem Vorwege zu bedenken. Als ich in der Selbsthilfegruppe zum ersten Mal etwas über Inkontinenz gehört hatte und mir klar wurde, dass der Geruch eines Hauses schon ausweist, was da drinnen los ist, da bin ich hergegangen und habe die ganzen Böden hier im Haus geändert. Alle Teppichböden raus und wischfeste Böden wie Holz oder Fliesen rein. Und ich bin mir selbst dankbar dafür, dass ich das gemacht habe. Kurz nachdem die

Böden erneuert waren, spielten meine Frau und ich in einem Raum unten im Haus Tischtennis – mit einem Mal stand sie in einer riesigen Wasserlache. Das war alles kein Problem.

Auch in vielen anderen Dingen war ich immer ein Stück voraus, und es war niemals so, dass irgendjemand sagen musste, jetzt brauchen wir ganz schnell mal dies oder das. Es war immer alles da. Auch den Umbau des Bades habe ich schon vornehmen lassen, bevor es nötig war.

Das habe ich alles in der Selbsthilfegruppe gelernt, weil ich von anderen gehört habe, wie die Krankheit verlaufen kann.

Es fällt mir nicht schwer, für meine Frau da zu sein. Ich weiß, dass sie mich auch so gepflegt hätte. Das weiß ich!

Und wenn man das so sicher weiß, ohne es auch nur ein bisschen in Frage zu stellen, dann erkennt man natürlich gleichzeitig: Mein Gott, bist du ein glücklicher Mensch, dass die Krankheit dich nicht getroffen hat. Es ist ein Geschenk, dass du sie pflegen darfst und dass sie dich nicht pflegen muss.

Ich habe sehr, sehr schwere Krankheiten hinter mir. Ich hatte eine Allergie, die über Jahre wahnsinnige Kopfschmerzanfälle auslöste. In diesen Zeiten hat meine Frau wirklich rundum mit mir gelitten. Ich bin nachts aufgestanden, habe den Kopf gegen die Wand gehauen, weil ich es nicht mehr aushalten konnte vor Schmerzen. Und es gab kein Schmerzmittel dagegen. Ich weiß, dass sie alles für mich getan hat.

Dann hatte ich einen schweren Herzinfarkt. Damit wurde ich ins Krankenhaus eingeliefert. Na gut, dann nimmt man keine Zigarette mehr in den Mund. Vorher waren wir beide überzeugte Raucher. Als meine Frau mich aus dem Krankenhaus abholte, sagte sie: »So, ich habe eben meine letzte Zigarette geraucht.«

Dass sie auch aufgehört hat zu rauchen, das hat mir geholfen, von diesem Laster wegzukommen. Ich weiß nicht, ob ich das durchgehalten hätte, wenn sie weiter geraucht hätte. Das war bei uns also wirklich eine Kameradschaft bis zum Letzten! Es konnte sich jeder auf den anderen verlassen.

Ich denke, wenn man sich so wie wir gegenseitig geliebt hat und das Gefühl hatte, wir gehen füreinander durch dick und dünn, haben Vertrauen zueinander und Achtung vor dem anderen, dann wird das, was man für den anderen tut, gar nicht mehr hinterfragt.

Wir hatten auch eine ganz harmonische Ehe. Meine Frau war ein ziemlich kühler Typ, ich war vielleicht ein bisschen anders gestrickt, aber was die Sexualität anbetraf, da haben wir uns arrangiert. Ich würde sagen, es hat in den ganzen fünfzig Jahren keinen Seitensprung gegeben. Von mir aus kann ich das mit Gewissheit sagen und für sie würde ich auch meine Hand dafür ins Feuer legen.

Wir waren über lange, lange Strecken sehr ausgefüllt mit sehr großen Aufgaben.

Ich habe mich in der Politik betätigt, habe in der Bürgerschaft den entwicklungspolitischen Arbeitskreis als Sprecher geleitet. Eine sehr interessante Aufgabe. Beruflich war ich verantwortlich für eine Druckerei. Ich bin gelernter Drucker und habe einen größeren Betrieb mit 50 Angestellten aufgebaut und dann auch geleitet.

Meine Frau war in ihrer Arbeit als Lehrerin sehr engagiert. Neben dem Unterricht besuchte sie Lehrgänge zur Integration von Türken. Sie studierte noch ein Jahr »Deutsch für Ausländer«, um sich mit den türkischen Schülern verständigen und Briefe für sie schreiben zu können. Also, sie war sehr, sehr aktiv in ihrer Rolle als Lehrerin, weit über das normale Maß hinaus.

Das habe ich auch zum Anlass genommen, meinen Beruf aufzugeben. Die letzten zehn Jahre, die meine Frau noch als Lehrerin tätig war, war ich Hausmann. Dadurch war ich dann im Haushalt perfekt, als sie krank wurde.

Es ist auch so, dass es mir etwas gibt, meine Frau zu betreuen und zu pflegen. Absolut! Absolut! Und ich tue alles, damit ich fit bleibe. Ich ernähre mich rundum gesund: Gemüse, Gemüse, Gemüse! Und ich mache jeden Tag meine Gymnastik, fahre meine zehn Kilometer auf dem Heimfahrrad, aber wer weiß, da steckt man nicht drin.

Ich bin der felsenfesten Überzeugung, dass ich in ein tiefes Loch fallen werde, wenn meine Frau stirbt. Das ist mir klar. Diese Aufgabe hält mich natürlich am Laufen. Ich merke die Einsamkeit schon jetzt, dadurch, dass sie zum Liegen kommt und über lange Strecken des Tages für mich gar nicht mehr gegenwärtig ist. Und ich denke, der Prozess des Loslassens hat bei mir schon begonnen. Ich erfahre bereits in Ansätzen, wie es für mich aussieht, wenn ich hier allein im Hause bin.

Die eine Pflegerin sagte neulich zu mir: »Ich habe das Gefühl, Herr Tillmanns, Sie haben Probleme, Ihre Frau ins Bett zu legen. Machen Sie sich mal Gedanken darüber. Wir sind davon überzeugt, Ihre Frau freut sich, wenn sie sich da reinlegen kann.« Ich habe das dann beobachtet, und ich muss ihr Recht geben. Meine Frau mag nicht gern in dem Rollstuhl sitzen oder eingequetscht in einem Sessel. Sie fühlt sich in ihrem Bett wohl.

Ich denke, da ist es ein wirkliches Geschenk für mich, dass ich eine gute Bekannte gefunden habe, mit der ich täglich mehrmals telefoniere und von der ich eben weiß, dass sie nachvollziehen kann, was hier los ist. Ihre Mutter war auch an Alzheimer erkrankt, die hat sie bis zum Tod gepflegt. Dadurch weiß sie, wovon ich rede. Sie hat keine Ansprüche an Zeiten, die ich zur Verfügung zu stellen habe, und sie kann alles das, was hier abläuft, besonders jetzt in dieser Phase, auch wirklich verstehen.

Das ist eine tolle Geschichte, wie wir zueinander kamen. Ich kenne die Frau schon sehr lange. Wir haben dreizehn Jahre lang jeden Samstag denselben Tanzkreis besucht und zusammen an einem Tisch gesessen, sie mit ihrem Lebenspartner und ich mit meiner Frau. Daher kannten wir uns, und wir wussten unsere Geburtstage. Ich rief sie vor einigen Monaten zu ihrem Geburtstag an und da erzählte sie mir von ihrer Augenkrankheit. In dem Gespräch stellte sich heraus, dass wir beide an dem gleichen Augenleiden erkrankt sind. Ich bot ihr an: »Dann nehme ich Sie mal mit nach Peine und dann soll der Doktor sich das mal ansehen.« Wir verbrachten dann dreimal sechs Stunden Zugfahrt zusammen. So kam es, dass wir uns ein bisschen näher kennen lernten.

Zu einem guten alten Freund habe ich auch wieder einen engeren Kontakt. Wir waren früher sehr nah befreundet, aber als meine Frau erkrankte, zog sich seine Frau zurück, sie konnte das nicht ertragen. Dadurch hatten auch er und ich uns ziemlich voneinander entfernt. Seine Frau starb vor zwei Monaten an Darmkrebs und jetzt rücken wir wieder ganz eng zusammen. Ich verbringe nun einen Abend in der Woche mit ihm, da sitzen wir unten bei mir im Haus und spielen Schach. Vorher gehen wir noch mal schön essen. Durch den Freund und durch die gute Freundin habe ich schon mal zwei Personen, die mich wieder ein bisschen nach außen bringen.

Dann hat sich in Bremen vor einigen Jahren das »forum demenz« gegründet, ein Zusammenschluss verschiedener Bremer und umliegender Institutionen, die spezielle Angebote für demenzkranke Menschen anbieten. Die Einrichtung hat es sich zur Aufgabe gemacht, die Lebensqualität demenzkranker Menschen zu verbessern, die Öffentlichkeit über die Erkrankung aufzuklären und ein Netzwerk miteinander zu bilden. Ich möchte dort mitarbeiten. Aus meiner Erfahrung heraus kann ich vielleicht Hilfestellungen geben.

Ich habe begriffen, dass es eine wirklich lohnende gesellschaftspolitische Aufgabe sein kann, die Öffentlichkeit darüber aufzuklären, dass diese Krankheit existiert, wie sie aussieht und wie pflegende Angehörige mit ihr umgehen können. Und auch Tacheles zu reden mit Ärzten, die noch immer der Meinung sind, sie müssten durch die Verabreichung von Medikamenten zwei Jahre in die Demenz einbauen, in denen die Kranken noch ein bisschen länger zu leiden haben, weil sie spüren, dass etwas mit ihnen nicht in Ordnung ist. All solche unsinnigen Dinge!

Das »forum demenz« hat sich unter anderem auf die Fahne geschrieben, dafür einzutreten, dass es in Zukunft kein Vertretungsproblem mehr geben muss, wenn ein pflegender Angehöriger in die Selbsthilfegruppe gehen möchte. Es ist ganz wichtig, dass eine Vertretungsmöglichkeit geschaffen wird. Dafür will ich mich einsetzen.

Die Teilnahme an einer Selbsthilfegruppe ist für den Angehörigen eine große Entlastung, ohne Frage. Aber darüber hinaus muss man auch die Wechselwirkung sehen: Der pflegende Angehörige bekommt dort nicht nur Hilfe, sondern er bringt auch Hilfe ein. Es ist auch deshalb wichtig, dass jeder pflegende Angehörige die Möglichkeit hat, dahin zu gehen, um seine Erfahrungen und sein Wissen einzubringen.

Das Problem am Vertretenlassen ist ja, dass jedes neue Gesicht, das auftaucht, für die Kranken eine Qual ist. Alles, was nicht bekannt ist, bedeutet Verunsicherung – jedenfalls bis zu einem gewissen Punkt der Krankheit. In der letzten Phase, in der meine Frau jetzt ist, nicht mehr. Die Pflegerin, die jetzt zu ihr kommt, muss keine besonderen Anforderungen erfüllen. Sie begrüßt meine Frau liebevoll und streichelt sie.

Der Hautkontakt tut meiner Frau gut. Hautkontakt ist etwas ganz Wesentliches. Gerade wenn fremde Leute zu ihr kommen, ist es ganz wichtig, dass sie sich gleich zu ihr setzen und sie streicheln oder ihre Hand halten. Da merke ich sofort ihre Entspannung: Sie fühlt sich sicher. Sobald die fremde Person von ihr entfernt sitzt, merke ich an ihren Gebärden, sie fühlt sich unsicher.

In früheren Phasen ist es aber wichtig, dass die Pflegerinnen den Kranken bekannt sind. Wenn Pflegerinnen der ambulanten Pflegedienste die Vertretung übernehmen, können sie mit sehr wenig Aufwand einspringen. Wenn sie morgens ohnehin die Grundpflege machen, kennen sie die pflegebedürftige Person, die Situation und wissen auch, wo was angesiedelt ist in dem Haus, wo die Waschmaschine steht und so weiter.

Wenn auf dem Bauernhof die Bäuerin ausfällt, dann gibt es doch diesen Landpfleger-Dienst. Da geht eine Frau in den Haushalt und sagt: »So, Bauer, was ist jetzt? Was soll ich tun?« Genau das brauchen wir für diese Geschichte auch. Zielvorstellung für mich ist deshalb, dass die ambulanten Pflegeeinrichtungen in Zukunft ausgebildete Kräfte bereitstellen, die dann zum Einsatz kommen, wenn zum Beispiel die Selbsthilfegruppe läuft, dass eine Pflegerin dann um 18.00 Uhr bei uns zu Hause auftaucht und bis zu dem Zeitpunkt, wenn ich wiederkomme, bleibt. Wenn ein pflegender Angehöriger wüsste, ich habe jede Woche eine Auszeit und darauf kann ich mich freuen, das wäre doch schon mal was!

Dringend notwendig ist auch, dass wir Vertretungskräfte organisieren können, die nicht so idiotisch teuer sind. Ich habe jetzt privat zwei Pflegerinnen organisiert, die bezahle ich mit acht Euro in der Stunde. Das geht Cash. So eine Frau braucht gar nicht super qualifiziert zu sein, jedenfalls nicht in der letzten Phase, in der meine Frau sich befindet. Absoluter Schwachsinn!

Entlastung ist schon wichtig. Für mich ist Essen auch ein ganz großes Problem. Meine Frau und ich haben ja keine Tischgemeinschaft mehr, wir sitzen nicht zusammen und essen gemeinsam, ich muss sie ja erst einmal füttern. Wenn sie mir dann gegenübersitzt, während ich essen muss, dann bekommt mir das nicht, also das ist unmöglich. Momentan ist es so, dass ich mich unheimlich freue, wenn ich jemanden finde, der mit mir essen geht, mit dem ich nett zusammensitzen und dabei ein bisschen reden kann. Das ist ein schöner Ausgleich zu dem, was sonst ist. Wenn man für Entlastung sorgt, sollte man sich grundsätzlich immer die Frage stellen: Belaste ich mich nicht zusätzlich durch die Entlastung? Die Frage muss ich mir als Erstes beantworten. Die Auszeit muss so organisiert sein, dass sie keine Nachteile für die Pflege des kranken Menschen bedeutet. Es gibt viele pflegende Angehörige, die sich gar nicht vertreten lassen, weil sie großen Ärger haben, wenn sie wiederkommen.

Wenn man sich eine Auszeit nimmt, dann sollte man sie sehr gut planen. Es hat einfach keinen Sinn, zu denken, so ich habe jetzt Auszeit, dann gehe ich mal irgendwo spazieren oder mache etwas anderes allein. Das ist absoluter Quatsch! Ich muss mir in meiner Auszeit wirklich etwas vornehmen, zum Beispiel einen lieben Menschen besuchen. Im eigenen Saft brodelt man immer, wenn man im Haus ist, darum ist es nicht gut, auch noch allein spazieren zu gehen. Und je mehr die Krankheit fortschreitet, desto mehr ist man allein. Von einem gewissen Zeitpunkt an merkt man ja, es kommt nichts mehr zurück. Man stellt plötzlich fest, auch Gefühle können nicht mehr transportiert werden.

Es kommt natürlich manchmal vor, wie vor etwa zwei Monaten, ich kam morgens runter in ihr Krankenzimmer, und da hörte ich aus dem Dunkeln: »Guten Morgen, mein Süßer!« Das hat mich fast zur Tür rausgeschlagen. Das war unwahrscheinlich!

Daran merkt man eben, dass gewisse kleine Schaltungen noch klicken. Aber wer nun der Süße war, das weiß ich nicht, das muss ich ja auch nicht wissen. Meine Frau hat mich jedenfalls nie so genannt. Sie war sehr, sehr schlagfertig, als sie noch gesund war, und auch von meinen Schwestern wurde mir immer wieder bestätigt, dass diese Schlagfertigkeit auch während ihrer Krankheit zwischendurch immer mal wieder rauskam. Die war also lange nicht ganz totzukriegen. Und das hat dann auch Lacher und auch Fröhlichkeit hervorgerufen.

Als ich noch gar nicht hundertprozentig wusste, dass es Alzheimer ist, da passierte auch so etwas Kurioses: Wir gingen einen Rock kaufen, und ich sehe das noch wie heute. Meine Frau schnappte sich wie immer drei Röcke: »Oh, die würden mir gut gefallen«, ging in die Umkleidekabine, kam raus und hatte alle drei Röcke übereinander gezogen. Das muss man sich erst mal reinziehen! Das muss man erst mal auf der Zunge zergehen lassen! Und dann steht man da im Geschäft, ich bin vor lauter Lachen in Tränen ausgebrochen und habe gesagt: »Hör mal zu, du tickst ja wohl nicht ganz sauber!«

Es gibt ganz bestimmt viele schöne Begebenheiten und eine ganze Reihe kurioser Dinge, die im Zusammenhang mit der Demenz passierten. Da müsste ich meine Tagebuchaufzeichnungen mal durchforsten, darin habe ich den Verlauf der Krankheit sehr genau aufgezeichnet. Aber die jetzige Problemsituation überlagert die erfreulichen Eindrücke ja leider Gottes immer mehr. Inzwischen steht die Problematik wesentlich mehr im Vordergrund und überdeckt solch kleine Dinge.

Zweisamkeit, miteinander lachen und fröhlich sein, das haben wir ja auch gehabt. Wir sind spazieren gegangen und haben uns unterhalten können im Rahmen des Möglichen, im Rahmen ihres Wortschatzes. Wir haben eigentlich jeden Tag gelacht.

Zu Beginn der Krankheit haben wir uns noch viel mit irgendwelchen Dingen beschäftigt, haben zusammen Mandalas ausgemalt. Ich habe immer alle Tätigkeiten mitgemacht, sie nie allein etwas machen lassen. Bis vor zwei Jahren sind wir auch noch tanzen gegangen, in unseren Tanzkreis. Aber häufig war es so, dass meine Frau morgens keinen Stuhlgang hatte, und dann habe ich da abends gesessen und einen Bammel gehabt, dass ein Unglück passiert. Die Inhaberin der Tanzschule hatte mir schon ihre Privattoilette zur Verfügung gestellt, aber irgendwann habe ich gedacht: Das tue ich mir nicht mehr an. Wenn ich so angespannt aufpassen muss, dass nichts passiert, habe ich auch keine Freude mehr an den Tanzabenden. Ja, mit der Inkontinenz, das ist ein ganz großes Problem.

Auch wenn ich die Krankheit vom Anfang bis zum heutigen Tage in allen Phasen erlebt habe, habe ich nie eine Angst verspürt, von dieser Krankheit befallen zu werden. Ich bin mir zu jedem Zeitpunkt im Klaren darüber, dass sie mich befallen kann, und ich bin mir zu jedem Zeitpunkt im Klaren darüber, was ich machen werde, wenn sie mich erwischt – wenn ich die Kraft dazu habe. Ich wüsste, wohin ich fahre: nach Zürich.

Es gibt keine Garantie, dass ich davon verschont bleibe. Aber ich würde da niemals von Angst sprechen. Das wäre ja fürchterlich, wenn ich Angst hätte! Ich kann ja nicht mit Angst leben, ich muss ja fröhlich sein. Ich muss auch froh sein, dass ich lebe und dass ich den Tag wieder gesund erlebt habe. Wenn ich mir abends noch eine Diskussion im Fernsehen angucke und dabei auf meinem Rad sitze und meine zehn Kilometer runtertrete, dann bin ich fröhlich, dann trinke ich ein schönes Glas Rotwein und freue mich, dass der Tag wieder gut gelaufen ist.

Auch wenn die Krankheit so grausam ist, würde ich dennoch sagen, es gibt auch etwas Gutes an der Demenz. Als ich erkannte, dass es nicht am Willen meiner Frau, sondern an einem Organ liegt, dass sie gewisse Dinge nicht mehr kann, da wurde mir plötzlich klar, wie vielschichtig das Wesen Mensch funktioniert. Ich muss sagen, dadurch habe ich Hochachtung bekommen vor dem, was ich selbst mit mir herumtrage – vor diesem Gehirn, das Unsägliches leistet. Wenn man bei einem Alzheimerkranken beobachtet, dass die einfachsten Dinge wie Bewegungen und Wortfindungen nicht mehr klappen, bekommt man den Blick dafür, dass es etwas ganz Tolles ist, wenn das alles funktioniert.

Ich denke, die Krankheit kann einen bescheiden machen. Sie kann dazu beitragen, unser anmaßendes gesellschaftspolitisches Klima, in dem wir leben, zu überdenken. Ich möchte nicht jeder Familie oder jedem Einzelnen in der Gesellschaft wünschen, dass er mal über eine kürzere oder längere Strecke mit einem an Alzheimer erkrankten Menschen zusammenkommt. Aber wenn man mit einem demenzkranken Menschen zusammenlebt, merkt man, dass man dankbar wird, weil man zu schätzen lernt, dass man gesund ist. Und dass man auch in kleinen Dingen bescheiden wird. Bescheidenheit, die dann zur Freude führt, nämlich darüber, dass ein Tag wieder geklappt hat, ohne große Unfälle, sei es nur, dass wir wieder heil durch diese oder jene Situation gekommen sind.

Heute kann ich meine Frau ja nicht mehr mitnehmen zum Einkaufen, aber noch vor einiger Zeit war es auch eine Freude für mich, wenn wir im Supermarkt einkaufen waren und sie nicht alles von einem Wagen in den anderen gepackt hatte. Da fragt man sich, Mensch, was hast du früher für große Ansprüche an das Leben gestellt.

Durch die Krankheit habe ich den Blick bekommen für ganz kleine Dinge, die mich erfreuen. So zum Beispiel saßen meine Frau und ich vor einiger Zeit beim Malen, da sagte sie plötzlich:

»Ich fühle mich hier richtig wohl und sicher.« Das war so schön für mich. In solchen Momenten, da weiß ich dann, dass das, was ich tue, richtig ist. Und ich muss Ihnen ganz ehrlich sagen, ich hatte noch nie im Leben eine so sinnvolle Aufgabe wie diese.

Natürlich gibt es auch Situationen, in denen man überfordert ist und am Ende seiner Kräfte und ungerecht wird und denkt, du möchtest sie schütteln. Ich habe meine Frau auch schon angeschnauzt. Wenn das nicht so wäre, dann wäre man ja ein Übermensch.

Aber früher in der Druckerei, welch sinnlose Aufregung gab es da manchmal, wenn auf einem Faltblatt ein Klecks zu viel Rot oder ein Tupfen zu viel Gelb war, dann sagte der Kunde: »Ein bisschen weniger bitte«, und unter Zeitdruck mussten wir das dann ändern. Wie oft habe ich einen meiner Angestellten zurechtweisen müssen, weil etwas aus Sicht der Auftraggeber nicht in Ordnung war. Da hatte man Aufregung und Stress – und wofür?

Häufig bin ich nach Hause gekommen und habe zu meiner Frau gesagt: »Was mache ich da eigentlich für einen Unsinn?«

Das, was ich heute mache, ist wirklich sinnvoll.

Wenn sie nichts sagt, das schnürt mir so die Luft zum Atmen ab

Sabine G. (44): Meine Mutter (81) ist seit vier Jahren demenzkrank

Sabine G. arbeitet als Erzieherin mit behinderten und verhaltensauffälligen Kindern in der Heimerziehung. Diese Arbeit belastet sie wegen der hohen Verantwortung und der unregelmäßigen Arbeitszeiten (Schichtdienst) sehr stark. Sie hat eine langjährige Beziehung, wohnt jedoch allein im Innenstadtbereich von Hannover. Sabines Mutter lebt seit dem Tod ihres Ehemanns vor zwei Jahren allein in ihrer Wohnung, im selben Stadtteil wie Sabine. Ihre Betreuung ist in einem engen, festgelegten Raster organisiert: Morgens und abends kommt der Pflegedienst zu ihr, und jeden Tag von 14.00 bis 17.00 Uhr wird sie von einer Frau betreut. Einmal in der Woche leistet Sabine diese Betreuung. Sabine hat eine Schwester, die zehn Kilometer von ihr und der Mutter entfernt wohnt und die Betreuung zweimal pro Woche übernimmt.

Ich war mit meinem Freund im Urlaub, und meine Mutter sollte die Blumen gießen auf meinem Balkon. Als ich aus dem Urlaub zurückkam, stand meine Balkontür weit offen. Das war vor vier Jahren. Ich habe meine Mutter darauf angesprochen, ob sie vielleicht vergessen hätte, die Balkontür zu schließen, aber sie konnte sich nicht daran erinnern. Das wusste sie nicht mehr. Es kam dann häufig vor, dass sie sagte: »Das weiß ich gar nicht mehr« oder »Das hab ich schon vergessen«, dass sie sich an Dinge, die nicht lange zurücklagen, nicht mehr erinnern konnte. Es war schon deutlich, dass meine Mutter sehr verändert, sehr verwirrt war. Einmal hat sie mehrere Tage im Bett gelegen, war ganz durcheinander und keiner wusste eigentlich genau, warum. Wir haben dann überlegt, ob sie vielleicht vergessen hatte, ihre Tabletten einzunehmen, sie bekommt schon seit Jahren Antidepressiva. Sie konnte uns aber weder sagen, ob sie die Tabletten genommen hatte oder nicht, noch, in welcher Menge. Da war sie sehr verwirrt. Daraufhin bin ich dann mit ihr zu einer Neurologin gefahren.

Einmal hatte ich ganz früh morgens um acht Uhr einen Termin. Meine Eltern sind immer recht spät aufgestanden, so um halb zehn. Als ich zu meiner Mutter kam, um sie für den Arztbesuch abzuholen, schlief sie noch und wollte auch nicht aufstehen. Sie wusste gar nicht, was das eigentlich soll, warum sie so früh aufstehen muss. Weil ich knapp in der Zeit war und mir klar war, dass sie auch noch nicht gefrühstückt hat, wenn ich komme, habe

ich gekochten Kaffee mitgenommen und ihr auf dem Parkplatz vor der Praxis Kaffee aus der Thermosflasche gegeben. Das weiß ich noch, da war meine Mutter völlig durcheinander. Da wusste sie wohl überhaupt nicht mehr, was das nun noch soll, warum sie nun auf dem Parkplatz Kaffee trinken muss.

Mir war zu dem Zeitpunkt auch noch nicht so klar, um was es sich handelt und wie wichtig es ist, dass ein regelmäßiger Ablauf eingehalten wird, dass man eben zu Hause frühstückt und nicht im Auto Kaffee trinkt. Das war am Anfang der Demenz. Es war schon sehr auffällig, dass meine Mutter sich irgendwie verändert hatte. Ich konnte das damals gar nicht so richtig einordnen.

Da mein Vater zu der Zeit noch lebte, brauchten meine Schwester und ich ja erst einmal für die Betreuung meiner Mutter nichts weiter zu organisieren. Mein Vater hat die Aufgaben übernommen, die meine Mutter nicht mehr erledigt hat – größtenteils. Am Anfang konnte er das noch. Aber er war selbst auch sehr krank, er war zu dem Zeitpunkt schon zwölf Jahre an der Dialyse, hatte Rheuma, litt unter dem Karpaltunnelsyndrom und hatte ständig Schmerzen. So ist es ihm immer offensichtlicher zu viel geworden. Es ist ihm über den Kopf gewachsen. Und einige Sachen, die früher im Haushalt regelmäßig gemacht wurden, sind nicht mehr erledigt worden.

Meine Schwester und ich haben dann dafür gesorgt, dass meine Eltern Essen auf Rädern bekommen. Meine Mutter war ja völlig ohne Antrieb und hat überhaupt nicht mehr gekocht, und mein Vater war mit dem Kochen überfordert.

Wie mein Vater damit klar gekommen ist, dass meine Mutter sich so verändert hat? Ich würde sagen – gar nicht! Das war sehr schwer für ihn. Er hatte ja eigentlich schon mit sich genug zu tun, mit seiner Krankheit, und hätte selbst mehr Hilfe gebraucht. Es war für meinen Vater sehr anstrengend, also allein körperlich, im Haushalt mehr machen zu müssen. Aber das Schlimmere, glaube ich, war die psychische Belastung. Er konnte sich ja mit meiner Mutter gar nicht mehr unterhalten, weil sie immer nur das Gleiche fragte. Sie hat immer die gleichen Fragen gestellt, und nie konnte sie darauf eingehen, dass er sich mit seinen körperlichen Leiden so quälen musste. Sie hat ja auch für nichts mehr die Verantwortung übernommen. Er konnte nicht erkennen, dass das, was meine Mutter hat, eine Krankheit ist. Er hat schon gewusst, dass es so eine Krankheit gibt. Es war ihm aber nicht möglich, sich damit auseinander zu setzen, und so konnte er für die Veränderung meiner Mutter kein Verständnis entwickeln, dazu war er einfach zu alt, zu krank und zu betroffen.

Das kann ja manch junger Mensch nicht. Selbst meine Schwester und ich mussten im Laufe der Zeit erst lernen zu verstehen, was Demenz ist, was wichtig ist, wenn jemand demenzkrank ist, und wie man mit so einem Menschen umgehen sollte. Sich da richtig zu verhalten und dem Menschen Sicherheit zu geben, das hat selbst bei uns jüngeren Leuten lange gedauert, bis wir das mal kapiert hatten, worauf es wirklich ankommt.

Mein Vater konnte die Situation nicht mit einer Portion Abstand sehen, so wie meine Schwester und ich das vielleicht manchmal können. Er hat schließlich mit meiner Mutter in einem Haushalt gelebt und war rund um die Uhr mit ihr zusammen, außer wenn er an der Dialyse war. Da konnte er ja keinen Abstand haben.

Vor zwei Jahren starb mein Vater. Die ersten Tage nach seinem Tod war ich wahrscheinlich selbst verwirrt. Da lief alles ab wie ein Film. Ich weiß auch gar nicht, ob ich mir da besondere Gedanken um meine Mutter gemacht habe. Ich erinnere mich nur, dass meine Schwester und ich die ersten Nächte bei ihr geschlafen haben. Zu dem Zeitpunkt mussten wir uns ja überlegen, wie die Betreuung meiner Mutter nun organisiert werden sollte.

Wir haben gedacht, dass es am besten wäre, wenn morgens und abends ein Pflegedienst zu ihr käme. Und die Zeiten dazwischen müssten von uns abgedeckt werden oder von anderen Frauen. Wir haben uns dann mit verschiedenen Pflegediensten auseinander gesetzt und haben in unserem Bekanntenkreis publik gemacht, dass wir nette, zuverlässige Frauen suchen, die meine Mutter betreuen. Das hat auch ganz gut geklappt. Inzwischen sind wir mit meiner Schwester und mir acht Frauen, die sich abwechselnd um sie kümmern.

Ich denke, dass es meiner Mutter ganz gut tut, dass jeden Tag eine Frau zu ihr kommt. Sie hat sich daran gewöhnt, dass jeden Tag jemand anders bei ihr ist. Sie kennt die Gesichter inzwischen und vor allem: Ihr Tagesablauf ist strukturiert: Morgens zwischen neun und halb zehn kommt der Pflegedienst, weckt sie, hilft ihr beim Waschen und Anziehen und bringt ihr ein Brötchen mit. Sie frühstückt dann allein und legt sich anschließend auf die Couch und schläft wahrscheinlich, bis um zwei Uhr die Frau kommt, die für den Tag eingeteilt ist. Die kocht dann gemeinsam mit ihr, geht mit ihr spazieren, spielt mit ihr »Mensch ärgere dich nicht«. Bis um fünf oder halb sechs ist sie dann nicht allein. Gegen sieben kommt dann der Pflegedienst noch einmal, um ihr Tabletten zu geben.

Auf ihrem Kalender ist für den ganzen Monat eingetragen, welche Frau an welchem Tag kommt. Außerdem legt jede, wenn sie abends geht, einen Zettel auf den Küchentisch, auf den sie aufschreibt, welcher Wochentag und welches Datum am nächsten Tag ist und welche Frau am folgenden Tag kommt. Auf dem Kalender wird dann der fast vergangene Tag durchgestrichen. Das gibt meiner Mutter unwahrscheinlich viel Orientierung und Sicherheit, und ich finde es immer wieder ganz erstaunlich, dass es ihr so viel Sicherheit gibt.

Das würde mir vielleicht nicht so gehen. Es sind ja nur drei Stunden des Tages, in denen die Frauen da sind. Wenn man die Zeiten dazurechnet, die der Pflegedienst morgens und abends bei ihr ist, sind es insgesamt vielleicht man gerade vier Stunden am Tag, die meine Mutter nicht allein ist. Ich wundere mich eigentlich, dass ihr diese paar Stunden genügen können. Da bleiben ja viele Stunden, die sie allein ist. Aber das kommt wahrscheinlich, weil sie ja ein anderes Zeitverhältnis hat – oder weil sie gar kein Verhältnis zu der Zeit mehr hat. Sie verschläft eben viele Stunden. Aber dennoch bin ich immer erstaunt, wie gut sie mit den vielen Stunden des Alleinseins fertig wird. Und wie normal es für sie inzwischen ist, dass sie abends allein fernsieht. Zumal sie ja immer sehr fixiert war auf meinen Vater und nie, eigentlich nie, gelernt hat, alleine zu sein im Leben. Mir würde das – mit meinem Bewusstsein von heute – als alter Mensch nicht reichen, glaube ich. Ich hätte vielleicht das Gefühl von Vereinsamung. Aber ich habe nicht den Eindruck, dass meine Mutter sich vereinsamt fühlt. Ganz im Gegenteil.

Im Großen und Ganzen läuft es jetzt irgendwie. Wir haben einen Rhythmus gefunden mit all den Frauen, die meine Mutter betreuen, so dass ich auch immer mehr das Gefühl habe, es läuft ganz gut. Und eigentlich mache ich mir jetzt auch gar nicht mehr so viele Gedanken. Wenn meine Schwester im Urlaub ist, dann mache ich mir schon mehr Gedanken und dann fühle ich mich auch verantwortlicher. Dann rufe ich meine Mutter öfter an und denke mehr darüber nach, welche Frau wann bei ihr ist. Dann bekomme ich auch ein anderes Verhältnis zu ihr.

Wenn nichts Außergewöhnliches passiert, mache ich mir keine Gedanken mehr um den Alltag. Was mich jetzt mehr belastet, ist die psychische Dimension dieser Krankheit. In der ersten Zeit ging es ja darum, dass meine Mutter zur Ärztin musste, zur Neurologin. Da musste ich einfach funktionieren. Um meine Gefühle habe ich mich erst einmal gar nicht so gekümmert. Ja, das waren für mich einfach ganz normale Arztbesuche, da musste einfach Hilfe herbeigeschafft werden. Ich war mit meinem Vater ja auch schon öfter beim Arzt gewesen. So war es für mich ganz normal, dass ich nun meine Mutter zur Ärztin begleiten musste. Da habe ich mir keine großen Gedanken gemacht.

Später hatte ich dann – ganz stark eigentlich – oft den Gedanken, ob ich denn auch mal so werde, wenn ich alt bin, weil ich anscheinend sehr viele Eigenschaften von meiner Mutter habe. Ich denke schon häufiger drüber nach, ob mich diese Krankheit auch mal befallen könnte. Das kommt immer darauf an, wie mein Selbstbewusstsein gerade ist. Wenn es mir gut geht und ich genug Selbstbewusstsein habe, dann denke ich nicht so viel daran, dann ist mir das nicht so nah. Aber ansonsten denke ich schon manchmal daran, dass ich auch so werden könnte.

Es ist ja nicht erwiesen, dass es nur Leute trifft, die geistig nicht aktiv sind. Aber vom Gefühl her ist es für mich so: Wenn sich ein Mensch immer mit vielen Dingen auseinander setzt im Leben, wenn er interessiert am Leben teilnimmt, an seiner Umwelt, sich mit den Alltagsgeschehnissen, sprich Politik und Fernsehen, auseinander setzt, dann wird er nicht demenzkrank. Vielleicht gehört auch dazu, den eigenen Problemen nicht auszuweichen. Aber ich schiebe das eigentlich stärker auf die geistige Auseinandersetzung. Weil ich immer denke, wenn man sich geistig mit irgendetwas beschäftigt, dann ist das so ein Gehirntraining. Ich glaube, dass man das viel machen muss, um die grauen Zellen sozusagen aktiv zu halten. Ich denke immer, dass ich mich mehr mit Dingen auseinander setzen muss, einfach das Gehirn etwas aktiver halten muss. Nicht nur jetzt, in meinem Alter, sondern fortlaufend bis zum Tod. Das Gehirn darf gar nicht ruhen, so denke ich immer. Auf der anderen Seite weiß ich auch, dass das kein Schutz ist. In meinem Bekanntenkreis ist zum Beispiel ein Arzt, der auch Alzheimer bekommen hat. Und der musste ja durch seinen Beruf immer denken und aktiv sein in jeder Beziehung.

Was das Psychische angeht, da kann ich mir vorstellen, dass Demenz so eine Notbremse ist, dass man vielleicht in eine Welt von Demenz fällt, wenn man sich mit sich selbst nicht auseinander setzt. Vielleicht wurde meine Mutter auch demenzkrank, weil sie geistig nicht aktiv genug war. Vielleicht auch, weil sie zu viel geschluckt hat in ihrem Leben, also weil sie sich nicht genug zur Wehr gesetzt hat, in ihrer Ehe nicht und in ihrer Kindheit wahrscheinlich auch nicht.

Scham empfinde ich nicht für die Krankheit. Momentan noch nicht, weil meine Mutter äußerlich immer noch sehr akkurat ist und weil man es ihr auch nicht ansieht, was natürlich daran liegt, dass meine Schwester oder ich immer dafür sorgen, dass ihre Kleidung sauber und heil ist und dass sie regelmäßig zum Friseur gebracht wird und, und, und ... Ich glaube, selbst wenn man es ihr ansehen würde, auch dann würde ich mich nicht schämen. Denn da kann sie ja nichts dafür. Wenn sie nicht mehr akkurat aussehen würde, hätte ich Schuldgefühle, dass ich nicht dafür sorge, dass sie eine heile Strumpfhose oder saubere Kleidung anhat. Dann würde ich mich wahrscheinlich mehr für mich selbst schämen, dass ich nicht dafür gesorgt habe, dass sie anständig angezogen ist.

Oft bin ich traurig darüber, dass meine Mutter einfach gar keinen Anteil mehr nimmt an meinem Leben. Überhaupt nicht mehr. Also, ob es mir gut geht oder ob es mir schlecht geht, dass sie gar keinen Anteil mehr nimmt. Ja, und diese Fürsorglichkeit, dass die einfach weg ist. Das habe ich im letzten Jahr sehr stark festgestellt, als ich fast neun Monate krank war. Ich hatte einen Bandscheibenvorfall, und meine Mutter hat das immer wieder vergessen. Immer wieder fragte sie aufs Neue, was ich denn hätte, und nie hat sie sich gemerkt, was ich habe.

Dass sie keine Anteilnahme mehr zeigen kann, ja das macht mich wütend. Besonders aggressiv macht es mich, wenn es mir selbst schlecht geht, körperlich oder psychisch. Ja, dann macht es mich wütend, dass ich auch noch für meine Mutter sorgen muss. Als das mit meinem Bandscheibenvorfall war, hatte ich oft Schmerzen, konnte manchmal selbst nicht richtig laufen und musste dann auch noch meine Mutter begleiten.

Ja, und jetzt macht es mich wütend, wenn sie nicht wahrnimmt, dass ich so kaputt bin – wenn man es mir eigentlich schon äußerlich ansehen müsste, dass ich fertig bin, wenn ich von der Arbeit komme und erschöpft bin, dass sie das gar nicht registriert. Da bin ich dann manchmal schon sehr wütend und denke: »Ja, du verstehst mich sowieso nicht. Du hast mich ja auch nie verstanden!« Dann kommen manchmal so alte Geschichten aus der Kindheit wieder hoch, dass ich denke, früher hast du mich

schon nicht verstanden und jetzt verstehst du mich erst recht nicht mehr.
Wütend macht mich auch, wenn sie nichts sagt. Das schnürt mir so die Luft zum Atmen ab. Ich halte diese Stille manchmal nicht aus. Dann habe ich immer das Gefühl, ich muss etwas sagen, aber ich kann doch nicht den ganzen Nachmittag den Entertainer spielen. Das kann ich nicht. Ja, wenn meine Mutter nicht spricht, dann habe ich das Gefühl, ich bin dafür verantwortlich, dass eine gute Stimmung im Raum herrscht. Und da macht es mich eben wütend, dass von ihr gar nichts kommt. Ja, das Schlimmste ist eigentlich für mich, dass sie nicht spricht, ihre Passivität. Diese Antriebslosigkeit! Dass sie selbst bei offensichtlichen Dingen nicht reagiert.

Neulich hatte ich meine Mutter zu mir in die Wohnung geholt. Sie saß auf einem Stuhl, genau vor dem Eingang zu meiner Küche. Wenn ich dann in die Küche möchte und es auch eilig habe, bemüht sie sich überhaupt nicht, mal zur Seite zu gehen, damit ich durchkann. Sie sieht doch, dass ich in Eile bin und dass ich in meiner Küche etwas machen muss, müsste sie doch eigentlich sehen. Das macht mich wütend, dieses Für-nichts-mehr-verantwortlich-Sein, noch nicht einmal dafür, mich durchzulassen.
Und diese Stereotypien. Immer mit den Fingern gegen das Glas klopfen. Das hat sie ja früher schon immer gemacht, und mich hat das wohl damals schon fürchterlich genervt. Das konnte ich neulich auf meinem Geburtstag zum Schluss auch nicht mehr ertragen. Bis dahin hatte es mich gar nicht beeinträchtigt, dass sie da war. Aber als ich dann neben ihr saß, da war ich wohl sowieso schon kaputt und am Ende mit meinen Nerven, und dann immer dieses Klopfen an das Glas.
Hin und wieder habe ich mir schon gewünscht, dass meine Mutter stirbt. Das ist ambivalent. Manchmal habe ich das Gefühl,

ich halte es nicht mehr aus, ich kann nicht mehr auf das Leid gucken, und manchmal denke ich, solange sie noch da ist, habe ich noch ein Elternteil.

Ich bin immer ganz froh, wenn mein »Dienst« bei meiner Mutter vorbei ist. Die Betreuung meiner Mutter ist für mich wie Dienst. Das merke ich auch immer, wenn ich den Schlüssel ihrer Wohnung an mein Schlüsselbrett hänge. Dann habe ich das gleiche Feierabendgefühl wie nach der Arbeit.

Es ist schwer für mich, mit meiner Mutter umzugehen. Neutral betrachtet, wenn ich nicht die Tochter wäre, wäre es sicher leichter, meine Mutter zu begleiten, als die Kinder in dem Heim, in dem ich arbeite. Aber subjektiv ist die Arbeit mit wirklich schwierigen – behinderten und verhaltensauffälligen – Kindern für mich leichter. Die Arbeit ist irgendwie noch eine Herausforderung für mich, und durch die Arbeit bekomme ich Anerkennung. Und ich sehe ganz viele Fortschritte. Das alles ist bei der Betreuung meiner Mutter nicht.

Anerkennung – von wem sollte ich die denn bekommen? Eine Nachbarin meiner Mutter zum Beispiel weiß, glaube ich, gar nicht, was wir da machen. Auf die habe ich manchmal richtig Wut. Ich stehe um fünf Uhr morgens auf, mache meinen anstrengenden Frühdienst, betreue hinterher meine Mutter, und diese Hausbewohnerin beschwert sich noch, dass wir die Werbeblätter und Zeitungen, die im Treppenhaus liegen, nicht wegräumen.

Nein, Anerkennung bekomme ich nicht. Aber ich selbst freue mich, dass es so läuft.

Ich habe nie viel mit Freundinnen über die Krankheit meiner Mutter gesprochen. Selbst in meiner Therapie war die Demenz kein direktes Thema. Da rede ich viel über meine Arbeit. Vielleicht schmeiße ich auch oft beides in einen Topf, weil das eine ebenso wie das andere Aufgaben sind, die an meinen Nerven zehren und mich oft überfordern. Durch meine Arbeit mit den behinderten Kindern stelle ich auch ständig etwas für andere Menschen hin und sorge für sie. Und dann mache ich, ohne dass ich darüber nachdenke, bei meiner Mutter automatisch weiter. Dann habe ich oft keine gute Laune. Manchmal schon, das kommt auch darauf an, wie der Tag auf der Arbeit war und wie es mir persönlich gerade geht.

Meine Stimmung überträgt sich ja komischerweise immer sehr auf meine Mutter. Und wenn sie manchmal ein bisschen reger ist, wenn sie einfach mal ein paar Dinge mehr registriert, wacher ist, dann ist es für mich auch leichter, mit ihr umzugehen. Aber ich weiß nicht, ob man da von »erfreulich« sprechen kann. Erfreulich ist zu hoch gegriffen. Aber es ist dann natürlich leichter.

Wenn sie reger ist, bin ich immer wieder erstaunt, wenn manchmal so ein Geistesblitz kommt. Neulich zum Beispiel hat sie zweimal zu mir gesagt: »Es ist ja jetzt auch schon wieder eine Woche her, dass du Geburtstag hattest.« Das kann ich dann immer gar nicht glauben. In solchen Situationen denke ich, was ist denn nun los? Woran liegt das denn jetzt, dass sie das weiß?

Interessant finde ich auch, wie sie reagiert, wenn sie gefragt wird, wie alt sie ist. Sie sagt dann nicht ihr Alter, weil sie das natürlich nicht mehr weiß, da es sich ja jedes Jahr ändert. Stattdessen sagt sie, in welchem Jahr sie geboren ist. Wenn ich nicht wüsste, dass sie durch die Demenz nicht in der Lage ist zu sagen, wie alt sie ist, würde ich in solchen Fällen denken, sie will die Fragenden auf nette Art und Weise mit der Benimmregel konfrontieren, dass man eine alte Dame nicht nach ihrem Alter fragt. Ich hätte dann sicherlich den Eindruck, sie kokettiert ein bisschen mit ihrem Alter, indem sie es nicht verrät oder die Fragenden zumindest selbst ausrechnen lässt, wie alt sie nun ist.

Es gibt schon manchmal komische Situationen. Meine Mutter, die sich immer gut benehmen konnte in ihrem Leben, nahm neulich nach dem Essen ganz selbstverständlich einen Zipfel der Tischdecke und wischte sich damit den Mund ab! Ich sagte, halb mit Lachen, halb mit Empörung: »Mama, was machst du denn da, nimmst du die Tischdecke um deinen Mund abwischen?« Darauf meinte sie nur: »Ja, wieso? Das muss ich doch sowieso alles selbst wieder waschen!« Dabei hat sie seit mindestens vier Jahren keine Wäsche mehr gewaschen und auch sonst nichts im Haushalt machen können.

Aber nicht nur das gute Benehmen meiner Mutter verschwindet, sondern auch ihre Bescheidenheit, die sie ihr Leben lang hatte. Wenn wir mal essen gingen, suchte sie sich nie ein besonders teures Gericht aus, und ohne von meinem Vater gefragt zu werden, äußerte sie von sich aus nur selten einen Wunsch. Umso erstaunter waren meine Schwester und ich, als wir gemeinsam mit unserer Mutter zu ihrer Schwester nach Amrum fuhren. Kaum hatte sie auf dem Schiff Platz genommen, da sagte sie unaufgefordert und mit der größten Selbstverständlichkeit: »Ich nehme Kaffee und Kuchen«! Dieser Ausspruch ist zwischen meiner Schwester und mir und selbst in unserem Freundeskreis seitdem ein geflügeltes Wort.

Die Krankheit bestimmt den Tag und nichts anderes

Rosemarie F. (54): Mein Mann (62) ist seit sieben Jahren demenzkrank

Rosemarie F. ist Hausfrau, ihr Mann war im Baugewerbe tätig. Sie bewohnten ein eigenes Haus in Bremen, in dem Rosemarie jetzt allein lebt. Als ihr Mann demenzkrank wurde, pflegte sie ihn zunächst sechs Jahre lang zu Hause, dann musste sie ihn in ein Pflegeheim geben, in dem er nun seit fast einem Jahr lebt. Das Ehepaar hat zwei erwachsene Töchter. Eine Tochter wohnt in München, die andere in Bremen.

Mein Mann war 55 Jahre alt, als die Krankheit sichtbar wurde. Wenn er von der Arbeit kam, hat er sich gerade noch duschen können, Abendbrot gegessen und dann lag er schon auf der Couch und schlief. Er schlief richtig fest, und wenn ich dann ins Bett wollte, brauchte ich ihn nur anzuticken, dann stand er auf und kam mit. Das war nur ein Umlagern.

Während dieser Krankenzeit war sein einziger Gedanke: »Hoffentlich muss ich nicht wieder zur Firma.« Und mein Mann hat immer gern gearbeitet, er war im Baugewerbe beschäftigt, ein kräftiger Mann, wie ein Baum. Er war aber so kaputt, und schon der Gedanke, dass er wieder dahin muss, hat ihn fertig gemacht. Er trug so viele Ängste mit sich herum, und ich konnte ihn auch nicht beruhigen. Alles Mögliche habe ich versucht. Ich war bei der AOK und habe mich erkundigt, wie es weitergeht, wenn das Krankengeld ausläuft. Ich war beim Arbeitsamt. Alle sagten: »Kein Problem, er wird dann übergangslos bei uns aufgenommen. Er muss nicht mehr zur Arbeit.« Aber ich konnte ihm das nicht beibringen, so dass er ruhiger wurde.

Eigentlich hätte ich zu dem Zeitpunkt schon mit ihm zum Arzt müssen. Aber das kann ich nur im Nachhinein feststellen. Ich merkte wohl, dass er eine totale Erschöpfung hatte, aber ich habe das damals nicht richtig eingeordnet. Ich dachte nur, er dreht so auf.

Wenn wir spazieren gingen, dann ging er oft vor mir, und ich merkte, dass sein rechter Fuß immer schlurfte und dass der rechte Arm herunterhing. Dann habe ich das schärfer beobachtet und sah, dass da überhaupt keine Bewegung im rechten Arm war, der hing einfach nur runter, als wenn der Arm nicht zu ihm gehört.

Wir beide haben eine sehr gute Ehe geführt, muss ich sagen, bei uns blieb nichts unausgesprochen. Also machte ich ihn darauf aufmerksam, dass irgendetwas mit ihm nicht stimmt und dass er mal zum Arzt gehen sollte. Ich sagte: »Wenn nichts ist, freuen wir uns. Sollte aber etwas sein, dann ist es hoffentlich früh genug, dass man noch gegensteuern kann.« Er ging also zum Internisten und der tippte sofort auf Parkinson. Dann hat der Arzt noch mal alles untersucht und einen versteckten Schlaganfall ausgeschlossen, worauf ich getippt hatte.

Mein Mann bekam Tabletten. Die hat er genommen, aber über die Krankheit hat er nicht gesprochen. Er wollte auch nicht wissen, was diese Erkrankung im Einzelnen bedeutet. Er wusste wohl, es ist nichts Gutes, was ihn da befallen hat, aber er wollte nicht weiter darauf eingehen.

Erst ein halbes Jahr später etwa merkte ich, dass nicht nur körperlich etwas verändert ist, sondern auch geistig. Und da fing das wirkliche Drama an. Es gab eine Situation, die mir sehr deutlich machte, dass etwas nicht stimmt: Wir hatten zusammen Teppichboden gekauft, und als er den verlegen wollte, stand er da und fragte, wo denn sein Geschirr dafür sei. Mein Mann hat schon so viel tapeziert und Teppichböden verlegt in diesem Haus, also, im Schlaf hätte er wissen müssen, wo sein Werkzeug liegt. Aber er wusste im wahrsten Sinne des Wortes nicht mehr, »wo der Hammer hängt«.

Ich sagte zu ihm: »Geh mal in den Keller, da wirst du es sicherlich finden.« Und irgendwie klickte es bei mir. Ich dachte: »Jetzt beobachte ihn mal, was er nun macht.« Er ging nach unten, stand im Flur, rief dann aber hoch: »In welchem Keller meinst du denn?« Wir haben nur einen Kellerraum. Ich ging runter und zeigte ihm die Tür. Als er im Raum stand, fragte er: »Ja, und wo in etwa finde ich nun die Werkzeugkiste? Hast du sie weggeräumt?« Ich hatte sie nicht angerührt! Die Kiste stand seit 30 Jahren auf demselben Platz, und er wusste nicht mehr, wo sie ist und – er erkannte sie nicht!

Ich merkte, ich kann ihn jetzt nicht allein lassen, ich muss ihm einfach helfen. Ich wollte ihn auch nicht vor den Kopf stoßen. Also habe ich alles zusammengesucht, was wir zum Teppichschneiden brauchten, und dann habe ich die Anweisungen gegeben, das, was er sonst immer gemacht hatte, wenn ich Hand anlegen sollte. Genau umgekehrt war es jetzt! Nun sagte ich: »Zieh in die Ecke rein, und dann müssen wir hier noch ein bisschen abschneiden und da einschneiden.« Er hat nichts selbstständig aus seinem Gehirn heraus getan. Und das war etwas, das war vorher nie und wurde auf keinen Fall wieder besser. Es hatte irgendwo einen Knacks gegeben.

Wir haben dann einen Neurologen eingeschaltet. Ergebnis war Demenz. Wir sind aber nicht so weit gegangen, untersuchen zu lassen, welche von den vielen Demenzarten es ist und wodurch die Krankheit ausgelöst wurde. Es ist so egal. Wichtig ist, dass man weiß, es ist Demenz, und dass die Medikamente richtig eingestellt werden.

Ab sofort wusste ich ganz genau, dass ich meinen Mann sehr liebevoll zu behandeln habe und dass ich nicht laut werden darf. Wenn ich mal stöhnte oder nur »Mein Gott« sagte, sobald mir etwas zu viel wurde, reagierte er. Seitdem er die Krankheit hat, spricht er total auf Gefühle und Stimmungen an. Er zuckt zusammen, wenn jemand in seiner Gegenwart laut spricht. Ich durfte also nicht stöhnen und nicht laut sprechen. Ich merkte, dass er jedes Anheben meiner Stimme sofort registrierte, und dann wurde er böse. Das war natürlich eine harte Zeit für mich. Kein Mensch kann von sich behaupten, dass er immer die gleiche Tonlage singen kann. Also, ab und zu muss man mal stöhnen – leise. Und deshalb bin ich ganz oft in den Keller gegangen und habe geweint. Da habe ich richtig Luft rausgelassen, denn das durfte er nicht sehen. Ich habe immer Versteck spielen müssen.

Er fuhr in dieser Zeit auch noch Auto. Einmal stand er auf der Kreuzung und wusste nicht, in welche Richtung er fahren sollte. Das war ein Weg, den er oft gefahren ist, und er war immer ein guter Autofahrer. Als wir zu Hause waren, habe ich zu ihm gesagt: »Was da eben passiert ist – ich weiß nicht, ob du das erkannt hast, wie gefährlich die Situation war –, das geht nicht. Du musst im Heranfahren an die Kreuzung wissen, ob du links oder rechts abbiegen willst, aber nicht da drauf stehen und erst einmal auf die Landkarte gucken.« Das hat er nicht eingesehen. Ich habe gesagt: »Ist gut. Du kannst weiter Auto fahren, aber ich steige nicht mehr ein. Ich werde ab sofort nur noch Bahn und Bus fahren.«

Meine jüngste Tochter und mein Schwiegersohn haben auch ein paarmal Situationen erlebt, in denen sie tief durchatmen mussten. Einmal ist meine Tochter nach einer sehr brenzligen Situation auf ihn zu und hat ihn fürchterlich fertig gemacht. Das kannte ich überhaupt nicht von ihr, dass sie so mit ihrem Vater spricht. Sie sagte zu ihm: »Papa, wenn du meinst, dass du dich totfahren willst, dann tu das. Aber nicht mit uns im Auto. Und denk daran, nicht nur du gehst dabei hops, sondern auch die vielen anderen Verkehrsteilnehmer, die auch dabei sterben. Und das können kleine Kinder sein, und das können Eltern sein, die zu Hause Kinder sitzen haben. Die Verantwortung kannst du überhaupt nicht auf dich nehmen und du wirst deines Lebens nicht mehr froh.« »Ja, war das denn so schlimm?«, fragte er nur. Am nächsten Tag kam er zum Frühstück und meinte, ohne dass jemand etwas gesagt hatte: »So, jetzt kannst du mit dem Wagen machen, was du willst. Ich fahre nicht mehr.«

Aber den Führerschein, den wollte er nicht abgeben. Ich sagte: »Nein, das brauchst du ja auch nicht, das ist ja nicht notwendig.« Ja, dann hat die älteste Tochter den Wagen erst bekommen, aber die hat eingesehen, dass sie gar kein Auto braucht, dass das rausgeschmissenes Geld ist. So haben wir uns entschlossen, es ganz schnell zu verkaufen. Ich habe die Gelben Seiten aufgeschlagen und binnen einer Stunde war das Auto weg. Das musste schnell gehen, nicht dass mein Mann sich das noch wieder anders überlegt. Das war für ihn ein harter Schlag. Aber es ging ja nicht anders.

Ab dann sind wir mit dem Fahrrad zu unserem Garten gefahren. Und als ich merkte, dass er mit dem Fahrrad auch seine Schwierigkeiten hat, habe ich gefragt: »Sag mal, müssen wir unbedingt mit dem Fahrrad fahren? Ich fühle mich nicht so gut, können wir heute mal mit der Bahn fahren?« Er ist in die Straßenbahn eingestiegen und stellte fest: »Oh, so schlecht ist das ja gar nicht. Man kommt ja prima dahin.« Und als wir das nächste Mal wieder zum Garten wollten, sagte er: »Wir müssen aber nicht unbedingt mit dem Rad fahren, wir können auch wieder die Bahn nehmen, wenn es dir nicht gut geht.« – »Ja«, sagte ich, »wäre mir lieber.« Und seitdem sind wir mit der Straßenbahn gefahren.

Er war froh, wenn er in die Bahn einsteigen und sich hinsetzen konnte und auf nichts zu achten brauchte, keine Verantwortung mehr übernehmen musste. Er war sonst immer sehr darauf bedacht gewesen, dass er alles in der Hand behielt. Er musste immer den Überblick haben. Aber die Situationen mehrten sich, in denen er sich auf mich stützte und sagte: »Mach du man.« Er wollte zunehmend seine Ruhe haben und hat auch sehr viel geschlafen. Ich glaubte, so würde es ein paar Jahre weitergehen und er bleibt erst einmal auf dem Stand. Und ich dachte: »Na ja, das ist ja eine beruhigende Phase.« Aber dem war ja nun nicht so. Er wurde sehr aggressiv.

Dazu kam dann noch, dass ich Krebs bekam. Ich musste ins Krankenhaus, und mein Mann war allein in der Wohnung. Meine Tochter guckte jeden Abend zu ihm rein, brachte ihm Essen und sorgte für seine Wäsche. Dann kam er mich mit unserer Tochter besuchen. Ich habe ihm einen großen Zettel geschrieben mit der Telefonnummer vom Krankenhaus, und dann haben wir das so gehalten, dass er, sobald er morgens aufwachte, im Krankenhaus bei mir anrief – nur meine Stimme hören –, und dann sagte ich so einige Dinge wie: »Hast du dich schon gewaschen? Bist du schon rasiert?« – »Nein, das wollte ich jetzt machen und dann frühstücke ich und dann komme ich.«

Den Weg konnte er allein schaffen, weil das Krankenhaus glücklicherweise in Sichtweite unseres Hauses lag. Im Fahrstuhl wusste er wohl nicht, welche Etage er drücken sollte. Da hat er dann noch mal gefragt. Die Krankenhausmitarbeiter kannten ihn nachher schon, haben ihm unten im Fahrstuhl die richtige Etage gedrückt, und wenn er oben ausstieg, waren da schon die Schwestern meiner Station, die ihn inzwischen auch kannten.

Er kam also zwischen Frühstück und Mittagessen und blieb bei mir. Nach einigen Tagen hatten die Schwestern schon immer eine Portion Mittagessen für ihn dabei. Nach dem Essen ging er nach Hause, legte sich schlafen und nachmittags kam er wieder. Und wenn ihm etwas nicht ganz geheuer war, dann haute er ab. Wenn ich aufstehen konnte, habe ich ihn bis nach draußen begleitet, bis er über die Ampel war. Das ging die vierzehn Tage, die ich im Krankenhaus sein musste, ganz gut.

Mein Mann war immer von dem Gedanken beseelt, ich lasse mich operieren und dann ist alles gut und ich bin wieder die Alte. Nur, das war ich eben nicht. Ich bekam eine ganz schwere Chemotherapie, und ich war so krank, ich konnte gar nichts mehr. Ich habe Essen auf Rädern bestellt, damit mein Mann überhaupt eine warme Mahlzeit bekam, denn ich konnte wirklich nicht kochen. Ich habe nur gelegen – das war ganz, ganz schlimm.

Und da hat er einen Absturz gemacht, den ich richtig miterleben konnte. Ich habe wirklich gesehen, gestern konnte er das noch und heute ist alles weg.

Er hat auch Angst bekommen, dass ich nicht wieder gesund werde – was wird dann aus ihm? Ich habe alles mit ihm besprochen, zum Beispiel wenn ich vor ihm gehen sollte, dass er dann in ein betreutes Wohnen zieht. Wir hatten auch eine Vollmacht anfertigen und vom Notar beglaubigen lassen. Ich hatte mit ihm darüber gesprochen, was sein kann – nicht sein muss, aber sein kann. Dann sagte er: »Nein, das soll ja nicht passieren, dass ein Fremder das Sagen über unser Haus und Geld hat oder mich bevormundet.« Ich habe ihm erklärt, dass die Kinder durch die Vollmacht das Sagen haben und für ihn sorgen, wenn ich nicht mehr da bin. Ich sagte ihm: »Und dann gehst du in ein betreutes Wohnen, denn wenn du hier allein bleibst, dann wirst du einsam, und das darfst du nicht werden, du musst immer zusehen, dass du unter Menschen bleibst.« Nein, alleine wollte er auch nicht bleiben.

Dann sollte ich zur Reha, Krebsnachsorge. Und da blieb mir nur eines. Alle sagten, ich solle allein fahren, aber mir war klar: Das kann ich nicht. Ich kann meinen Mann nicht allein zu Hause lassen. Mir bleibt gar nichts anderes übrig, als ihn mitzunehmen. Mein Arzt sagte zu mir, ich solle meinen Mann in eine Kurzzeitpflege geben. Aber er war zu dem Zeitpunkt körperlich noch so unheimlich gut drauf, er konnte laufen, wir haben Spaziergänge gemacht. Er tat auch das, was ich ihm sagte, oder zumindest zum großen Teil. Und ich dachte, wenn ich ihn in eine Kurzzeitpflege gebe, dann bekomme ich ihn zerstört wieder raus, und das wollte ich nicht! Also habe ich ihn mitgenommen zur Kur.

Es wurde alles bewilligt. Die Kurklinik wusste Bescheid, dass ich ihn mitbringe. Alles wunderbar! Nur, was ich nicht bedacht hatte, was man mir vorher schon immer mal so beiläufig gesagt hatte: Jede Ortsveränderung bringt einen Absturz mit sich! Und den bekam ich in der Kur derart heftig zu spüren, dass ich die Kur überhaupt nicht durchführen konnte. Mein Mann ist regelrecht durchgeknallt. Er hat Menschen gesehen, die nicht vorhanden waren. Häufig riss er plötzlich das Fenster auf, und ich musste Angst haben, dass er da rausspringt. Das alles war vorher nicht, es ist an diesem fremden Ort erstmalig passiert. Er wollte auch nicht ins Bett, und er wollte sich partout nicht hinsetzen, ob nun Sofa, Sessel, Stuhl – er wollte sich absolut nicht hinsetzen. Nicht mit lieben Worten und nicht mit Gewalt!

Abends ins Bett gehen, das war ein Drama. In Kurkliniken stehen die Betten ja auseinander, und dann bettelte er immer: »Komm zu mir.« Ich bin dann in sein schmales Bett mit hineingekrabbelt oder habe die halbe Nacht auf der Bettkante verbracht.

Er hat nur noch zwei Stunden am Stück geschlafen. Und dann wachte er auf, einfach so, oder weil im Zimmer nebenan das Fenster geschlossen wurde. Er nahm das Geräusch wahr, sprang mit einem Satz aus dem Bett, rannte in Unterhose, wie er war, raus auf den Flur. Ich konnte überhaupt nicht so schnell handeln, wie er draußen war. Man kann es nicht abschätzen, wann passiert jetzt was. Und in einer Schnelligkeit! Das geht so hau ruck! Er steht da, ist ganz friedlich, und plötzlich nimmt er irgendetwas wahr und meint, die Leute wollen jetzt ins Zimmer kommen, dreht sich um, rennt los und will die Leute draußen zu Mus machen, er braucht seine Nachtruhe. Aber da war kein Mensch, es hat niemand gestört, es hat keiner geklopft, es war nichts! Ich musste ihn dann erst einmal wieder vom Flur zurückholen.

Dann ging sein Blick zu den Übergardinen. Die waren leicht gemustert – darin sah er Figuren. Dann sprang er wieder aus dem Bett. Ich hatte sein Hemd über den Stuhl gehängt – plötzlich war das ein Mensch. Er hatte solche Angst, ich konnte ihn nicht beruhigen. Er lief ins Badezimmer und wollte durch den Spiegel in den Nebenraum gehen. Er hat nichts mehr erkannt, was eigentlich normal war.

Die eine Nacht war so schlimm. Ich kam wirklich gar nicht zum Schlafen. Ich konnte ihn auch nicht festhalten, ich versuchte immer diesen Klammergriff, damit er ruhig werden sollte. Aber das nützte nichts.

Mein Mann hatte sich angezogen. Er wollte nach Hause. Sein Bruder holt ihn gleich ab, sagte er. Ich habe dann den Notarzt gerufen. Der wollte ihm die Hand geben, ihm »Guten Abend« sagen. »Glauben Sie doch nicht, dass ich Ihnen auch noch die Hand gebe«, fuhr mein Mann den Arzt an. Er war ganz ungezogen, auch zu den Schwestern, die vor dem Arzt eintrafen. Mich nahm er auch nicht mehr an, er hat sich nur noch gewehrt!

Der Notarzt stellte fest: »Das sind Halluzinationen.« Er steckte mir heimlich eine Pille zu und sagte: »Von mir nimmt er die

Tablette nicht, versuchen Sie das nachher mal.« Das hat mein Mann aber mitbekommen. Ich habe die ganze Nacht mit Trick 17 probiert, meinem Mann diese Pille zu geben, ich habe es nicht geschafft. Die ganze Nacht habe ich auf seiner Bettkante gesessen, Händchen gehalten und mit ihm geredet, bis er vor Erschöpfung morgens um fünf Uhr eingeschlafen ist. Aber die Tablette hat er nicht genommen.

Am nächsten Tag musste ich einen Arzt am Ort aufsuchen, der sich dann mit dem Psychiater meines Mannes zu Hause kurzgeschlossen hat. Der Kurklinik wurde telefonisch eine Verschreibung durchgegeben. Aber leider hat der Arzt aus der Ferne falsch diagnostiziert. Er erhöhte die Dosierung – und dann ging

gar nichts mehr. Ich konnte keine Therapie mehr durchführen, ich war nur noch mit meinem Mann beschäftigt.

Der konnte auch nirgendwo mehr allein hin. Tagsüber hat er auf der Liegewiese gelegen, das Wetter spielte da mit. Da hat er den Schlaf, den er nachts nicht gefunden hat, am Tage nachgeholt. Alle, die mit uns am Tisch saßen, wussten Bescheid. Die haben dann geguckt, ob er auch sein Käppi aufhat, damit er keinen Sonnenstich bekommt. Das war ganz reizend. Aber es ging nicht mehr. Das Ende vom Lied war, dass ich zu meiner Ärztin gegangen bin. Ich musste ja täglich Bericht erstatten, wie das so läuft mit meinem Mann. Ja, letztendlich musste ich die Reha abbrechen.

Dann waren wir wieder zu Hause. Zu dem Psychiater bin ich natürlich nicht mehr gegangen. Ich habe mich an einen Internisten gewandt. Der sagte: »Ich kann nur eines machen, Ihren Mann in die Psychiatrie einweisen. Er muss tablettenmäßig richtig eingestellt werden, aber das ist nicht mehr mein Fach, das überschreitet meine Kompetenzen.« Mein Mann war dann drei Wochen in der Psychiatrie. Ich wusste ja nicht, was da auf mich zukommt. Es war ein Horror für mich, meinen Mann eingesperrt zu sehen. Er war nicht angebunden, er konnte herumlaufen, aber es war eine geschlossene Einrichtung. Es gab einen Rundgang auf dem Flur, aber die Tür zum Treppenhaus, wo die Fahrstühle sind, die war immer abgeschlossen.

Ich bin jeden Tag hingefahren. Wir hatten zu der Zeit Hochsommer, und nach einigen Tagen merkte ich, dass mein Mann noch nicht einmal gewaschen worden war. Da habe ich dann eine Schwester gefragt, aber die sagte nur, ich bräuchte keine Angst zu haben, dass er da verdreckt. Na ja, dann habe ich das Ganze in die Hand genommen und bin jeden Tag hingefahren, habe ihn abgeduscht, ihm frische Wäsche angezogen.

Zuerst durfte ich als Einzige mit ihm raus, aber nachher hatte ich ihn schon so weit, dass er auch mit anderen ging. Es gibt doch in den Krankenhäusern immer die grünen Minnas. Ich hatte das dann so arrangiert, wenn ich nicht da bin, dass die dann kommen und einen Spaziergang mit ihm machen.

Aber dann hat mein Mann etwas getan ... Er wollte abhauen! Und das hat man ihm natürlich sehr scharf angekreidet. Ich kann nicht sagen, ob er nun nach Hause laufen oder ob er nur in den Park wollte. Er guckte immer von oben runter und sah das Geschehen draußen, und ich glaube, er wollte einfach nur raus. Er hat gesehen, dass die Leute alle in den Fahrstuhl gehen. Und das hat er dann auch gemacht.

Die Ärztin sagte, auch wenn er es geschafft hätte, nach unten zu gelangen, er wäre nie nach Hause gekommen. Er war so durchgedreht. Die mussten ihn mit drei Mann aus dem Fahrstuhl zerren und ihn wirklich tragen. Und dann hat er natürlich rebelliert und gegen die Tür getreten. Da war er wohl richtig von Sinnen. Danach durften die grünen Damen natürlich auch nicht mehr kommen. Das sind ja meist ältere Frauen – die haben ja gar nicht die Kraft, ihn festzuhalten.

Nach einiger Zeit hatte die Ärztin ihn aber tablettenmäßig ganz gut eingestellt, und ich habe ihm ins Gewissen geredet: »Du musst der Ärztin zeigen, dass du ganz vernünftig denken und handeln kannst. Sonst darfst du nicht nach Hause. Wenn du allein nach unten kannst, dann darfst du nicht weglaufen. Die wollten dich testen. Oder setzt du dich dann in ein Taxi und sagst: ›Frühlingsstraße‹?« – »Nein«, sagte er, »das mache ich nie wieder.« Ja, er hat es dann begriffen. Irgendwann teilte mir die Ärztin mit: »Er war heute ganz alleine unten. Wir haben ihn losgeschickt. Er wusste aber nicht, wie er wieder nach oben kommt, war aber so clever, dass er unten an der Rezeption gefragt hat, welche Zimmernummer er hat und auf welche Etage er muss. Und im Fahrstuhl waren genug Leute, denen er sagen konnte, er möchte in die dritte Etage. Die haben sie ihm gedrückt, und als er oben ausstieg, sah er ja, wohin er musste.« Ja, so hatte er seine Prüfung bestanden und war wieder Freigänger.

Dann hieß es, wir möchten, dass er eine Übernachtung zu Hause macht – von Sonnabend auf Sonntag, das heißt, er musste sogar nach Hause, um zu testen, ob er sich hier ordentlich benimmt. Das klappte alles ganz gut. Nur, nach dem Wochenende ist es mir natürlich ganz schwer gefallen, ihn da wieder abzugeben. Es hat dann noch einmal eine Woche gedauert, bis ich ihn endgültig mitnehmen konnte.

Als er nach Hause durfte, hat man mir gesagt, er müsse später sicherlich noch einmal ins Krankenhaus, damit er tablettenmäßig wieder eingestellt wird, nur man könne nicht sagen, wann. Die meinten, vielleicht in einem Jahr. Aber das war ein Irrtum! Bei meinem Mann ging alles so schnell. Nach einem Vierteljahr merkte ich, dass er sich sehr veränderte. Er schlief nicht mehr, und irgendwie hatte ich im Gefühl, dass es bergab geht.

Ich habe seine Geschwister dann gefragt, ob wir noch einmal kommen dürften. Er sprach so unheimlich viel von zu Hause. Wir sind dann dahin gefahren mit einer Übernachtung. Ich wollte auch mal gucken, wie er sich woanders benimmt. Das ging alles wunderbar. Aber als er danach wieder zu Hause war, war er völlig erschöpft. Als wenn er sich richtig zusammengerissen hätte, damit diese beiden Tage noch einmal die schönsten werden.

Und dann ging es steil bergab. Nur noch steil bergab! Was gestern noch war, existierte am Tag danach schon nicht mehr. Es war nachher so schlimm, dass ich nicht einmal mehr einkaufen gehen konnte. Zuerst kam er immer noch mit, aber bald war selbst der Weg, der wirklich kurz ist, auch schon zu weit für ihn. Ich bin dann ohne ihn gegangen, aber nachher eskalierte es eben und ich konnte ihn nicht mehr alleine lassen.

Ich war hilflos. Ich konnte nicht mehr. Meine Ärzte haben mich immer davor gewarnt, meinen Mann zu Hause zu behalten: »Der Krebs, der wartet nur auf eine Angriffsfläche. Ihr Mann ist eine zu große Belastung für Sie.« Das war mir aber alles egal, ich habe ihn zu Hause behalten. Aber als er anfing, aggressiv zu werden, da ging das nicht mehr.

Durch die Krankheit hat mein Mann sich sehr verändert in seinem Wesen. Er ist sehr aggressiv geworden, das war er ja nie! Ich wüsste nicht, dass er früher jemals einem Menschen gegenüber laut oder aggressiv geworden wäre oder sich geprügelt hätte. Er war geradezu harmoniesüchtig. Umso mehr hat es mich natürlich erschreckt, dass er plötzlich nicht mehr auf mich hörte. Früher waren wir so aufeinander eingestellt, wenn der eine etwas sagte, konnte der andere den Satz zu Ende bringen. Wenn ich jetzt aber vorschlug: »Mach das so, das ist besser für dich«, dann guckte er, als wenn er sagen wollte: »Du kannst mir ja vieles erzählen.

Wer bist du denn?« So ungefähr. Er hat mich abgelehnt, und das war natürlich etwas zum Schlucken.

Dann fing er an, mir hier die Lichtschalter und die Steckdosen aus der Wand zu reißen. Er hat die Wohnung regelrecht demontiert. Ich konnte ihn keine Minute mehr allein lassen. Ich nahm ihn sogar mit, wenn ich Wäsche in die Waschmaschine stecken oder rausholen musste. Und wenn er dann manchmal doch vorging – es waren wirklich nur Minuten, die er vor mir im Wohnzimmer war –, dann kam ich hier rein und dann lagen die Läufer alle durcheinander. Da hatte er in dieser kurzen Zeit alle Tischdecken hochgerissen, unter alle Teppiche geguckt! Es könnte ja jemand drunter sein. Selbst hinter dem Lichtschalter und in der Steckdose, so hat der Arzt mir erklärt, da vermutet er noch einen Menschen. Der könnte sich da ja versteckt haben. Und deshalb hat er die Steckdosen von der Wand gerissen! Er war so in seine Ängste verstrickt!

Wenn wir im Wohnzimmer saßen, stand er plötzlich auf und sagte: »Ich muss zur Toilette.« Die ist bei uns eine Etage tiefer. Aber er hat sie innerhalb des Hauses allein nicht mehr gefunden. Er ging einmal um die Essecke herum, zog hinten den Stuhl ab – und das war dann seine Toilette. Als ich kapierte, was er da veranstaltet oder veranstalten wollte, habe ich ihn ganz schnell gegriffen und bin mit ihm nach unten gegangen. Aber bis ich ihn unten hatte ... ich habe es nicht mehr geschafft, ihn auf die Toilette zu setzen.

Wenn er dann im Bad stand, hat er die Toilette nicht erkannt. Er stand im Raum und guckte um sich. Er hat sich auf die Badewanne gesetzt, da hineingepinkelt, ins Waschbecken gepinkelt. Es war ihm total egal, es hatte keinen Sinn und Wert mehr. Und wenn ich ihm dann helfen wollte – das war immer mit Gewalt verbunden –, dann wurde er natürlich böse. In solchen

Situationen sagte er auch zu mir: »Das finde ich aber schlimm, dass du so mit mir umgehst. Das bin ich gar nicht gewohnt von dir.« Und ein paarmal sagte er: »Also, meine Frau hat das nie gemacht.« Plötzlich war ich nicht mehr seine Rosi. Ich war nur noch irgendeine Person.

Mir war klar, dass mein Mann tablettenmäßig neu eingestellt werden musste. Aber ich habe gedacht, das überstehe ich nicht, dass er noch einmal in die Psychiatrie kommt. Das will ich nicht. Ich bin dann zu einem Psychiater gegangen. Der sagte aber, er bräuchte mich gar nicht zu fragen, ob mein Mann in die Psychiatrie eingewiesen werden soll oder nicht. Er könne ihn zwangseinweisen lassen, weil er für sich und für andere eine Gefahr sei. Er könne ja in seinem Wahn auf die Straße laufen.

Ich meine, ich war wirklich immer bei ihm oder er bei mir. Aber es ging immer alles so schnell. Und dann versuchte er ständig, mir davonzulaufen. Und hier im Haus dann – zack – auf die Treppe und nach unten. Er überschlug sich ja. Ich sah ihn wirklich schon mit gebrochenem Genick unten an der Treppe liegen. Das war nicht auszuschließen! Wenn ich irgendetwas poltern hörte – ich war auf alles gefasst. Auf alles!

Ich habe zu dem Psychiater gesagt: »Es ist ja so, wenn er in die Psychiatrie muss, da bekommt er auch nur Tabletten und wird ruhig gestellt. Warum soll das nicht möglich sein, wenn er hier zu Hause bleibt oder wenn ich ihn in ein Heim gebe? Da kann er ja auch behandelt werden. Das ist für mich immer noch besser als Psychiatrie.« Er meinte dann, dass mein Mann in einem Heim untergebracht wird, das wolle er wohl mittragen, wenn ich denn so schnell einen Platz finde.

Und dann ging das alles ganz, ganz schnell. Morgens war ich beim Psychiater, und als ich nach Hause kam, habe ich seine Wäsche fertig gemacht, und während mein Mann zur Mittagsstunde im Bett war, habe ich Koffer gepackt. Aus den Gelben Seiten hatte ich mir Alten- und Pflegeheime herausgesucht. Ich habe verschiedene angerufen und gesagt: »Ich sitze hier auf gepackten Koffern.« Eine Einrichtung hatte einen freien Platz. Wahrscheinlich nur deshalb, weil es ein ganz schlechtes Heim ist, aber das wusste ich ja zu dem Zeitpunkt noch nicht.

Dann kam das Taxi und holte uns ab. Wir bekamen ihn nur mit viel Überredungskunst ins Haus, weil ganz groß »Alten- und Pflegeheim« dran stand.

Inzwischen ist er schon fast ein Jahr da. Ich gehe jeden Tag zu ihm, bin meistens so halb drei da. Um halb sechs gibt es Abendbrot und um sechs oder Viertel nach sechs gehe ich dann nach Hause. Der ganze Nachmittag ist damit ausgefüllt. Ich war in der ganzen Zeit nur zweimal nicht da. Ich musste Behördengänge machen, es ließ sich nicht anders bewerkstelligen, ich musste morgens zum Amt und nachmittags hatte ich Arzttermine.

Nachdem mein Mann ein paar Tage da war, sagten die Pflegerinnen zu mir: »Wir können nichts mit ihm anfangen.« Sie meinten, da müsse ja eine Schwester immer nur für ihn abgestellt werden und dafür hätten sie kein Personal. Er ist über die Bettgitter hinübergestiegen, hat den Tropf umgeschmissen, ist dann in die Glasscherben getreten. Die konnten überhaupt nicht mit ihm fertig werden! Ich sagte: »Soll das jetzt heißen, dass ich meinen Mann wieder mit nach Hause nehmen soll? So geht das nicht. Ich habe dem Chef dargelegt, welche Krankheiten vorliegen, und der meinte, das sei kein Problem.« Und dann musste ich unterschreiben, dass er nachts im Bett angebunden wird. Einige Wochen später wurde er dann auch tagsüber mit einem Gurt an sein Bett gefesselt.

Ich habe schon oft den Gedanken gehabt, es wäre gut, wenn er sterben würde. Also, ich müsste lügen, wenn ich etwas anderes behaupten würde. Aber das darf man ja gar nicht öffentlich sagen. Es ist doch so, wenn sie das vor fremden Leuten laut aussprechen, dann sind die entsetzt. Selbst unter Verwandten wird das ja nicht mitgetragen – im Gegenteil. Die sehen sofort nur den Vorteil, den ich dadurch hätte. Dann käme ich ja an die Rente heran. Das ist der erste Gedanke! Dann könnte ich ja das Haus verkaufen, dann könnte ich ja endlos Urlaub machen, ein flottes Leben führen, dann hätte ich ja die große Freiheit. Dass ich solche Gedanken gar nicht habe, das glaubt keiner.

Ich habe nur den Wunsch, dass mein Mann ganz schnell stirbt, damit er erlöst ist. Denn das, was er jetzt durchmacht, das ist nur Qual, nur Qual. Selbst wenn er in einem anderen Heim wäre und da herumlaufen könnte, ja, was erwartet ihn denn? Er sagt andauernd: »Ich bin immer so allein.« Und wissen Sie, es ist ja so, da können hundert Leute um ihn herum sein und er fühlt sich trotzdem allein.

Ich schäme mich auch gar nicht, zu sagen: »Hätte er einen Schlaganfall bekommen und wäre nicht mehr hier, das wäre Freiheit für alle. Das wäre Freiheit für alle!« Und wenn er mal stirbt, werde ich auch nicht in schwarzer Garderobe herumlaufen.

Und eins ist für mich klar: Wenn mir ein Arzt sagen würde, ich hätte diese Krankheit, dann würde ich sofort anfangen, mir Tabletten zu besorgen, und die würde ich dann ganz schnell nehmen, bevor ich vergessen hätte, wofür ich mir die besorgt habe, weil ich weiß, wie diese Krankheit aussieht und wie sie endet.

Ich möchte eigentlich nur, dass meinem Mann Menschlichkeit zuteil wird und nicht dieses Entwürdigende, wie er da in dem Heim behandelt wird. Er bekommt keine Unterhose an, nur die Windel und eine Trainingshose drüber, damit es schneller geht. Zuerst haben sie ihm noch nicht einmal ein Unterhemd angezogen, nur einen Pullover. Ich sagte: »Er friert doch!« Es war ja Winterzeit. Ja, dann haben sie sich dazu bequemt, ihm ein Unterhemd anzuziehen.

Der Härtefall war, wie ich miterleben musste, dass mein Mann völlig durchgefroren auf einem Hochstuhl saß. Ich kam ins Zimmer und fand ihn auf einem Toilettenstuhl vor, nur mit seiner Windel und einem Schlafanzugoberteil. Sie hatten ihn da abgesetzt, weil der Gurt gewaschen wurde. Mein Mann war total ausgekühlt. Mit nackten Beinen saß er da, sie hatten ihm noch nicht einmal eine Trainingshose übergezogen. Da hing er und konnte sich überhaupt nicht mehr halten. Ich dachte, wenn der jetzt ein bisschen Schwung nimmt, dann knallt er lang hin. Ich fand das unmöglich! Später lief mir der Chef über den Weg, und da habe ich ihn gefragt, ob er nicht mal einen zweiten Gurt anschaffen wollte. Ich sagte: »Das kann doch wohl nicht wahr sein, jedes Mal, wenn der Gurt gewaschen wird, hängt mein Mann da drei Stunden in dem Stuhl.«

Die Krankheit nimmt einen ja schon genug mit, aber wenn dann noch eine solche Behandlung im Heim dazukommt, dann ist das noch mal eins oben drauf. Und es kommt immer wieder etwas Neues. Ständig etwas Neues! Wenn Sie denken, Sie haben gerade mal durchgeatmet, kommt garantiert wieder der nächste Schlag.

Und dann kam das Nächste: Ich kann es nicht ab, wenn ich weiß, mein Mann muss zur Toilette und keiner geht mit ihm. Wenn ich die Schwestern rufe, bekomme ich die Antwort: »Na und? Er hat doch die Windel um.« Also, ich finde das unmöglich. Dann bin ich mit ihm zur Toilette gegangen. Das ist natürlich sehr, sehr schwierig, weil er nicht still steht. Was ich runterziehe, zieht er wieder hoch. Er hat solche Kräfte entwickelt, obwohl er ein Hänfling geworden ist. Aber da sind verborgene Kräfte.

Wenn er die Hose anfasst, habe ich keine Chance, sie runterzuziehen. Was ich dabei gesehen habe ist, dass sein Po ganz blau war. Ich habe den Schwestern zu verstehen gegeben, dass sie mal eine bessere Pflege anwenden sollten, sonst hätten sie bald einen Fall von Wundliegen. Und siehe da, am nächsten Tag saß er auf einem Ring.

Die machen Dienst nach Vorschrift und nicht einen Handschlag mehr. Nicht einen Handschlag mehr! Das interessiert die auch nicht, welche Bedürfnisse die alten Menschen haben. Ich habe oft gesagt: »Das ist ein Mensch mit Gefühl, mit sehr starken Gefühlen, und der schämt sich, wenn ihm in der Öffentlichkeit oder im Zimmer, wo drei Mann liegen, einfach so die Hose und die Windeln runtergerissen werden.« Aber das machen die! Ich finde das nicht in Ordnung. Also, die nehmen den Menschen die Würde. Wirklich wahr! Anders kann ich das nicht ausdrücken. Die sind auch böse mit den alten Leuten, so nach dem Motto: Ich spreche nicht mit dir, du hast heute Morgen ein Glas umgekippt, dann bekommst du eben nichts zu trinken. Hast ja etwas gehabt, warum hast du es verschüttet? Nachdem mein Mann eine Woche da war, kam er schon ins Krankenhaus. Er war völlig ausgetrocknet. Als er dann gut vierzehn Tage wieder im Heim war, war er verstopft. Bis oben hin! Einläufe haben nichts genützt. Dann haben sie aufgehört, ihm Essen zu geben. Nur Apfelsaft. Inzwischen war er derart abgemagert, ich habe nur gedacht, er tut mir so Leid. Ich konnte überhaupt nicht mehr klar denken, war nur noch bei meinem Mann und wusste gar nicht mehr, was hier zu Hause passiert, ich war ausgelaugt und fühlte mich nicht gut. Dann bekam ich Depressionen und landete auch beim Neurologen. Der meinte, die Krankheit meines Mannes wäre Gift für mich. Ich sagte: »Ja, das habe ich mir leider nicht ausgesucht.«

Ich dachte, du musst dir selbst auch mal einen Tag gönnen, an dem du mal in die Stadt gehst. Ich hatte ja wochenlang nichts anderes mehr gesehen außer den Weg zum Heim. Aber ich muss sagen, ich habe, wo ich stand und ging, nur an meinen Mann gedacht und auf die Uhr geguckt: »Aha, jetzt bekommt er Mittag« oder: »Jetzt ist Kaffeezeit«, »Jetzt ist Abendbrot«, »Gott sei Dank, jetzt schläft er wohl«. Ich wurde erst ruhig, als ich wusste, nun liegt er im Bett und schläft. Da konnte ich durchatmen. Ich habe den Tag nicht genossen, in keiner Weise.

Ich dachte, das kann es doch nicht sein. Ich habe dann angefangen, nach einem anderen Heim zu gucken. Nur, es ist nicht so einfach, einen Platz in einer guten Einrichtung zu bekommen. Aber jetzt steht er seit acht Wochen auf der Warteliste.

Er hat zurzeit eine Phase, in der er sehr, sehr traurig ist. Als ich neulich zu ihm kam, guckte er mich gar nicht an, er sah nur nach unten. Ich fragte ihn: »Sagst du denn gar nicht Guten Tag?« – »Wozu?«, meinte er. »Du gehst ja doch wieder weg.«

Also, manchmal habe ich schon gedacht, am schrecklichsten sind die Augenblicke, wenn er lichte Momente hat. Dann nimmt er natürlich wahr, wo er sich befindet und warum er da ist, und dass er nicht mehr nach Hause kommt.

Und in der letzten Zeit ist es so, wenn er mich sieht, spricht er mich gar nicht mehr mit Namen an, und wenn ich etwas Liebes zu ihm sage, reagiert er gar nicht. Manchmal weiß ich überhaupt nicht mehr, bin ich nun eigentlich noch seine Frau oder bin ich nur noch irgendeine Frau, eine Person, die jeden Tag kommt, ihn hochnimmt, mit ihm spazieren geht, sich mit ihm unterhält? Wer bin ich in seinen Augen? Könnte es genauso gut die Krankenschwester sein? Und so ist es wahrscheinlich. Ich habe vielfach beobachtet, dass er meinen Namen nicht nennt, dass er dafür aber das Pflegepersonal immer mehr annimmt

und mit denen rumturtelt. Wenn ich nun sensibel wäre, würde es mich verletzen, zu sehen, wie er mit einer Krankenschwester, mit einer anderen Frau, herumschmust oder ihr sogar einen Kuss aufdrückt und Zärtlichkeiten austauscht. Aber das ist nicht so. Im Gegenteil, ich bin froh, wenn er die Schwestern annimmt, denn etwas Besseres kann mir gar nicht passieren, so habe ich nämlich eine innere Ruhe. Gott sei Dank hat er Vertrauen in die Schwestern, und die scherzen dann mit ihm, und das braucht er. Und ich muss mich damit abfinden, dass er mich eines Tages überhaupt nicht mehr erkennt und dass er vielleicht sagt: »Was willst du denn hier? Wo kommst du denn her?« Einmal hat er das schon zu mir gesagt. Da meinte er: »Wer bist du denn? Wo kommst du denn her? Mensch, hast du aber zugenommen!«
Irgendwie muss er ein Bild vor sich gehabt haben, wie ich in jungen Jahren ausgesehen habe. Das muss ich hinnehmen! Und den ganz großen Sprung nach unten, dass er mich irgendwann nicht mehr erkennt, den habe ich noch vor mir.

Und trotzdem ist es der Mensch, der zu mir gehört, und ich werde weiter hingehen. Ich habe mich schon damit abgefunden, dass ich ihn nicht mehr als Mann ansprechen kann. Das war ja bereits so, als er noch zu Hause war. Die Tabletten haben natürlich eine Wirkung: Er wurde impotent. Er wollte, aber er konnte nicht. Denn es geht ja alles über das Gefühl. Mein Mann ist so gefühlsbetont, das mag man sich gar nicht vorstellen. Die Schwestern könnten sich aufreihen, die knutscht er alle ab. Und wenn ich komme und er fasst mich um, dann weiß ich ganz genau, was er möchte, aber er ist gar nicht in der Lage dazu. Und er hat ja auch immer noch ein Schamgefühl. Er guckt dann um sich herum, ob auch keiner zuguckt.

Als die Demenz begann, habe ich hier oft gesessen und gedacht: »Ja, mein Mann liegt da auf dem Sofa. Nein, es liegt ein Mann auf dem Sofa – aber nicht mein Mann.« Er ist für mich nur noch ein Mensch, dem gegenüber ich ein tiefes Mitleid habe. Was jetzt mit ihm geschieht, ist so schrecklich, dass ich es gar nicht fertig bringe, ihn in einem Heim abzugeben, mich nicht mehr um ihn zu kümmern und zu sagen, ich habe mich so sehr von ihm entfernt, er gibt mir nichts mehr, er laugt mich nur aus. Das ist ja kein Geben und Nehmen mehr, das ist ja einseitig. Das Gefühl ist bei ihm wohl enorm stark. Aber alles andere geht rapide rückwärts.

Ich würde behaupten, dass man nur damit fertig werden kann, wenn man sich mit dieser Krankheit auseinander gesetzt hat. Ich habe viel gelesen über Demenz. In den Büchern wurde das Bild

der Krankheit beschrieben, und nachher konnte ich genau sagen, jetzt ist er im dritten Stadium. Alles, was er jetzt macht oder nicht mehr kann, entspricht genau dem Bild. Es ist schon gut, wenn man darauf vorbereitet ist, was kommt. Absolut. Absolut!

Eine ganz große Unterstützung ist für mich die Selbsthilfegruppe für Angehörige von Demenzkranken, in die ich regelmäßig gehe. Die hat mich auf alles vorbereitet. Ich habe natürlich viel gehört am Anfang, was ja erst noch kommen sollte. Und da denkt man: »Na ja, das kann ja noch ganz schön bunt werden.« Aber eines hat es mir gebracht: Immer wenn es wieder einen Rutsch nach unten gab, bin ich nicht darüber erschrocken, denn ich wusste, es kommt. Ich habe es nur registriert und habe mir gesagt: »Ach so, jetzt ist es so weit.« Und ich wusste auch, jetzt ist er im zweiten Stadium, jetzt ist genau das.

In der Selbsthilfegruppe kann ich ganz offen und ehrlich darüber sprechen, wie es mir damit geht, dass mein Mann so krank ist und was für eine Belastung das für mich ist. Da brauche ich kein Blatt vor den Mund zu nehmen, da brauche ich mich auch nicht zu schämen, wenn ich sage, dass mir das Ganze manchmal zu viel wird und dass ich häufig nicht weiß, wie es weitergehen soll. So etwas traue ich mich ja sonst nirgendwo zu sagen. Die anderen erzählen auch alle so offen und ehrlich, und wenn die von sich sprechen, geht mir das oft sehr nahe, so als würde ich dann erst merken, wie schwer es für mich ist, dass mein Mann demenzkrank ist.

In der Gruppe können wir aber auch zusammen lachen. Und das nimmt uns keiner übel. Mir tut das gut. Zu Hause haben wir ja über Jahre nur Sorgen und Trauer, aber nichts zu lachen.

Was natürlich auch sehr hilfreich ist, in der Gruppe wird ja auch darüber gesprochen, welcher Arzt gut ist, also welcher Nervenfacharzt sich am besten mit einer Demenz auskennt, zu wem man also gehen sollte. Dann hört man etwas über Medikamente und über Hilfsmittel, man bekommt mit, welcher Pflegedienst gut ist, und vor allem, welches Pflegeheim. Durch die Gespräche habe ich auch viel darüber erfahren, welche Leistungen mir von der Krankenkasse zustehen. Jedes Gruppenmitglied hat ja seine Erfahrungen gemacht und kann vieles weitergeben, und die Leiterin nennt uns Adressen und Telefonnummern von Stellen, wo man Hilfe bekommt, wenn sie uns nicht selbst weiterhelfen kann.

Ich habe in der Selbsthilfegruppe zum ersten Mal davon gehört, dass es Einrichtungen gibt, in denen Demenzkranke gemeinsam mit ihren Angehörigen Urlaub machen können, in Bad Aibling zum Beispiel oder in Boltenhagen. Das ist für meinen Mann und mich jetzt leider zu spät, aber das hätte ich mir zu einem früheren Zeitpunkt gut vorstellen können, weil die Kranken da mit anderen Demenzkranken zusammen sind und von Fachkräften betreut werden. Ich hätte mal etwas mit anderen Frauen unternehmen können, mal abschalten – in dem Wissen, dass mein Mann gut aufgehoben ist.

In der Selbsthilfegruppe habe ich eine Frau erlebt, die war nur einmal da. Ich ging anschließend mit ihr zur Straßenbahn und da sagte sie: »Ach, was man hier alles gehört hat. Hoffentlich wird mein Mann nicht mal so.« Bettlägerig dürfte er nicht werden. Die Frau war mir einfach zu naiv und blauäugig, die hatte anscheinend auch nicht richtig hingehört. Ich konnte nicht anders, ich habe zu ihr gesagt: »Sie können machen, was Sie wollen. Sie können von einem Arzt zum anderen rennen. Es wird Ihnen nie einer helfen können. Es gibt kein rückwärts. Es geht nur noch vorwärts im Sinne von Verfall, Endstation Tod, mit den Stadien, die dazwischen liegen, und nichts anderes! Und jeder, der glaubt, meinem Angehörigen wird das nicht passieren, da passe ich schon auf, der irrt.«

Ich würde meinen Mann auf Händen tragen, wenn ich ihn hier haben könnte. Aber ist nicht! Ist nicht! Ich habe wirklich geglaubt, ich könnte ihn zu Hause behalten. Ich wollte unten das Gästezimmer umbauen, ich wollte alles rausschmeißen, dann sollte da ein Krankenbett rein, und ich wollte den Pflegedienst hierher bemühen. Ich hätte alles gemacht, nur: Im Endeffekt konnte ich ihn gerade noch vor der Psychiatrie retten, das war das Einzige, was ich für meinen Mann tun konnte. Mehr lag nicht drin!

Man kämpft bei dieser Krankheit eigentlich auf drei Ebenen: mit sich selbst, weil man das alles nicht wahrhaben will, mit dem Partner, weil er einem oft aggressiv und völlig verändert entgegentritt, und mit den Verwandten, weil die einem nicht glauben. Die Geschwister meines Mannes haben sich sehr negativ verhalten. Die haben mir überhaupt nicht geglaubt, dass er krank ist. Als er noch zu Hause war, konnte er ja noch laufen. Als sie dann hörten, dass er ins Heim gekommen ist, haben sie gedacht, ich hätte ihn abgeschoben. Dann wollten sie gern mal kommen, sie wollten doch sehen, wo er abgeblieben ist.

Ich wusste ganz genau, was passiert. Seine Schwester kam mit ihrem Mann. Wir fuhren zusammen ins Heim. Sie sagte nur: »Ja, ich dachte, es geht ihm jetzt besser.« Die haben sich nicht einmal ansatzweise die Mühe gegeben, sich ein Bild von dieser Krankheit zu machen, überhaupt nicht! »Ja, nun haben wir ja gesehen, dass er so krank ist, dass er nicht wieder nach Hause kommt. Ja, man hat sich das ja nicht vorstellen können.« Geglaubt hatte man mir nicht. Nein! Im weiteren Gespräch kam dann heraus, dass sie meinten, ich hätte übertrieben und hätte ihn abgeschoben, er war mir wohl lästig mit der Krankheit.

Sie wollten dann wissen, wie viel Rente mein Mann bekommt und wie hoch die Kosten im Heim sind. Da habe ich nur gesagt: »Wieso, wollt ihr mir monatlich einen Scheck rüberschieben? Dann sage ich danke schön!« – »Ach, das tut mir so Leid, das können wir nicht«. Ganz zum Schluss fragte sie dann: »Ja, aber wenn seine Rente für das Heim draufgeht, wovon lebst du denn?« Ich sagte: »Soll ich dir etwas sagen? Das ist die erste vernünftige Frage, die du überhaupt stellst!«

Es fragt keiner, wie es mir gesundheitlich geht. Das ist so belanglos! Also, wenn ich morgen tot umkippe, interessiert das niemanden, außer meine Kinder! Und das Schlimme an der Verwandtschaft, der Nachbarschaft und den früheren Freunden ist, wie die reagieren. Das ist noch einmal zusätzlich zu allem eine ganz große Belastung. Ich habe festgestellt, dass es eher fremde Menschen sind, die wirkliches Interesse haben und die fragen. Dann kann man auch antworten. Aber alle anderen, die wollen nichts von der Krankheit hören. Wissen Sie, man umgibt sich ja mit einer Aura von Krankheit und Tod, und da möchte niemand etwas mit zu tun haben. Es könnte ja ansteckend sein!

Seine Schwester reagierte genauso. Ihre einzige Angst ist jetzt, dass sie das auch bekommt. Das ist ihre einzige Angst! Die sind einmal hier gewesen, haben seitdem nie wieder angerufen – nichts!

Dann kam vierzehn Tage später sein Bruder. Wir gingen meinen Mann besuchen, und beim Spaziergang hielt er sich immer an der Hand seines Bruders fest. Als ich dann mit seinem Bruder hier nach Hause kam, blieb er auf dem Flur stehen und sagte: »Ja, ich habe mir ja nun ein Bild machen können. Nach Hause kommen wird er ja nicht wieder. Dann kannst du ja jetzt das Haus verkaufen, wie du das ja auch vorhattest. Du meinst ja, das sei das Richtige.« Ich sagte nur noch: »Es geht schon lange nicht mehr danach, was ich meine oder was ich möchte. Die Krankheit bestimmt den Tag und nichts anderes. Nichts anderes!«

Der Besuch meines Schwagers war die absolute Kontrolle, ich wusste es ja schon im Voraus. Und trotzdem hat die Erfahrung bei mir eingeschlagen wie der Blitz. Ich dachte bloß, was haben die eigentlich im Kopf? Was glauben die, was sie mir zumuten können? Sich hinzustellen, als wenn ich eine Genehmigung haben müsste. Die fragen noch nicht einmal, wovon ich morgen mein Brot kaufen kann, das interessiert überhaupt nicht.

Sechs Jahre habe ich meinen Mann zu Hause gepflegt, bevor er ins Heim kam. Also, bis zum Umkippen habe ich mich mit meinem Mann beschäftigt. Ich war für nichts anderes mehr da, bin nicht mehr aus dem Haus gegangen. Wenn die Krankheit das zweite Stadium erreicht hat, dann sind Sie voll eingespannt. Und wenn das dritte Stadium dann kommt, dann können Sie Ihr Eigenleben aufgeben. Dann existieren Sie nicht mehr. Es existiert nur noch der Kranke, der frisst Sie mit Haut und Haar, mit Haut und Haar.

Woher ich immer die Kraft genommen habe zu sagen: »Ja, okay, nun ist es so, dann werden wir jetzt damit fertig« – ich weiß es nicht. Ich bin über mich selbst hinausgewachsen.

Ich wusste ja, wie die Krankheit verlaufen kann. Jeder Verlauf ist zwar etwas anders, aber die Endphase sieht ja doch immer gleich aus. Ich dachte, alles, was ich tun kann, werde ich tun, denn ich habe mir immer vorgestellt, es hätte ja auch mich treffen können, und dann hätte ich natürlich auch den Wunsch gehabt, dass man für mich da ist. Und meinen Mann einfach in einem Heim abgeben und mich nicht mehr um ihn kümmern, nach dem Motto, da ist er ja versorgt, das kann ich nicht. Das kann ich nicht! Wissen Sie, so eine lange Ehe, die schmeißt man nicht einfach weg – und wir haben immer eine gute Ehe geführt. Dennoch, ich habe hier oft gesessen, geheult wie ein Schlosshund und bloß gedacht: »Mensch, du bist noch nicht einmal 50 und dein Leben ist zu Ende.« Denn es ist zu Ende! Sie kommen nirgendwo mehr hin. Wenn im Freundeskreis Feiern sind, werden Sie zwar erst mal noch mit eingeladen, aber jeder weiß ja, dass Sie im Grunde genommen gar nicht kommen können, und so bleibt das alles nach und nach aus. Sie sind dann nur noch zu Hause. Aber dann habe ich mir gesagt: »Das Schlechteste ist es ja auch nicht. Dann verbringen wir eben so unseren Tag.« Hinten haben wir den Hof, da kann ich meinen Mann immer schön rausschieben, da kann er die Sonne genießen.

Ich habe immer das Beste daraus gemacht. Immer wenn es wieder einen Rutsch nach unten gab, habe ich sofort umgeschaltet: »Ja, gut, dann mache ich jetzt dies.« Ich habe dann mal wieder bei der AOK angerufen, wie dieses oder jenes ist, wie das mit der Pflegekasse ist, ob das Geld überhaupt ausreicht, welche Leistungen wir dafür bekommen.

Meine Kinder haben oft gesagt: »Mama, du spinnst. Lass es doch erst einmal an dich herankommen. Du denkst ja viel zu weit im Voraus.« Richtig, auf der einen Seite haben sie Recht. Ich habe oftmals versäumt zu leben, weil ich immer mit meinen Gedanken im Voraus war. Ich habe nie das Heute gelebt. Aber auf der anderen Seite hat mich das, was kam, nicht so kaputtgemacht, weil ich immer wusste, es kommt. Ich war darauf vorbereitet. Nur dass es so schnell ging die letzten eineinhalb Jahre, das hat mir sehr zu schaffen gemacht. Selbst der Psychiater sagte, das hätte er in seiner Praxis noch nicht erlebt, solch eine Geschwindigkeit. Die Schnelligkeit, mit der mein Mann abrutschte, die sei unglaublich.

Für meine Kinder war die Situation natürlich auch schwierig. Der Name der Krankheit schwebte schon im Raum, und man hört ja manchmal von Schauspielern, die an Demenz erkrankt sind. Aber wenn es einen selbst trifft, das ist doch immer etwas anderes. Zuerst haben meine Töchter auch zu mir gesagt: »Mama, das bildest du dir wohl ein, Papa darf doch mal etwas vergessen.« Aber da die Tochter aus München ja nicht so häufig hier ist und ihren Vater nur in größeren Abständen sieht, merkte sie bei ihren Besuchen natürlich sehr stark, dass er abbaute. Einmal sagte sie: »Oh, das ist aber ganz schön heftig. Das hat er doch letztes Mal, als ich hier war, noch gekonnt.«

Die Sprache lässt ja auch nach. Er nuschelt nur noch. Oder er will ganz viel sagen und dann überschlägt er sich und kein Mensch kann das verstehen, selbst ich manchmal nicht. Und ich habe schon ein Gespür dafür, was er meint oder was er möchte. Manchmal überspiele ich das ganz einfach, wenn ich etwas nicht verstanden habe. Ich frage dann: »Ja, meinst du?« Er ist dann zufrieden, hat seine Aufmerksamkeit, und es ist wichtig, dass überhaupt jemand da ist, ihm zuhört und mit ihm spricht.

Meine Kinder erkennen meinen Einsatz an. Ja, das tun sie. Nur, die vom Pflegepersonal, die haben gleich gefragt: »Ja, und wo bleiben ihre Kinder?« Ich sagte: »Das läuft nicht immer so, wie man es sich wünscht. Aus München kann man nicht mal eben so nach Bremen kommen. Die hat auch ihre Verpflichtungen. Und die Tochter, die hier in der Stadt wohnt, ja die hat da bös dran zu knabbern, die kann das nicht mit ansehen.« Dann hat er die Namen auch noch verwechselt und meine Tochter ist dann ... na ja, nicht böse, aber doch traurig, dass er sie nicht mehr erkennt und sie mit dem Namen ihrer Schwester anspricht. Ich sagte zu ihr, da muss sie nichts drauf geben, es ist so. Es ist so!

Sie hat erst einmal eine lange, lange Zeit vergehen lassen, bevor sie ihren Vater im Heim besucht hat. Sie war sofort zur Stelle, um mir beizustehen, als sie ihn dahin gebracht haben. Aber dann sagte sie: »Ich kann das nicht ertragen.« Inzwischen war sie aber zweimal da. Es wird ja auch ein bisschen Gewohnheitssache, wenn man das Bild öfter sieht, dass der Papa immer krummer wird. Er ist doch sehr stark nach vorn gebeugt und er stolpert über seine eigenen Füße. Oder wenn er die Beine übereinander geschlagen hat, dann steht er so auf und will so gehen. Er kriegt die Füße nicht mehr richtig gesetzt.

Er baut wirklich sehr ab. Manchmal sitzt er neben mir und guckt in eine andere Richtung und ruft: »Rosi, Rosi.« Dann sage ich: »Ich bin doch hier, ich sitze neben dir, du musst deinen Kopf andersherum drehen.« Das kriegt er dann nicht hin. Andersherum? Ja, wie ist nun andersherum?

Es dauert jetzt noch zwei Wochen, bis er das Heim wechseln kann, und bis dahin werde ich jeden Tag zu ihm gehen. Ich kann es gar nicht ertragen, nicht hinzugehen und dafür zu sorgen, dass er mal aus dem Bett kommt. Ich hoffe sehr, dass die neue Einrichtung mir Entlastung bringt und dass da auch wirklich Pflege umgesetzt wird.

Und ich wünsche mir, dass ich ein bisschen Ruhe finde. Ich hoffe, dass ich dann nicht mehr jeden Tag zu ihm fahren muss. Ich hoffe es! Dann kann ich vielleicht auch mal einen Tag zu Hause bleiben, in dem Bewusstsein, mein Mann wird da gut versorgt, es ist alles in Ordnung. Also, die Hoffnung habe ich. Ich meine, es ist ja auch mein Leben. Und dass ich selbst auch krank bin, das ist natürlich ein Doppelpack. Die Ärzte haben mir ja oft gesagt: »Sie bieten dem Krebs zu viel Angriffsfläche.« Aber ich kann ja gar nichts anderes machen. Wenn ich jetzt auch noch in der Ecke herumhocke und denke, wie schlecht es mir geht, damit ist ja auch keinem geholfen.

Es ist ganz einfach schon ein guter Gedanke, zu wissen, dass mein Mann in dem neuen Heim nicht angebunden sein wird. Er kann herumlaufen, er kann hingehen, wohin er will. Es gibt einen Innenhof, so dass die Bewohner nach draußen können, ohne die Gefahr, dass sie weglaufen. Natürlich sind da auch Regeln einzuhalten, aber grundsätzlich heißt es, dass jeder überall reingehen kann, alles anfassen und wegschleppen und seines stehen lassen kann, nach diesem Prinzip arbeitet die Einrichtung.

Mein Mann bekommt private Möbel, den Fernsehsessel gebe ich ihm mit und eine Decke und Kissen und, wenn es irgend geht, noch ein Zweiersofa. Und so etwas wie Spielzeug muss ich ihm auch mitgeben. Er braucht immer etwas, das er von links nach rechts schieben kann. Es geht doch sehr in den Spieltrieb hinein. Ich werde dafür sorgen, dass auch auf der Fensterbank etwas herumliegt. Dann kann er das mal hierhin und mal dahin schleppen.

Das Einzige, was ich jetzt brauche, ist, einmal ein bisschen zur Ruhe zu kommen, und das merke ich schon, der Gedanke an das neue Heim, der befriedet mich irgendwie.

Mittlerweile freue ich mich schon, wenn er meinen Namen sagt

Lutz P. (38): Mein Vater (69) ist seit drei Jahren demenzkrank

Lutz P. ist Betriebswirt und beruflich stark eingespannt, weil er erst kürzlich eine neue Arbeitsstelle angenommen hat und hierfür täglich zwei Stunden Autobahnfahrt in Kauf nehmen muss. Sein Vater erlitt vor drei Jahren einen schweren Schlaganfall. Nach langem Krankenhausaufenthalt kam er zunächst in eine Kurzzeitpflege und von da aus in ein Pflegeheim. Lutz P. hat keine Geschwister. Er ist verheiratet und wohnt in der Nähe von Bremen, etwa 15 Kilometer entfernt von dem Pflegeheim, in dem sein Vater lebt. Von seinem Wohnort bis zur Wohnung seiner Mutter sind es etwa zehn Kilometer.

Für mich kam das alles ganz urplötzlich. Vor drei Jahren hatte mein Vater einen sehr schweren Schlaganfall und war viele Wochen im Krankenhaus. Vorher hatte er schon mehrere kleine Schlaganfälle gehabt. Das wussten wir gar nicht, aber das können die Ärzte ja feststellen an den Spuren, die im Gehirn davon zurückbleiben. Mein Vater ist seit langem stark zuckerkrank. Die Schlaganfälle waren also letztendlich eine Folgeerkrankung. Dass er eine Demenz hat, war zu dem Zeitpunkt noch gar nicht bekannt. Ich muss dazu sagen, ich habe das alles nicht so direkt mitbekommen, weil ich ja schon seit längerem nicht mehr zu Hause wohne. Ich bin ausgezogen, als ich 23 Jahre alt war, seitdem habe ich zwar immer in Bremen oder in der Nähe von Bremen gewohnt, aber wenn man nicht täglich im Elternhaus ist, bekommt man vieles natürlich nicht so mit. Meine Mutter war ja sehr viel näher dran. Für mich begann es mit dem Paukenschlag, dass sie mir erzählte, mein Vater kann nicht mehr nach Hause kommen.

Rückblickend betrachtet gibt es schon Dinge, von denen man sagen kann, damit hat die Krankheit angefangen, und zwar weit, weit vor dem Zeitpunkt, zu dem wir den Begriff Demenz überhaupt das erste Mal hörten. Ich kannte den Begriff gar nicht. Man kennt den Begriff Alzheimer, und damit hört es auch schon auf. Im Nachhinein, wenn man sich ein bisschen mit der Krankheit beschäftigt hat, weiß man die ersten Anzeichen anders zu deuten oder überhaupt als erste Anzeichen für eine Demenzerkrankung zu sehen.

Vorher ist einem ja nicht klar, dass mit dieser Krankheit auch eine Wesensänderung einhergeht, dass der Mensch, den man vorher kannte, sich im Grunde genommen so verändert, dass er irgendwann gar nicht mehr da ist. Die Hülle ist zwar noch vorhanden, aber eigentlich ist mein Vater jetzt ein ganz anderer Mensch, als ich und meine Mutter ihn gekannt haben. Dem Kranken wird ja durch die Demenz sein ganzes Leben genommen. Und den Angehörigen wird auch ganz viel genommen.

Es ging los mit so Sachen, über die ich mich immer gewundert hatte: Meine Eltern wohnten in einer kleinen Mietwohnung. Die Straßen waren immer sehr voll geparkt. Als dann auch noch ständig Autos aufgebrochen wurden, hat mein Vater sich um eine Garage in der Nähe gekümmert. Von meiner Mutter weiß ich, dass das Ein- und Ausparken ein Mordsaufstand war. Ehekräche haben sich daran entzündet. Das uferte zum Schluss darin aus, dass mein Vater sich mit einem Graffityspray Markierungen auf dem Asphalt machte, damit er überhaupt rein- und rauskam, weil er durch die kleinen Schlaganfälle, die wir nicht bemerkt hatten, einen leichten Linksdrall hatte. Darum hatte er wohl auch schon öfter den Spiegel abgefahren.

Er hat sich über so etwas natürlich fürchterlich aufgeregt, ist sehr aufbrausend und viel aggressiver geworden, als er jemals war.

So ist das ja oft bei einer Demenz. Aber wenn man sich mit der Krankheit nicht auskennt, sagt man: »Na gut, der Mann wird alt«, und zieht das auch erst ein bisschen ins Lächerliche. Wenn meine Mutter solche Dinge erzählte, habe ich oft gesagt: »Mensch, lass ihn doch.« Aber es ist wohl immer schlimmer geworden.

Das Krankenhaus sagt ja dann irgendwann: »Wir können jetzt medizinisch nichts mehr tun, der muss hier raus.« Ich sage das einfach mal so hart. Im Krankenhaus gab es eine Beratungsstelle, diesen Sozialen Dienst. Die Sozialarbeiterin hat uns empfohlen, meinen Vater in eine Kurzzeitpflege zu geben. Die Einrichtung, die sie vorschlug, lag ganz zentral. Das war auch wichtig, weil meine Mutter keinen Führerschein hat und somit auf öffentliche Verkehrsmittel angewiesen ist.

Vom Krankenhaus aus kam mein Vater also zunächst in die Kurzzeitpflege, weil wir erst einmal sehen mussten, wie es weitergehen kann. Wir hatten ja einige Sachen zu regeln. Man ist doch völlig unbedarft und weiß überhaupt nicht, was es alles gibt, was man machen muss und wer einem helfen kann. Meine Mutter wusste das nicht und ich wusste das auch nicht. Ich habe versucht, ihr so weit wie möglich zu helfen. Aber das ging nur in eingeschränktem Maße, weil ich nicht immer vor Ort sein konnte. Ich habe berufsbedingt viel um die Ohren.

Während mein Vater in der Kurzzeitpflege war, hat sein Internist ihn häufiger untersucht. Da entstand dann der erste Verdacht, dass es nicht nur ein Schlaganfall ist, sondern dass noch eine andere Erkrankung vorliegt, nämlich eine Demenz.

Meine Mutter, auf der ja die größte Last lag und auch liegt, musste sich klar werden, ob die Versorgung meines Vaters zu Hause zu organisieren geht. Aber sowohl von den räumlichen als auch pflegerischen Umständen war es nicht möglich, ihn nach Hause zu holen. Meine Mutter hätte ihn nicht pflegen können, und auch sonst gab es niemanden, der meinen Vater rund um die Uhr hätte betreuen können. Meine Mutter war damals noch voll berufstätig, und meine Eltern waren finanziell auch darauf angewiesen. Man hätte dann zumindest in den Zeiten, in denen sie nicht da ist, jemanden haben müssen, der auf ihn aufpasst. Aus der Familie heraus war das nicht möglich, und mit fremden Menschen ist so eine Betreuung ja trotz Pflegeversicherung und allem Drum und Dran ein kostspieliges Unterfangen. So kam meine Mutter letztendlich zu der Entscheidung, die sie sehr geplagt hat, einen Heimplatz für meinen Vater besorgen zu müssen.

Es ist natürlich sehr schwer, den Partner abzugeben in ein Heim. Das hat meine Mutter sehr beschäftigt, darüber haben wir lange

geredet. Für mich war es schwierig, die Entscheidung meiner Mutter nachzuvollziehen. Sehr schwierig! Und wenn ich ehrlich bin: Zuerst habe ich ihre Entscheidung nicht verstanden. Ich habe sie gefragt: »Wie kannst du Papa weggeben?« Das war natürlich ungerecht von mir, weil ich ja nicht da gelebt habe. Meine Mutter hatte ja die ganze Belastung. Insofern war das nicht ganz in Ordnung, was ich in der Situation zu ihr gesagt habe. Aber das sind dann halt die Gefühle. Ja, so war es leider.

Aber im Nachhinein, als ich mir dann Material besorgt und etwas über die Krankheit gelesen hatte, wurde mir klar, das hätte nicht funktioniert. Das wäre lebensgefährlich geworden, unter anderem deshalb, weil meine Eltern mit Gas kochen. Rückblickend kann ich die Entscheidung meiner Mutter verstehen. Und sagen wir mal so, ich bin mir sicher, wenn meine Mutter sich anders entschieden hätte, dass ich mich über kurz oder lang um einen zweiten Pflegefall hätte kümmern müssen. Das wäre dann meine Mutter gewesen, denn die hätte das körperlich und seelisch nicht verkraftet. Insofern bin ich jetzt – ich will nicht sagen froh –, aber ich kann ihre Entscheidung verstehen. Aber

damals gab es schon ziemlich harte Streitgespräche zwischen mir und meiner Mutter.
Mein Vater hat fünf Geschwister, vier Brüder und eine Schwester, von denen einige auch nicht mehr leben. Die, die noch leben, sind weit verstreut. Wenn man so weit weg ist und sich auch mit der Krankheit nicht auseinander gesetzt hat, ist natürlich völliges Unverständnis da. Als wir ihnen erzählten, dass mein Vater nicht wieder nach Hause kommen wird, haben sie das überhaupt nicht verstanden. Sie machten meiner Mutter – zu Unrecht, so wie ich auch – Vorwürfe: »Wie kannst du nur?« Sie versucht heute noch, nach drei Jahren, sich zu rechtfertigen! Jetzt sage ich zu ihr: »Mama, das brauchst du nicht. Alle anderen, die Papa nur ein- oder zweimal im Jahr besuchen, können die Lage überhaupt nicht beurteilen. Du musst deinem Schwager nicht erzählen, warum du das gemacht hast, das ist deine eigene Entscheidung.«
Das schlechte Gewissen ist immer noch da bei meiner Mutter. Es ist verdammt schwer für sie, zu ihrer Entscheidung zu stehen. Am Anfang war das sehr extrem. Mit der Zeit lernt man ja irgendwie, damit umzugehen, aber ich glaube, so richtig steht sie immer noch nicht dazu. Das will sie zwar nicht wahrhaben und das sagt sie auch nicht, aber ich weiß, dass es so ist. Das äußert sich auch in dem Drang, meinen Vater häufig zu besuchen.
Ich habe zu meiner Mutter gesagt: »Mensch, du musst doch auch mal an dich denken, fahr doch mal eine Woche in Urlaub.« Aber das kann sie noch nicht. Sie war jetzt mal drei oder vier Tage in Düsseldorf bei ihrer Schwester. Das war so das Maximum, was sie machen konnte, wobei sie sich noch einigermaßen gut fühlte. Aber eine Woche oder sogar zwei in Urlaub zu fahren und sich mal richtig zu erholen und sich etwas Gutes zu tun, das kommt für sie überhaupt nicht in Frage. Sie sagt: »Ich muss jetzt zwar nicht

mehr jeden Tag, aber zumindest jeden zweiten Tag dahin.« Und das ist auch, weil sie ein schlechtes Gewissen hat, da bin ich mir ziemlich sicher. Das habe ich ja selbst auch, dass ich oft denke: »Du besuchst ihn zu wenig, du kümmerst dich zu wenig.«

Am Anfang bin ich sehr schlecht damit zurechtgekommen, dass mein Vater im Heim ist. Er tut einem irgendwo Leid und man kann nichts machen, außer da zu sein. Ich fahre viel zu wenig hin, deswegen habe ich auch ein schlechtes Gewissen. Ich versuche, zumindest ein- bis zweimal im Monat hinzufahren. In der letzten Zeit haben sich die Besuche reduziert auf einmal im Monat. Das ist sehr, sehr wenig.

Ich bin beruflich stark eingebunden. Das soll jetzt keine Entschuldigung sein, die Zeit müsste man eigentlich haben. Aber ich habe im letzten Jahr gerade den Arbeitgeber gewechselt, nicht ganz freiwillig. Die Zeiten sind ja schwierig, auch in unserem Gewerbe. Und insofern bin ich froh, wieder einen guten neuen Job zu haben. Der ist jetzt allerdings fast in Hamburg. Insofern bin ich täglich zwei Stunden auf der Autobahn.

Ich habe mir mal überlegt, warum hast du ein schlechtes Gewissen? Wie war das eigentlich, als noch alles in Ordnung war? Auch da habe ich meine Eltern manchmal ein paar Wochen nicht gesehen, obwohl ich bis vor vier Jahren immer im nächsten Umkreis von ihnen gewohnt habe, nur ein paar hundert Meter Luftlinie entfernt. Zehn Minuten zu Fuß, das war das Weiteste. Aber entweder waren sie im Urlaub oder ich oder man hatte mit seinem eigenen Alltag genug um die Ohren. Irgendwann muss man sich ja auch abnabeln vom Elternhaus. Da hatte ich kein schlechtes Gewissen. Warum soll ich es also jetzt haben? Der Gedanke geht mir inzwischen zwar leichter über die Lippen, aber es hat auch die ganze Zeit gebraucht, um auf diesen Gedanken zu kommen. Es ist dennoch so, wenn ich mal wieder in den Kalender gucke,

denke ich: »Oh Gott, du warst jetzt schon wieder drei Wochen nicht da, jetzt musst du mal wieder hin.« Meine Mutter sagt dann immer: »Da brauchst du dir keine Gedanken zu machen«. Mein Vater weiß ja eigentlich gar nicht, wann ich das letzte Mal da war. Obwohl, manchmal, wenn er einen guten Tag hat, sagt er: »Du warst ja lange nicht mehr hier.« Das mag dahingesagt sein, er mag sich an meinen letzten Besuch erinnern – das weiß man ja mittlerweile nicht mehr, was nun Realität ist und was nicht.
Aber letztendlich ist es ja so: Die Angehörigen gehen natürlich auch wegen des Demenzerkrankten hin, aber ganz oft wird ein Besuch gemacht, um das eigene Gewissen zu beruhigen. Das spielt eine ganz große Rolle, denn der Demenzkranke merkt es ja nicht, ob ich nun fünfmal am Tag da war oder wie oft. Das wurde mir klar, als mein Vater mich irgendwann fragte, ob meine Mutter heute noch kommt. Dabei war sie schon da gewesen.
Mittlerweile kommen die Phasen, dass er einen gar nicht mehr erkennt. Meine Mutter erkennt er immer noch und mich meistens auch. Aber wenn ich ganz, ganz lange nicht da war, dann verwechselt er mich mit seinem jüngsten Bruder. Der hat überhaupt keine Ähnlichkeit mit mir, der ist körperlich behindert, ist sehr, sehr dick und klein. Wenn mein Vater mich dann mit Günther anspricht – so heisst mein Onkel –, das ist schon hart!
Ja, das erste Mal schluckt man schon, auch wenn einem die Ärzte vorhergesagt haben, dass Zeiten kommen können, in denen er uns nicht mehr erkennt, in denen er sich zwar über einen Besuch freut, vielleicht auch noch weiß, dass er uns schon mal gesehen hat oder dass wir ihm nahe stehen, aber dass er eben nicht weiß, wer wir sind: dass ich sein Sohn bin und meine Mutter seine Frau.
Wenn man sich mit der Krankheit nicht auskennt, macht man natürlich viele Fehler. Am Anfang wollte ich meinen Vater

ständig verbessern: »Mensch, das weißt du doch, wer ich bin« oder: »Das kann doch nicht angehen, dass du mich nicht erkennst!«

Es gab Phasen, da dachte er auch, dass er noch arbeitet. Ja, es ist nicht leicht, dann seinen Mund zu halten oder einfach zu nicken. Dann kam die Zeit, in der er dachte, seine Mutter würde noch leben. Ich habe in so einer Situation mal gesagt: »Die ist doch schon seit Jahren tot.« Da merkt man dann, was auch in der Fachliteratur steht, dass man den Menschen damit total verunsichert. Meine Mutter sagte: »Du musst ihn einfach in dem Glauben lassen.«

Damit bin ich anfangs nur sehr schwer zurechtgekommen. Das habe ich überhaupt nicht verstanden und mich darüber auch sehr mit meiner Mutter gestritten. Ich habe immer gesagt: »Wie kannst du das so stehen lassen? Das stimmt doch einfach nicht.« Ich dachte immer, wenn man ihn korrigiert, regt man ihn zum Denken an.

Meine Mutter geht regelmäßig in eine Selbsthilfegruppe. Daher weiß sie, dass es eine Methode gibt, nach der Demenzkranke betreut werden: Validation. Sie erzählt mir häufig davon, und es stand auch kürzlich mal in der Zeitung, dass die Vertreter dieser Methode sagen, die Kranken leben in ihrer Welt, und wenn sie in der Welt zurechtkommen, dann soll man sie lassen.

Aber einiges versteht man einfach nicht. Meine Frau und ich haben vor zwei Jahren geheiratet. Da war mein Vater Gott sei Dank noch so fit, dass wir ihn abholen konnten, damit er an der Hochzeitsfeier teilnimmt. Das war auch sehr schön. Hinterher haben wir ihm ein Hochzeitsbild geschenkt, hübsch eingerahmt. Eines Tages, als ich ihn besuchte, war das Foto nicht mehr da.

Das ist ja auch so eine Sache, Demenzkranke verstecken ja alles. Dann liegen die Sachen mal hier und dann da. Ich habe auch ein Fotoalbum für ihn zusammengestellt mit allen möglichen Bildern aus der Zeit, als ich klein war, als ich Teenager war, als meine Mutter jung war, als sie noch Sport machte – damit er etwas hat, worin er mal blättern kann. Aber das macht er ja auch nicht mehr.

Irgendwann kamen meine Frau und ich zu Besuch in sein Zimmer und konnten die ganzen Bilder nicht finden. Meine Mutter erzählte mir dann, dass sie mal einen Karton entdeckt hatte, in dem er alle Bilder in kleine Schnipsel zerrissen hatte, auch unser schönes Hochzeitsfoto. Ja, man weiß nicht, was das soll. Ob er nun sagt, ich will mit meinem früheren Leben nichts mehr zu tun haben, ich will das alles zerreißen oder ob es einfach nur so war? Keine Ahnung! Aber es trifft einen schon, wenn man das so sieht: Sein ganzes Umfeld ist auf einmal zerrissen. Und wenn man ihn dann fragt: »Was soll das?«, sagt er: »Ich war das nicht.« Ist klar, das weiß er nicht.

Am meisten leide ich darunter, dass ich von einem Besuch zum anderen den körperlichen Verfall meines Vaters mitbekomme. Wenn ich einmal im Monat hinfahre, sind die Abstände so groß, dass ich die Unterschiede von einem Mal zum anderen deutlich sehe. Ich weiß noch, am Anfang, als er im Pflegeheim war, konnte er noch recht gut laufen. Aber in den drei Jahren, die er da ist, hat er rapide abgebaut.

Wenn es irgendwie geht und wenn es nicht gerade in Strömen regnet, gehen wir noch raus. Die Runden werden aber immer kleiner, weil er einfach nicht mehr kann. Gut, er hat auch mal bessere Tage, aber das Gehen fällt ihm immer schwerer, obwohl er auf Grund seines Berufs – er war Briefträger – sein Leben lang auf den Beinen war.

Mein Vater war ziemlich kräftig gebaut. Er hat früher auch Leistungssport gemacht, Leichtathletik. Also Laufen war er immer gewohnt. Darum hätte ich niemals gedacht, dass es mal so kommen würde. Ich glaubte immer, so einen haut nichts um. Und wenn ich jetzt sehe, wie dieser Mann, der ja noch nicht alt ist, wie der so in sich zusammenfällt, dann geht mir das schon sehr nahe.

Wenn ich zu ihm komme, sitzt er zu fünfundneunzig Prozent im Aufenthaltsraum, die Stirn fast auf der Tischplatte, also in sich zusammengesunken, weil er seine Körperspannung gar nicht mehr aufrechterhalten kann. Er döst von Mahlzeit zu Mahlzeit. Wenn ich das sehe, macht es mich total wütend, weil ich dann denke, die im Pflegeheim machen nicht genug mit ihm, sorgen nicht dafür, dass er genügend Bewegung bekommt.

Das ist natürlich nur ein Empfinden, ich bin ja nicht die ganze Zeit da. Die machen sicherlich einiges mit ihm – im Rahmen der Möglichkeiten. Nur man weiß ja, wie das heute in der Pflegelandschaft ist, es kann sich niemand 24 Stunden um ihn kümmern. Also wird er irgendwo hingesetzt. Wenn ich dann sehe, wie er so vor sich hin dämmert, dann macht mir das sehr zu schaffen. Deswegen gehe ich auch so selten hin.

Wenn es mir richtig gut geht, fällt es mir leichter, meinen Vater zu besuchen, aber eigentlich, wenn ich ehrlich bin, besuche ich meinen Vater nicht gern. Weil ... es ist ... ich weiß gar nicht, wie ich das beschreiben soll. Wenn ich nicht gut drauf bin, ist die Frage, lasse ich es oder fahre ich trotzdem. Das ist immer der Zwiespalt, mit dem ich dann kämpfe.

Ich habe schon das Gefühl, noch einen Vater zu haben. Dazu würde ich sofort »Ja« sagen, obwohl er nicht mehr wie ein Vater für mich da sein kann. Also, wenn das Gefühl nicht mehr da wäre, würde es mir wahrscheinlich nicht so schwer fallen, zu ihm zu gehen. Dann wäre er für mich ja irgendjemand, den ich da besuche.

Die Großmutter meiner Frau lebt auch im Altenheim. Ich habe nicht so ein Problem, dahin zu fahren. Da ist zwar auch die Umgebung nicht schön, denn jedes Heim ist ein Heim, aber das geht mir nicht so nahe.

Die ganze Atmosphäre in diesen Pflegeheimen finde ich fürchterlich. Durch die Inkontinenz der alten Menschen riecht es nach Urin – und was da für ein menschliches Elend zu sehen ist. Die älteren Frauen, die noch einigermaßen fit sind, die reden dummes Zeug, und wenn ich zu meinem Vater will, erzählen sie mir erst einmal, was er wieder alles gemacht hat. Dann denke ich immer: »Das geht euch doch überhaupt nichts an.«

Und wenn mein Vater dann lichte Momente hat, wenn er sagt: »Ich bin so krank«, und anfängt zu weinen, das ist dann sehr schwer. Ich habe meinen Vater – außer aus Rührung zu freudigen Anlässen, als er schon etwas älter wurde – nie traurig gesehen, geschweige denn weinen. Das war eben die Generation, die wollte oder konnte das nicht, die ist wahrscheinlich so erzogen worden: »Ein deutscher Junge weint nicht.« Wenn ich jetzt sehe, wie so ein stattlicher Mann in sich zusammenbricht und sagt: »Ich bin so krank und ich kann meine Beine nicht mehr bewegen«, dann finde ich das ganz erschütternd. Dass er vieles vergisst oder dass er so antriebslos ist, das regt mich eher auf, aber worunter ich leide, ist dieser körperliche Verfall.

Seine Interesselosigkeit, die macht mich auch sehr traurig. Wir sind eine sehr sportlich geprägte Familie. Mein Vater hat früher richtig Leistungssport gemacht, und ich bin dann – zwar sehr spät, aber irgendwann auch – in diese Fußstapfen getreten, relativ erfolgreich. Durch meinen Beruf habe ich dann viele Jahre nichts gemacht, aber jetzt habe ich wieder mit dem Laufen begonnen. Vor zwei Jahren absolvierte ich meinen ersten Marathon. Das hat mein Vater zwar zur Kenntnis genommen, aber ich weiß ganz genau, wie begeistert er früher gewesen wäre und wie interessiert er nachgefragt hätte.

Unser ganzer Tagesablauf wurde früher nach Sportsendungen ausgerichtet, bei uns lief immer der Fernseher. Ich habe oft scherzeshalber gesagt: »Er würde auch Hallen-Halma gucken, wenn das übertragen würde«, also er hat alles geguckt. Das ging dann so weit, dass wir uns Einbaumöbel gekauft haben mit einem Ausziehtisch, damit wir im Wohnzimmer beim Essen fernsehen konnten. Das hat meine Mutter früher immer fürchterlich aufgeregt. Ich fand das natürlich toll, vor dem Fernseher zu essen. Ist ja klar, als Junge, der sich auch für Sport interessiert. Also Sport war sein Ein und Alles. Dafür hat er sich sehr interessiert, auch als er nicht mehr selbst aktiv war. Er hat dann eben Berichte verfolgt und gelesen und Zeitschriften abonniert – und jetzt?

Ich glaube, vor zwei Jahren war das, als die Weltmeisterschaft in Leichtathletik ausgetragen wurde, da war ich zufällig bei meinem Vater. Wir kamen gerade vom Spaziergang zurück, und ich sagte: »Mensch, wollen wir uns das nicht mal im Fernsehen angucken?« Da kam von ihm nichts weiter als: »Ja.« Oder als ich erzählte, dass ich trainiere und wie umfangreich das ist, wie zeitintensiv und wie anstrengend und wie viele Kilos ich schon abgenommen habe und dass mir das auch gut tut: »Ja.« Das ist sehr schade, dass er sich für solche Sachen gar nicht mehr interessiert.

Früher konnte ich ihn auch fragen: »Mensch, wie mache ich das am besten«, weil er in diesen Themen selbst jahrelange Erfahrung und auch einen ziemlichen Sachverstand hatte, oder ich konnte ihn bitten: »Mach mir mal einen Trainingsplan.« Aber das ist eben verloren gegangen, und dieses völlige Desinteresse, das betrübt mich schon sehr. Gut, was ich jetzt mache, tue ich für meine Gesundheit und für mich selbst, aber ich würde mich schon freuen, wenn mein Vater sich dafür interessieren würde.

Im Winter wird immer so eine Laufserie von der Krankenkasse angeboten. Da laufe ich dann mit, um mich auf größere Sachen vorzubereiten. Meine Mutter, die war völlig begeistert, als sie davon hörte. Die interessiert sich eben noch dafür. Die kommt auch bei Wind und Wetter zugucken. Dass mein Vater das nicht mehr kann, das ist völlig klar. Aber dass er überhaupt nicht mehr fragt, wie es mir geht, dass er nicht mal fragt: »Wie ist denn dein Leben, was hast du für Sorgen, was gibt es für Freuden?«, das macht mich traurig. Überhaupt keine Anteilnahme. Null! Gar nicht!

Auch seine Freude ist ja sehr eingeschränkt. Über Geschenke freut er sich nur kurzzeitig. Sein Geburtstag war nun gerade. Diesmal habe ich ihm auch nichts Großartiges geschenkt, weil ich im letzten Jahr schon erlebt hatte, wie das abläuft. Ich habe ihm ein paar schöne Blumen mitgebracht und eine Kleinigkeit. Er sieht das Geschenk und sagt: »Ah ja, schön.« Das ist dann die Freude, und das war's. Es interessiert ihn eigentlich gar nicht, was es ist. Er packt noch nicht einmal aus. Da ist überhaupt keine Neugierde. Überhaupt nicht! Wir müssen dann sagen: »Nun pack das doch mal aus.« Aber so richtige Freude kann man da schwer feststellen, ich jedenfalls nicht.

Ich schäme mich nicht für die Demenzerkrankung und dafür, dass mein Vater im Heim ist. Aber manchmal schäme ich mich, obwohl das auch Quatsch ist, wenn er vergessen hat, seine Windel umzulegen und sich dann in die Hose macht, gerade wenn Leute da sind, die ihn nicht oft sehen. Dann schäme ich mich. Das ist einem schon ziemlich peinlich, wenn man merkt, der eigene Vater macht sich in die Hose.

Am Anfang kam ich damit noch schlechter klar, weil ich immer dachte, Körperpflege, Hygiene oder auch Verhaltensregeln, das sind so grundlegende Dinge, die hat man sein Leben lang gelernt.

Das versteht man gar nicht, warum diese Grundkenntnisse nun nicht mehr da sind. Aber das ist eben eine Auswirkung seiner Krankheit.

Andere Auswirkungen der Krankheit machen mich manchmal wütend. Wenn ich zum Beispiel sehe, wie mein Vater mit meiner Mutter umgeht. Meine Mutter kann sehr anstrengend sein, sie betüdelt einen sehr, nicht nur mich, sondern auch meinen Vater. Je hilfloser er wird, desto schlimmer wird das. Wenn ihm das alles zu viel erscheint, reagiert er sehr unwirsch. Dieses Aufbrausen, diese Aggressivität hat sich im Laufe der Krankheit immer mehr verstärkt. Wenn ihm irgendetwas nicht passt, meckert er sie an, inzwischen schon bei Kleinigkeiten. Das macht mich dann sehr wütend. Gut, er meint es wahrscheinlich nicht böse, aber meine Mutter hat es schon schwer genug, und dann das noch. Da ist dann auch eine Hilflosigkeit, weil ich ihm ja nicht sagen kann, dass er sich mal ein bisschen zusammenreißen soll. Das bringt ja nichts!

Bis vor ganz kurzer Zeit hatte ich immer Angst, dass mein Vater wieder auf Wanderschaft geht. In der letzten Zeit hat sich das ein bisschen gegeben, weil er einfach nicht mehr kann. Aber als er noch besser zu Fuß war, war das ganz schlimm. Es ist ja keine geschlossene Anstalt, es ist ein offenes Haus, in dem er untergebracht ist. Um siebzehn Uhr bekommt er seine Insulinspritze, und wenn er dann nicht da ist, dann fällt das natürlich auf. Er war schon mal von siebzehn Uhr abends bis zum nächsten Morgen um fünf Uhr unterwegs, bei starkem Regen und Temperaturen um null Grad, nur mit einem Polohemd bekleidet. Wenn ich das mitbekomme, weil meine Mutter mich anruft, habe ich natürlich ganz große Angst, dass irgendetwas passiert.

Diese innere Unruhe, diese Rastlosigkeit haben ja viele Demenzkranke, habe ich gelesen. Das war bei ihm sehr extrem ausgeprägt, so dass er teilweise von der Polizei gesucht werden musste. Er weiß natürlich nicht, wohin er eigentlich will, wenn er losgeht oder in einen Bus steigt. Zuerst haben wir gedacht, er will dahin, wo er mal gearbeitet hat, wo er 25 Jahre lang Briefe ausgetragen hat, immer dieselbe Tour. In die Richtung ist er mal gefahren. Aber er wurde auch schon mal in einem anderen Stadtteil aufgegriffen und auch mal außerhalb von Bremen, was weiß ich, wohin er da wollte.

Am Anfang war es so, dass man sagen konnte, er will wieder nach Hause. Das ist meiner Mutter natürlich sehr nahe gegangen, weil sie dann immer dachte, dass ihre Entscheidung, ihn in ein Heim zu geben, falsch war. Man denkt ja immer, der Mensch, der demenzkrank ist, leidet unsäglich darunter. Aber das weiß ich eben nicht, und das ist eine Unsicherheit, die mir heute immer noch schwer zu schaffen macht. Ich weiß ja nicht, was noch bei ihm ankommt. Was bekommt er von seiner Situation noch mit und was nicht?

Wenn ich mir sage, gut, er lebt in seiner eigenen kleinen Welt und ist da zufrieden und kommt da zurecht, dann beruhigt mich dieser Gedanke. Aber wenn die Momente da sind, die ganz, ganz selten kommen, in denen er Gefühle zeigt, anfängt zu weinen und sagt: »Ich bin ja so krank«, dann denke ich: »Der Mensch, der eine Demenz hat, der bekommt das doch alles mit – oder zumindest Teile.«

Und manchmal denke ich – ganz ehrlich –, gerade wenn es ihm körperlich so schlecht geht und er da nur herumliegt: »Hoffentlich passiert mir das nicht.« Am liebsten würde ich irgendwann mit einem Herzinfarkt tot umfallen, und manchmal wünsche ich mir das auch für meinen Vater. So traurig das ist. Wir wissen ja nicht, wie lange das noch so weitergeht, wie lange er noch so leben muss. Für mich persönlich wäre es im Moment, glaube ich, noch keine Erleichterung, wenn es vorbei wäre. Aber man denkt über so etwas nach.

Wir Außenstehenden sagen ja oft: »Gott, der arme Mann, der muss vielleicht noch zwanzig Jahre so leben«, wenn er Pech hat oder wir Pech haben. Das kommt ja immer darauf an. Es ist ja immer die Frage: Ist es ein Glück, ihn noch zwanzig Jahre so zu sehen oder so zu haben?

Es gibt natürlich auch schöne Tage. Wenn ein schöner Tag dabei ist, dann ist es das wert. Aber wenn alle Tage so sind wie die meisten Tage?

Ich kann mich überhaupt nicht in die Lage versetzen, wie es ihm eigentlich dabei geht. Ich würde das so gerne mal von der anderen Seite verstehen. Das geht natürlich nicht, das werde ich nie erfahren.

Kürzlich las ich einen Artikel in der Zeitung, in dem sinngemäß stand: »Die Emotionen gehen verloren, aber es bleibt immer noch der Mensch übrig.« Das ist schon richtig, aber wenn jemand so gar nicht mehr merkt, was um ihn herum geschieht, dann ist es schon so: Ich wünsche es mir vielleicht nicht, aber ich denke darüber nach, wie es wäre, wenn er noch einen Schlaganfall bekommen und dann sterben würde. Wie wäre das dann? Wäre das eine Erleichterung für ihn? Wäre das wirklich eine Erleichterung, auch für uns? Ich glaube, je mehr Zeit ins Land geht, umso mehr wird man zu der Überzeugung kommen. Jetzt schon komme ich an manchen Tagen zu dem Schluss, dass es eine Erleichterung wäre, wenn das so eintreten würde. Das ist stimmungsabhängig bei mir.

Es ist wichtig, sich mit dem Thema auseinander zu setzen. Ich selbst bin noch nicht in eine Selbsthilfegruppe gegangen. Aber meiner Mutter hat es, denke ich, sehr geholfen, dahin zu gehen. Das merke ich, wenn sie so erzählt.

Ich bekomme auch mit, dass sie inzwischen schon mal zwei oder drei Tage nicht zu meinem Vater geht. Das war am Anfang undenkbar. Dass sie das jetzt kann, kommt sicherlich auch daher, dass sie sich in der Gruppe mit anderen austauscht.

Man kann sich im Grunde nur mit Menschen darüber unterhalten, die Ähnliches durchleben. Alle anderen verstehen einen nicht. Die können einem auch nicht helfen. Meine Frau, die interessiert sich zwar dafür, aber die ist ja nicht so betroffen wie ich als Sohn, und auch da merke ich, wenn wir uns unterhalten, dass es manchmal Verständnisschwierigkeiten gibt. Wenn man dann mit Menschen darüber sprechen will, die noch weiter entfernt sind, wird es noch schwieriger.

Ich habe mal versucht, mit meinem besten Freund darüber zu reden. Natürlich versuchte er, Verständnis zu zeigen, aber woher sollte er das haben? Ich habe dann nicht weiter mit ihm darüber gesprochen. Wenn man das nicht erlebt und keine Erfahrung damit hat, kann man das wohl nicht verstehen. Insofern denke ich schon darüber nach, in eine Selbsthilfegruppe zu gehen. Nur, in den meisten Gruppen sind Menschen, die ihre erkrankten Angehörigen noch zu Hause haben. Das ist natürlich eine andere Situation. Meine Mutter hat lange gesucht, bis sie eine Gruppe gefunden hatte, in der auch Leute sind, die ihre Angehörigen in ein Heim gegeben hatten. Außerdem ist es so, dass in den Gruppen meist nur die Partner der Demenzkranken sind und nicht deren Kinder. Darum bin ich noch nicht hingegangen. Aber ich denke schon, dass Gespräche mit anderen Betroffenen helfen, die Krankheit zu verkraften. Bisher hat mir noch nicht so vieles geholfen – noch nicht.

Ich habe ein bisschen was gelesen, und nachdem wir uns etwas zusammengerauft hatten, habe ich mich viel mit meiner Mutter darüber unterhalten. Die Gespräche haben mir schon sehr geholfen. Sich einfach mit der Demenz zu beschäftigen, das hilft ein wenig.

Man verdrängt das auch ein bisschen. Wenn ich beruflich unter Dampf bin, dann denke ich nicht daran, Gott sei Dank! Und im Urlaub gelingt es mir zum Glück auch, richtig abzuschalten. Dann denke ich auch nicht daran. Aber es ist schon so, dass ich schlechter schlafe, seitdem das passiert ist. Ich schlafe schlechter und bin gedankenvoller geworden, nachdenklicher. Nicht, dass ich vorher so ein Hans Dampf war, aber ich war vorher lustiger. Gut, das macht auch das Alter und die Verantwortung, die man hat. Wir haben zwar noch keine Kinder, aber ich habe eine Frau, und wir haben ein Haus, natürlich verändert einen so etwas. Ich

mache eigentlich gern mal einen Spaß, probiere alles aus und lebe gern. Ich lebe immer noch gern, aber es ist schon so, dass ich jetzt seltener einfach gedankenlos Blödsinn mache und mit Freunden dummes Zeug rede. Das hat sich geändert. Das ist mir erst aufgefallen, nachdem Freunde mir gesagt haben: »Mensch, du warst früher viel lustiger, bist in der letzten Zeit viel ernster geworden.«

Mein ehemaliger Chef, zu dem ich ein sehr gutes Verhältnis habe, hat mir das auch mal gesagt. Bei allem Ernst und aller Seriosität, die in unserem Job sein muss, hat er immer sehr geschätzt, dass ich zwischendurch mal einen kleinen Scherz gemacht habe, und das passierte dann gar nicht mehr. Als ich darüber nachgedacht habe, woher das kommt, wurde mir klar, das hat schon etwas mit der Demenz meines Vaters zu tun.

Die Angst, selbst demenzkrank zu werden, habe ich bisher nicht. Aber ich muss ganz ehrlich sagen, angeregt durch dieses Gespräch, ich verdränge das vielleicht ein bisschen. Sicherlich auch deshalb, weil eher die mittelbare Angst da ist, an Diabetes zu erkranken. Diabetes ist nun mal sehr verbreitet in unserer Familie

väterlicherseits. Darüber mache ich mir so meine Gedanken. Männer zwischen dreißig und vierzig, die fallen ja heutzutage um wie die Fliegen, die sind ja bei allen möglichen Risikogruppen dabei: Herzinfarkt, Schlaganfälle und so weiter. Das ist einer der Gründe, warum ich wieder mit dem Sport angefangen habe.
Meine Angst, an Diabetes zu erkranken, ist wesentlich größer, als eine Demenz zu bekommen. Soweit ich das weiß, ist eine Demenz jetzt das erste Mal in unserer Familie aufgetreten. Bei Diabetes ist es halt so, man muss es nicht bekommen, wenn man rechtzeitig auf sich aufpasst. Wenn man die Veranlagung dazu hat, muss man natürlich ein bisschen danach leben. Bei Demenz weiß ich ehrlich gesagt noch viel zu wenig darüber, ob das vererbt werden kann oder nicht. Vielleicht will ich mich
damit im Moment auch noch gar nicht beschäftigen, sonst würde ich womöglich noch viel mehr Angst bekommen.
Was mir momentan mehr zu schaffen macht, sind die Schuldgefühle, die ich habe. Sie sind eher indirekt, nämlich, meine Mutter nicht genügend zu unterstützen. Das Gefühl ist immer da. Ich denke oft, ich müsste mich eigentlich noch mehr um sie kümmern.
Finanziell ist ja nun alles geklärt, das kommt so weit hin. Dadurch, dass mein Vater Beamter war, hat er eine einigermaßen vernünftige Pension, und durch das Geld von der Pflegekasse geht das gerade so auf, plus/minus null, so dass meine Mutter nicht auch noch finanziell zusätzlich belastet ist. Ich habe ihr meine Unterstützung angeboten, aber finanziell braucht sie keine Hilfe. Aber sonst. Meine Mutter braucht eigentlich die Unterstützung, nicht mein Vater. Das mag hart klingen, aber für meinen Vater kann ich nicht mehr viel tun. Ich kann ihn besuchen und ich kann für ihn da sein, aber ich bin absolut hilflos, wenn es darum geht, seinen Zustand zu verändern. Dazu weiß ich auch zu

wenig, ob man da noch irgendetwas machen kann. Ich könnte im Internet herumforschen und 1000 Quellen anzapfen, um zu gucken, ob es noch irgendwelche Methoden gibt, die hier noch keiner kennt. Aber das haben sicherlich schon Zigtausend andere vor mir versucht.

Manchmal frage ich mich dann, was kann ich für meine Mutter tun, wie kann ich sie unterstützen? Gut, es gibt so Kleinigkeiten, wenn wir zusammen bei meinem Vater sind, fahre ich sie nach Hause. Aber das sehe ich nicht als Unterstützung an, das sind Selbstverständlichkeiten, genauso wie wenn ich Getränke für sie einkaufe, sie abhole oder irgendwohin bringe.

Als meine Mutter bei ihrer Schwester in Düsseldorf war, hatte sie mich gebeten, doch mal öfter zu meinem Vater zu fahren. Ich war dann am ersten und am letzten Tag bei ihm. Das habe ich auch gern gemacht.

Ich habe mir schon überlegt, ob ich mal mit ihr zusammen in Urlaub fahre. Zum Geburtstag hatte ich ihr eine Reise nach London geschenkt, die hat sie aber bis heute nicht eingelöst. Das kann sie eben noch nicht.

Ich habe eigentlich ein sehr gutes Verhältnis zu meinen Eltern, zu beiden. Ein besseres zu meiner Mutter, was daran liegt, dass sie schon früher mehr an meinem Leben teilgenommen hat. Nicht, dass mein Vater kein Interesse an mir hatte, aber er konnte seine Gefühle nicht so zeigen, was ja, wie gesagt, bei Männern seines Alters oft der Fall ist. Ich konnte ihm alles erzählen, aber es war kein inniges körperliches Verhältnis, dass er mich mal in den Arm genommen hätte. Das hat er eigentlich noch nie gemacht. Das habe ich aber auch nicht vermisst, muss ich ganz ehrlich sagen. Dadurch, dass wir gemeinsam Sport gemacht haben und er mich auch trainiert hat, haben wir sehr viel zusammen unternommen. Er hat mich tierisch unterstützt in diesen Sachen.

Es war immer so, dass mein Vater ein bisschen distanziert war. Auch vor der Demenz schon. Aber es war auch immer so, dass ich mich gefreut habe, dass wir so viele gemeinsame Interessen haben. Heute gibt es im Grunde – was meinen Vater betrifft – nicht mehr viel, worüber ich mich richtig freue. Aber worüber ich mich freue ist, wenn ich in sein Zimmer komme und er begrüßt mich mit »Hallo, Lutz«. Mittlerweile freue ich mich schon, wenn er meinen Namen sagt. Und ich freue mich immer, wenn es ihm so gut geht, also wenn er körperlich so gut drauf ist, dass wir schön spazieren gehen können, weil ich eben weiß, dass er gerne rausgeht. Und wenn er mal ein bisschen was erzählt, auch wenn es von früher ist, dann bin ich froh, dass er überhaupt mit mir spricht. Zuerst konnte ich diese Totenstille und dieses Schweigen nicht ertragen. Das ist ja eine Einbahnstraße.

Ich besuche ihn auch nicht sehr lange. Nach zwei Stunden gehe ich wieder. Denn zwei Stunden Monologe halten, das reicht. Es kommt nichts zurück. Er erzählt gar nichts, und ich rede mir irgendwann den Mund fusselig. Er fragt ja auch nicht nach, so dass ich nicht davon ausgehen kann, da ist ein Interesse. Wenn ich ihm berichte, dass wir gerade im Urlaub waren, dann kommt keine Aufforderung wie: »Ehrlich, erzähl doch mal«, und wenn ich sage, dass wir in Amerika waren, sagt er: »So.« Dann berichte ich nicht, wo wir da überall waren und was wir Tolles erlebt haben. Ich bringe zwar Urlaubsbilder mit, aber die werden auch nur so durchgeblättert. Ich glaube, da guckt er gar nicht richtig drauf.

Für mich war dieses Schweigen am Anfang manchmal unerträglich. Wirklich unerträglich! Ich hatte immer den Druck, wenn ich da bin, müssen wir uns etwas erzählen, weil ich dachte, wenn man jemanden besucht, muss man sich mit ihm unterhalten. Es fällt mir immer noch nicht leicht, die Sprachlosigkeit auszuhalten, aber irgendwann habe ich es aufgegeben, ein Gespräch in Gang zu bringen. Mittlerweile bin ich zu dem Schluss gekommen, wenn er nicht sprechen möchte, ist es für ihn vielleicht einfach schön, dass ich da bin. Dann erzähle ich halt am Anfang, was bei mir so anliegt, und weil ich nicht so oft da bin, habe ich natürlich viel zu erzählen. Manchmal frage ich auch: »Wollen wir ein bisschen Musik hören?«, oder ich mache den Fernseher an. Und dann sitzen wir nebeneinander und gucken fern.

Durch die Arbeit, die zu tun ist, werde ich abgelenkt

Ferdinand K. (81): Meine Frau (78) ist seit zehn Jahren demenzkrank

Ferdinand K. war bis zum Eintritt ins Rentenalter Verkaufsleiter bei einer angesehenen Bekleidungsfirma und in dieser Funktion im Außendienst tätig. Er und seine Frau sind seit gut 50 Jahren verheiratet. Bis vor einem Jahr bewohnte das Ehepaar ein eigenes Haus in Bremen. Der in der Nähe von Bremen lebende Sohn sorgte mit dem Versprechen, den Vater in der Betreuung der demenzkranken Mutter zu unterstützen, dafür, dass das Eigenheim verkauft wurde, und suchte seinen Eltern eine Mietwohnung in seinem Wohnort. Ferdinand K. pflegt seine Frau bis heute alleine.

Wenn ich heute zurückblicke, würde ich sagen, dass meine Frau schon vor dreißig Jahren anfing, sich sehr zu verändern. Es tauchten damals schon so Seltenheiten auf, dass sie das Gegenteil von dem sagte, was sie sonst geäußert hatte. Immer hat sie das unterstützt, was ich vorschlug oder wollte. Wenn ich sagte: »Wir fahren morgen da und da hin«, dann hat sie das mitgemacht. Sie hat niemals widersprochen! Darum verlief auch unsere Ehe sehr

glatt und problemlos. Wir sind zum Beispiel sehr viel gereist. Immer hat sie zugestimmt oder gar nichts gesagt und war einfach fröhlich, weil sie alles hatte. Plötzlich aber sagte sie: »Nein.« Ich dachte nur: »Das ist doch nicht meine Frau.« Da fragt man sich, was ist das denn, wo kommt das plötzlich her?
Ganz deutlich wurde es dann, als wir im Urlaub in Spanien waren. Da wurde das ganze Geschehen ein bisschen merkwürdig. Da stellte sich etwas Seltsames ein, sie war auf einmal ein ganz anderer Mensch! Sie wollte nicht mehr mit mir nach Hause gehen.
Eines Abends waren wir unterwegs, so ein bisschen zur Unterhaltung, und da hat sie sich plötzlich einen anderen Mann angelacht. Sie stand einfach auf, nahm die Flasche Wein von unserem Tisch und ging damit zu ihm an den Platz. Sie hatte mir gar nicht gesagt, was los ist und dass sie weggeht. Sie tranken den Wein noch nicht einmal ganz aus, dann ging sie mit dem ins Hotel. Er wohnte im gleichen Hotel, auf der gleichen Etage wie wir. Als ich in unserem Zimmer ankam, war sie schon da. Ich war schon erbost, aber ich konnte das gar nicht ernst nehmen und habe darüber gelacht. Ich habe ihr immer alles gegönnt, alles, was sie wollte an schönen Dingen und zu essen – und was sie nicht wollte. Und sie geht mit einem anderen! Ich dachte: »Also, das kann doch wohl nicht angehen.« Das war so eine Eigenartigkeit, die mich eben hat stutzig werden lassen.
Am nächsten Tag wusste sie nicht mehr, was sie gemacht hatte. Das war auch merkwürdig! Wir sahen den Mann wieder. Er saß beim Essen, nicht weit von uns entfernt. Meine Frau ignorierte ihn aber ganz und gar, und ich merkte, dass sie ihn nicht erkannte, und darum habe ich sie dann auch nicht mehr darauf angesprochen.

Dann lag sie mal im Sand und schaute so ein bisschen eigenartig, so als wenn ihr irgendetwas fehlen würde. Abends beim Essen war das wieder weg, da war wieder alles in Ordnung. Sie war irgendwie merkwürdig in vielen, vielen Dingen, und ich dachte: »Was ist denn da los? Was tut sich denn da?«

Wenn ich mich so daran erinnere, muss ich sagen, dass sich seinerzeit vieles, was heute vorhanden ist, schon einmal gezeigt hat. Aber ich habe damals nicht erkannt, um was es geht.

Besonders stark veränderte meine Frau sich vor zehn Jahren. Die Merkwürdigkeiten, die ich vorher ab und zu mal festgestellt hatte, traten häufiger auf und verstärkten sich. Sie reagierte dann auch beim Essen sehr eigenartig. Sie verhielt sich, als wenn sie nie gelernt hätte, wie man sich richtig benimmt. Und sie tat gar nicht mehr, was ich ihr empfohlen habe. Wenn ich zum Beispiel sagte: »Zieh dir mal die anderen Schuhe an, in denen gehst du besser«, dann sagte sie glatt: »Nein, mach ich nicht!« Sie widersprach mir, ohne es zu wissen, also ohne dass es ihr bewusst war.

Das blieb dann eine ganze Zeit lang so. Für mich war das natürlich auch eine Umstellung. Ich war ziemlich lebendig und unternehmungslustig, war viel unterwegs, auch mit der Familie, und wenn dann plötzlich jemand sagt: »Das mache ich nicht mehr«, dann wird man doch stutzig.

Wir gingen zu einem Psychiater. Der machte Andeutungen, dass er meine Frau etwas gründlicher untersuchen müsste, um festzustellen, was los ist. Die kleinen Untersuchungen machte er selbst und schickte uns dann zu einem Neurologen. Der stellte fest, dass meine Frau Alzheimer hat, und versuchte, die Krankheit mit Medikamenten in den Griff zu bekommen, aber die Pillen hatten keinen Einfluss. Jetzt lehnen die Ärzte es seit vier oder fünf Jahren ab, meiner Frau Medikamente zu geben. Ein Arzt sagte zu mir: »Medikamente wären nur zur Beruhigung für Sie,

Herr K., aber für Ihre Frau können wir nichts mehr tun.« Er meinte, Medikamente könnten die ganze Geschichte höchstens noch etwas verstärken. Zu heilen sei die Krankheit sowieso nicht. Und ich vertrete auch die Ansicht: Was nicht hilft, das schadet. Bei dieser Krankheit können sie letztendlich ja sowieso nichts machen.

Meine Frau ist inzwischen in Pflegestufe drei eingestuft. Vor zwei Jahren kam sie ins Krankenhaus, weil sie einen schweren Schlaganfall hatte, der sich inzwischen zum größten Teil wieder gelöst hat. Ich habe die Verschlechterung, die dadurch eintrat, deutlich beobachten können. Durch den Schlaganfall haben sich verschiedene Symptome verschlimmert, ja verstärkt. Seitdem nimmt sie es zum Beispiel gar nicht mehr richtig wahr, wenn sie hinfällt. Das stört sie gar nicht. Sie weiß dann überhaupt nicht, dass sie gestürzt ist. Das Bewusstsein dafür ist ganz weg. Das hat sie sofort völlig vergessen. Sie vergisst sowieso alles von einer Minute auf die andere.

Die Ärzte im Krankenhaus haben oft gesagt: »Da wird noch einiges auf Sie zukommen. Sie bringen Ihre Frau am besten in ein Pflegeheim.« In den Krankenhäusern gibt es ja die Sozialen Dienste, die sich in solchen Fällen um Heimplätze kümmern. Die haben sich sehr intensiv gekümmert, haben aber leider Gottes eine Einrichtung gefunden, die so einfach war, so primitiv.

Die ganze Situation war unerträglich: Das Haus als solches war alt und verwohnt, die Decke zum Teil kaputt. Das alles hat meine Frau aber noch gesehen! Sie kam in ein Dreibettzimmer und hat sich mit den anderen beiden Frauen nicht vertragen oder umgekehrt. Ich bin immer bis acht Uhr abends dageblieben und habe sie ins Bett gebracht, und jedes Mal, wenn ich ging, musste ich weinen. Sie war da einfach nicht gut aufgehoben, und vor allen Dingen konnte sie sich ja gegen nichts wehren, sie konnte sich ja nicht mehr äußern. Wenn sie den Pflegerinnen nur hätte sagen können, was sie verbessert haben möchte. Aber das konnte sie ja damals schon nicht mehr. Das hat mir so weh getan, dass ich sie nach 14 Tagen wieder rausgenommen habe. Ich empfand es als sehr leidvoll für sie, und deswegen habe ich sie nach Hause geholt.

Ich war immer hart gegen mich selbst, aber als meine Frau im Krankenhaus lag und später im Altenheim, das war für mich die schlimmste Zeit. Ihr Schlaganfall, der hat mich in ein derartiges Tief gestürzt, dass ich gar nicht wusste, was ich eigentlich machen sollte. Ich war so verzweifelt.

Und das hat mein Sohn – da muss ich mich sehr, sehr wundern

– ausgenutzt. Mein Sohn und meine Schwiegertochter wollten, dass wir hierher zu ihnen in den Ort ziehen, damit wir durch sie etwas entlastet und mit Essen versorgt werden und damit wir öfter besucht werden können. Durch die Versprechungen, die uns gemacht wurden, haben wir uns darauf eingelassen und zugestimmt, unser Haus in Bremen zu verkaufen und hier in eine kleine Mietwohnung zu ziehen. Das war der Grund unseres Umzugs. Aber diese Vorstellungen haben sich leider, leider nicht verwirklicht. Tatsache ist, dass der Junior sich um unser Haus gekümmert hat, darum, dass es verkauft wurde. Das Geld haben er und seine Frau weggesteckt. Das ist daraus geworden! Die Geldmittel, die wir heute eigentlich zur Verfügung hätten, sind in deren Schulden geflossen. Er hat mit dem Geld – es war ja nicht wenig – seine Schulden, also seine Hypotheken, abgedeckt.

Meine Frau hat den Junior ja fast ausschließlich erzogen. Ich war Verkaufsleiter bei einer großen Firma, die Oberbekleidung herstellt, Markenartikel. Ich war zuständig für ein Drittel des Verkaufsgebiets von Deutschland und dementsprechend viel unterwegs. Als Außendienstreisender bin ich montags weggefahren und sonnabends wiedergekommen. Dadurch war sie nur mit ihm beschäftigt, aber das weiß er heute auch nicht zu honorieren und zu würdigen. Das ist bedauerlich.

Ich habe noch Kontakt zu meinem Sohn, aber meistens nur schriftlich. Meine Frau fällt ja sehr oft hin, weil sie nicht standfest genug ist. Allein bekomme ich sie nicht wieder zum Stehen. Darum haben mein Sohn und ich vereinbart, dass ich ihm Bescheid sagen kann, wenn ich in so eine Situation komme, und dass er dann hilft. Dazu hat er sich bereit erklärt. Es sind ja praktisch nur fünf Minuten, die er von uns entfernt wohnt.

Kürzlich habe ich erfahren, dass es einen Bereitschaftsdienst gibt, den man in solchen Fällen Tag und Nacht anrufen kann. Wenn ich das früher gewusst hätte, hätte ich meinen Sohn gar nicht gefragt. So einen Bereitschaftsdienst würde ich wohl für den Notfall in Anspruch nehmen, aber ansonsten stehe ich auf dem Standpunkt, dass es besser ist, wenn ich meine Frau allein pflege.

Wissen Sie, ich habe bei eigenen Krankenhausaufenthalten festgestellt, dass die berufsmäßig pflegenden Schwestern bei weitem nicht die Fürsorge aufbringen und ihr das geben können, was ich ihr entgegenbringe. Wir haben ja ein paar Monate im Pflegeheim gewohnt. Mein Sohn und meine Schwiegertochter, die hatten das so eingefädelt, dass wir dahin kamen, bevor unsere Wohnung bezugsfertig war. Da konnte ich einiges erleben, was sonst nicht jeder mitbekommt, zum Beispiel dass die Leute nicht richtig angezogen waren, dass sie nicht sauber gehalten wurden, dass sie durch die Gänge fuhren und stark nach Urin rochen. Obwohl da Leute arbeiten, die dafür bezahlt werden, die ja eigentlich das Optimale erbringen müssten.

Das hat mir gezeigt, dass man sich dem Kranken vollständig zuwenden muss, was die beruflich Pflegenden eben nicht können. Sie denken doch oft an ihre Freizeit, um die Stunden, die sie bei den alten und kranken Menschen verbringen müssen, zu überleben. Sie haben eben etwas anderes im Sinn als nur Pflegedienste zu leisten. Man meint ja oft, wer beruflich pflegt, der macht das viel vollkommener als ein Angehöriger. Aber das ist überhaupt nicht der Fall. Man muss ja auch die Zuneigung haben zu der Person, die man pflegen will und von der man das Böse fern halten möchte. Da muss die Sympathie sein und die Liebe. Meine Frau, die mag ich nicht nur, ich liebe sie immer noch, und von der Warte aus behandele ich sie, und deshalb kann ich ihr Gutes tun.

Ich habe den Eindruck, dass es mir gut geht, wenn es ihr gut geht. Und darum werde ich alles aufbieten, damit ich so weit fit bleibe, dass ich ihr helfen kann. Die Ärzte sehen das auch so, dass es das A und O ist, dass ich gesund bleibe, und deswegen bekomme ich auch eine gewisse Unterstützung von deren Seite. Wenn ich irgendein Hilfsmittel für meine Frau brauche, hat mir noch kein Arzt eine Ablehnung erteilt. Die haben mich immer unterstützt.

Ich sehe meine Aufgabe darin, meine Frau als Mensch zu führen und ihr den Weg freizuschaufeln, wenn sie irgendwelche Krankheiten, Schmerzen oder sonst etwas hat, sie also total zu betreuen von A bis Z. Da ich ja noch einigermaßen fit bin, habe ich das bisher noch geschafft, und das stimmt mich fröhlich, muss ich sagen. Ich freue mich, dass ich alles Böse und Schlechte von ihr fern halten kann, und das werde ich auch weiterhin tun.

Verwandte, die mich unterstützen könnten, haben wir sowieso nicht. Da ist keiner mehr da, und die, die noch leben, sind alle zu alt. Der Bruder meiner Frau ist zwar drei Jahre jünger als sie, ist aber auch schon fünfundsiebzig. Der wohnt im Rheinland und fährt auch kein Auto mehr, kann also auch nicht mehr zu uns kommen. Ihr Bruder, der hat noch nie etwas im Haushalt gemacht, der ist richtig haushaltsfremd. Der kann gar nichts in diesen Dingen, der ist richtig stumpf darin. Somit kann er das, was ich tue, gar nicht schätzen. Aber das möchte ich auch gar nicht honoriert haben. Wie gesagt, ich mag meine Frau nach wie vor. Ich liebe sie, und darum tue ich alles für sie, was ich tun kann. Da braucht mir keiner etwas zu honorieren.

Ich habe ja Zeit. Ich muss mich eben den ganzen Tag damit beschäftigen.

Sehr viel Zeit brauche ich, um meine Frau in eine Aktivität hineinzubringen. Bevor sie morgens aufsteht, benötigt sie mindestens zwei Stunden. Um sechs Uhr stehe ich auf und um halb sieben fange ich langsam an, dafür zu sorgen, dass ich sie aus dem Bett bekomme. Das ist schwierig. Sie wird nicht aggressiv oder bösartig, aber sie macht immer so eine beschwichtigende Handbewegung, indem sie eine Hand vor ihren Körper legt, als wenn sie sagen wollte: »Lass mich!«

Sonntags habe ich immer eine Duschzeit. Ich brauche fast den ganzen Tag dazu, meine Frau aus dem Bett und in die Dusche zu bekommen. Es dauert Stunden, bevor ich sie dazu überredet habe, zumal sie früher ja nie geduscht hat. Zu Hause hatten wir eine Badewanne, und daran hatte sie sich so sehr gewöhnt. Hier haben wir ja nur eine Dusche und dieses Umgewöhnen, das ist schwierig. Sie kann das mit dieser Krankheit nicht mehr.

Von ihr kommt gar nichts. Keine Anregungen, keine Wünsche, keine Beschwerden. Was ihr einmal wichtig war und was sie gern tat, hat sie fallen lassen. Eine richtige Reaktion ist gar nicht da. Aber durch die Arbeit, die ich mit ihr habe, werde ich davon abgelenkt, dass keine Reaktionen mehr von ihr kommen. Sie hat überhaupt gar kein Empfinden mehr. Nicht für irgendetwas! Das ist natürlich auch schlimm. Sie macht etwas, und das Ergebnis spielt für sie keine Rolle. Ob sie etwas kaputtschlägt oder ob ihr etwas herunterfällt, sie macht sich keine Gedanken darum. Wenn ihr ein Glas runtergefallen ist und die Scherben liegen überall, sagt sie noch nicht einmal: »Oh, was ist da denn nun passiert?« Deswegen muss sie eben auch gepflegt werden. Ich habe mir schon so einen kleinen Tischstaubsauger gekauft, so versucht man sich dann zu schützen.

Nein, wütend macht mich das nicht, wenn sie solche Sachen macht, da beruhige ich mich selber, indem ich laut zu mir sage: »Das spielt keine Rolle. Es ist ja keiner da, der dir das abnehmen kann, das musst du ja selbst wieder hinkriegen.« Wenn man die Einsicht hat, dass es keinen anderen gibt, der einem die Arbeit abnimmt, dann muss man sie eben selbst tun, damit wieder alles in Ordnung gebracht wird.

Spüren oder wissen wird sie das nicht, wie ich sie behandele. Sie hat kein Gespür mehr für diese Dinge. Aber sie lebt wahrscheinlich in der Sicherheit, dass ihr keiner etwas Böses antut. Das ist etwas, was sie in sich hat. Aber sie hat keine besondere Rührung mehr. Sie lacht schon mal über mich, wenn ich einen Gag bringe oder etwas Verrücktes tue, aber meistens sitzt sie total teilnahmslos da. Sie sitzt auf ihrem Stuhl, und das tut mir schon Leid, dass sie da eine Stunde oder zwei so stur auf diesem Stuhl sitzen kann. Sie spricht nicht mit mir und sie reagiert auf nichts, schaut immer nur nach draußen. Sie sieht zwar Leute und die sieht sie wahrscheinlich gern, weil sie dadurch ein bisschen angeregt wird, aber sie sagt nichts darüber.

Ich glaube, wenn wir nichts vorhätten, könnte sie den ganzen Tag so dasitzen. Deshalb bin ich auch sehr viel mit ihr unterwegs. Nun fahre ich ja noch Auto, und so machen wir fast jeden Tag eine kleine Unternehmung. Wir haben praktisch jeden Tag etwas vor. Wir fahren überall hin: in Einkaufszentren, zu den

verschiedenen Kaufhäusern, da essen wir dann auch manchmal zu Mittag. Oder wir fahren mal nach Achim oder nach Verden. So wie sie sich dann gibt und was sie dann ausstrahlt, habe ich bei solchen Unternehmungen immer das Gefühl, dass sie irgendwie dankbar dafür ist, dass sie unterwegs sein kann und Leute sieht und die Autos sieht. Das beruhigt sie scheinbar.
Ich bin der Meinung, dass sie recht viel Unterhaltung haben muss, damit sie etwas sieht und etwas merkt und spürt, da ist etwas los. Ich denke, dass ihr das vielleicht auch Anregungen gibt und die Krankheit sich dadurch nicht so stark verschlimmert.
Einmal in der Woche gehen wir in der Krankenhauskantine hier im Ort essen. Manchmal mache ich natürlich auch selbst etwas. Es gibt ja Fertiggerichte, die benutze ich gern.

Was ich grundsätzlich mache, so auf die Art und Weise, wie sie es gewohnt ist: Ich decke jeden Tag dreimal den Tisch, damit sie merkt, jetzt wird gegessen, und damit sie sieht, dass das, was sie jahrelang getan hat, beibehalten wird, und auch, damit es nicht zu eintönig wird. Das finde ich wichtig. Aber das kostet ja alles ein bisschen Zeit, und dann muss natürlich noch gespült werden.
Ich muss ja auch den Haushalt machen. Das schaffe ich schon einigermaßen, auch ohne Putzfrau. Wir haben uns eine kleine Wohnung genommen, damit ich das alles bewältigen kann. Ich mache die Hausarbeit so gut ich kann und wie ich das schaffe. Es beruhigt mich schon, dass die Wohnung so klein ist, aber manchmal fehlt mir auch das großzügigere Wohnen, das wir einmal hatten.
Ich habe ja auch viel Wäsche zu waschen. In der Nacht steht meine Frau nicht auf, weil sie nicht den Impuls bekommt, du musst auf die Toilette. Sie nässt jede Nacht ein. Nun habe ich Gott sei Dank ein Hilfsmittel gefunden, das mich diesbezüglich ziemlich gut unterstützt. Und zwar habe ich die Pants entdeckt,

und ich möchte sagen, die erledigen das Problem zu 80 %. Von daher bin ich etwas erlöst. Das sind richtige Hosen, also Windelhosen mit saugfähigen Füllungen. An den Hosenbeinen ist ein Gummi und oben natürlich auch. Die schaffen mir einige Freiheiten. Sonst könnte ich das gar nicht überleben. Die Hose ist so voll morgens. Ich habe mal eine gewogen, die wog 900 g, das sind ungefähr 850 g Flüssigkeit. Aber trotzdem muss ich aufpassen, weil sie sich oft auf die Bettkante setzt und da ein bisschen döst. So drückt sie dann mit ihrem Gewicht den Urin doch wieder durch.

Wenn ich nicht Acht geben würde, könnte ich das Bett jeden Tag abziehen und waschen. Ich habe mir schon einen Trockner angeschafft, weil wir hier im Keller nur eine schlechte Trockenmöglichkeit haben. Ich hatte den Vermieter darauf angesprochen, aber der sieht das so, dass man sich selbst um einen Trockner kümmern muss. Das alles haben wir zu Hause gehabt, da hatten wir die Möglichkeit, unseren Trockenkeller zu benutzen, und waren dadurch ein bisschen entlasteter als hier. Es ist eben auch ein Nachteil, zur Miete zu wohnen.

Wenn Sie mich so fragen, ob mir das alles manchmal zu viel wird ... Ja, wenn immer wieder das Gleiche auf mich zukommt, dann wird mir das schon mal ein bisschen viel, wenn ich zum Beispiel jeden Morgen mit ihr herumdiskutieren und auch mal etwas lauter werden muss, damit sie aufsteht.

Und dann die Sache mit der Inkontinenz. Ich hatte es schon, dass ich ihr dreimal am Tag die Hose wechseln musste, das ist natürlich ein bisschen stark. Es ist ja so, dass man nicht nur den Menschen als solches wieder in Ordnung bringen muss, sondern es müssen ja auch die Fliesen wieder geschrubbt und desinfiziert werden. Und wenn das Ganze etwas schnell gehen muss, weil wir etwas vorhaben, dann ist man nervlich schon ein bisschen fertig und etwas aufgebracht. Wenn man verabredet ist und gerade wegwill, und es passiert so ein Unglück, dann lässt man sich schnell in Hektik bringen.

Mir ist es, komischerweise gerade in der letzten Zeit, ein paarmal passiert, dass sie plötzlich sagte: »Ich muss zur Toilette«, wenn wir irgendwohin wollten oder sogar einen Arzttermin hatten, und dann zog ich ihr die Hosen runter – und es war schon passiert. Da hat sie überhaupt kein Empfinden mehr. Wenn sie eine Darmentleerung hat, dann bin ich zwar aufgebracht, weil es schon wieder passiert; aber dadurch, dass ich sie ja sauber machen und in Ordnung bringen muss und ihr frische Hosen anziehe, ist es ein Arbeitsvorgang, der mich beschäftigt und der mich das erdulden lässt. Durch die Arbeit, die zu tun ist, werde ich abgelenkt. Ich kann es ja nicht so lassen, und es kommt ja auch niemand, der mir das abnimmt. Dadurch fällt es mir auch nicht schwer, und es vergeht auch wieder.

Ja, sicher bin ich manchmal genervt, und es ist mir zu viel, wenn sie immer wieder das Gleiche bringt. Aber ich mache mir klar, dass ich ihr Mann bin, dass sie fünfzig Jahre mit mir zusammen ist und dass ich Christ bin, so sehe ich das auch. Da ist eine Verpflichtung für mich vorhanden: Sie lebt, und weil sie lebt, muss ich für sie sorgen, dafür, dass sie die Tage übersteht, dass sie alles, was sie erlebt, eben gut verkraftet. Ich kann das alles durchstehen, weil ich weiß, dass man vom lieben Gott beschützt wird und diesen Schutz weitergeben muss.

Trotzdem, ich muss sagen, ich habe mir schon manchmal gewünscht, dass meine Frau stirbt. Zwar nicht sehr intensiv – ich habe sofort zurückgeschaltet und gedacht: »Dann bist du ganz allein.« Aber gedacht habe ich das schon manchmal, vor allem dann, wenn sie einem sehr, sehr auf den Nerv geht, wenn sie eben Dinge zwei- oder dreimal tut.

Die Veränderungen meiner Frau ... ja, ich habe das alles so hingenommen. Anfangs habe ich auch etwas über Alzheimer gelesen und festgestellt, dass mir das zufällt und dass ich Verständnis dafür habe. Heute komme ich gar nicht mehr dazu, mich mit der Krankheit auseinander zu setzen. Ich habe auch kein Bedürfnis, in irgendeine Gesprächsgruppe zu gehen. Ich muss immer wieder die Zeit vorschieben, die ich für die Pflege meiner Frau brauche. Ich finde ganz einfach keine Zeit, weil es von einer Arbeit in die andere geht.

Dass ich mal so richtig frei bin, von allem Organisatorischen und entlastet von aller Hausarbeit, ich weiß nicht, wann ich das mal war. Ich komme ganz einfach nicht dazu, mich freizumachen, und wenn ich frei bin, dann lege ich mich lieber mal eine Viertelstunde hin und entlaste mich auf diese Art und Weise, anstatt zu so einer Gruppe zu gehen.

Ich muss eines sagen: Als Außendienstmitarbeiter eines großen Unternehmens ist es so, dass man sehr auf sich selbst gestellt ist, und diese Selbstständigkeit ist in mir gewachsen. Ich glaube, dass die mir immer wieder hilft, auf die Beine zu kommen und positive Gedanken zu fassen.

Wenn ich nach draußen in den Außendienst gegangen bin, dann hieß es nicht: »Du fährst mal hierhin oder mal dahin, sondern sieh zu, dass du etwas umsetzt! Dafür bekommst du Geld.« Da zählen eben nur Zahlen! Und das hat einen so selbstständig gemacht, dass man gar nicht danach fragt, wer einen unterstützen könnte.

Es hilft alles mit. Es hilft auch mit, dass ich während des Krieges zwei Jahre in Italien war. Dort habe ich einen Rote-Kreuz-Wagen gefahren und viel Leid gesehen. Das hat mich in die Lage versetzt, zu lernen, was man tun muss, um so einen Posten vollständig zu erledigen und das Beste daraus zu machen.

Die Sorge, dass ich selbst die Krankheit bekommen könnte, habe ich eigentlich nicht. Es würde mich auch überhaupt nicht erschrecken, wenn ich demenzkrank würde. Vielleicht weil ich Löwe bin, vom Sternzeichen her. Darin liegt schon eine gewisse Selbstständigkeit, eine gewisse Härte auch. Ich war immer hart gegen mich selbst und hatte nie Angst um mich. Ich habe immer gesagt, entweder du überstehst das alles oder du überstehst es nicht.

Ich hatte auch noch nie Angst vor dem Tod, nicht nur weil ich Christ bin. Ich kann über den Tod ohne weiteres reden. Vielleicht würde ich ein paar Tränen weinen – um mich –, aber ich würde nicht zetern oder darüber schimpfen, dass es mir schlecht geht. Ich würde mir sagen, jetzt hast du so lange gelebt und nun geht es eben zur Neige – und würde das hinnehmen. Irgendwann hat man ja auch keine Ansprüche mehr.

Ja, ich habe mir schon vorgestellt, dass wir uns, wenn ich mal in Rente bin, zusammen ein paar schöne Jahre machen. Das Ziel ist doch, nicht mehr so viel Verantwortung zu haben, wenn man aus dem Beruf ausgeschieden ist. Man möchte sorglos leben und sich der Tage, die man zusammenlebt, erfreuen. Aber das ist heute eben nicht mehr möglich!

Meine Frau kann mich ja auch nicht mehr unterstützen in Sachen, die ich durchsetzen möchte. Bedauerlicherweise! Stattdessen muss ich sie unterstützen. Und da frage ich mich immer wieder: »Ja, ist es denn richtig, wie ich für sie entscheide?« Sie will ja gar nichts, letzten Endes. Aber sie spricht ja auch nicht, also muss ich doch in ihrem Sinne für sie sprechen und handeln. Ob man das richtig macht oder nicht, das weiß man nicht, weil ja von ihr gar keine Reaktion kommt.

Meine Frau ist sehr antriebsarm. Sie ist nicht mehr aus ihrer Passivität herauszuholen. Nein, da ist nichts mehr zu aktivieren. Sie sagt zwar manchmal, sie möchte mal hier- oder dorthin fahren, aber diese Wünsche und Vorschläge haben ja nicht Hand und Fuß. Sie sagt dann Namen von Menschen, die gar nicht mehr hier sind, möchte zu ihrer Mutter oder zu ihrem Vater.

An ihre Schwester erinnert sie sich oft. Die lebt ja nicht mehr. Aber das hat meine Frau noch gar nicht mitbekommen. Sie fragt häufig: »Fahren wir nächste Woche mal zu Annelies?« Das bringt sie! Ich sage dann: »Die lebt seit vier Jahren nicht mehr.« Das weiß sie aber nicht. Komischerweise spricht sie kaum noch von ihrem Bruder.

Das Merkwürdige, was ich immer wieder erlebe, ist, dass sie mich anspricht, als wenn ich ihr Vater sei. Manchmal, wenn wir im Auto sitzen, sagt sie zu mir: »Wir fahren doch jetzt zum Ferdinand.« Dann denkt sie, ich sei ihr Vater. Wenn ich sie darauf aufmerksam mache, will sie nichts davon wissen. Sehr oft hat sie ihren Vater im Sinn. Manchmal spricht sie auch von ihrer Mutter. Aber verwechseln tut sie das Männliche. Meistens finden diese Verwechslungen statt, wenn wir zusammen Auto fahren. Zu Hause frage ich sie später manchmal: »Und wer bin ich denn dann?« Sie geht aber nicht näher darauf ein, und wenn ich sie dreimal frage, sagt sie gar nichts mehr. Richtig antworten kann sie also nicht.

In solchen Situationen hat sie eine ganz bestimmte Mimik. Das ist so eine Art Lächeln, so eine gewisse Verunsicherung.

Dass sie mich für ihren Vater hält, das ist für mich zwar merkwürdig, aber nicht kränkend. Wohl deshalb nicht, weil ich gut mit ihm auskam und weil ich ihn akzeptiert habe, so wie er war. Er war ein sehr gutmütiger, fröhlicher Mensch und hat einem nie etwas Böses angetan.

Freuden, also richtige Freuden, die ich mit meiner Frau habe, da fällt mir überhaupt nichts ein. Aber einiges ist schon komisch.

Es gibt so Begebenheiten, da fragt man sich, woher kommt das? Weil sie ja nicht spricht, kann sie ja auch nichts erläutern. Wenn ich überlege, was sie so tut, wie sie sich äußert, dann muss ich feststellen, dass sie alles stillschweigend tut.
Zu Hause ziehe ich ihr immer etwas Bestimmtes an, damit sie leichter aus der Hose kommt, einen bequemen Hausanzug, der leicht aufzuknöpfen ist. Und das mag sie gar nicht. Das zeigt sie mir! Sie sagt es nicht, aber sie zeigt es!
Sobald ich anfange Fenster zu putzen oder zu spülen oder in die Garage gehe, also außerhalb ihrer Sichtweite bin, zieht sie den aus und zieht einen Pullover und einen Rock an. Und das macht sie jeden Tag. Heute Morgen auch, ich hatte ihr den Anzug angezogen und gesagt: »So, jetzt bleibst du erst einmal so, damit deine guten Sachen nicht gleich wieder bekleckert sind«, und dann ging ich zur Garage. Als ich wieder in die Wohnung kam, hatte sie wieder Rock und Pullover an! Jetzt habe ich es schon fast aufgegeben! Heute habe ich gedacht: »Sie mag ja so gern Rock und Pullover anziehen, dann soll sie das doch tun.«
Pullover hat sie genug, aber Röcke nicht. Sie mochte immer so gern enge Röcke, schwarz und mit ein oder zwei Schlitzen. Die können Sie heute gar nicht mehr kaufen, die gibt es gar nicht mehr. Ich bin schon immer da hinterher, wenn ich mal in einem Kaufhaus bin. Ich weiß gar nicht, was ich machen soll, wenn ihre mal verschlissen sind. Sie will ja immer nur das anziehen, was sie kennt, und sie hat noch nie im Leben eine Hose getragen.
Komisch ist auch, dass sie sich sehr darüber freut, wenn eine Frau zu ihr kommt und mit ihr spricht. Dann lacht sie auch mal. Da lacht sie und greift nach deren Hand! Sie hat ja keine Angst vor fremden Menschen, überhaupt nicht, sie greift eher zu. Dass sie andere Menschen immer anfassen will, das könnte für manche vielleicht etwas unangenehm sein. Aber sie braucht das, glaube ich.

Meine Frau ist eine liebe Patientin. Aber wer hat denn schon Zeit, ihr die Hände zu streicheln? Selbst gegen Bezahlung ist es ja schwierig, jemanden zu finden. Wenn sie eine Schwester hätte, die jeden Tag zu ihr kommen würde, das wäre schön für sie, glaube ich. Frauen in dem Alter, in dem meine Frau ist, die haben's ja mit Männern gar nicht mehr so, mit Schmusen und so etwas. Die tun sich ja oft zusammen. Darum glaube ich auch, dass die älteren Frauen ein bisschen aufleben würden, wenn sie in einen Frauenkreis kommen. Ich glaube, dass meine Frau dann auch aufleben würde.

Der Pflegedienst hier am Ort ist ja jetzt dabei, ein Alzheimer-Café zu organisieren, in dem sich einmal im Monat Demenzkranke und deren Angehörige treffen können. Die Angehörigen sollen so die Möglichkeit bekommen, sich auszusprechen und Probleme auszutauschen, und die Kranken sollen in einem anderen Raum zusammen singen, Kaffee trinken oder so etwas. Einige der Kranken werden sich da bestimmt zusammenschließen und fröhlich sein. Das könnte ich mir schon vorstellen. Dazu könnte auch meine Frau gehören. Ich werde auf jeden Fall mal mit ihr dahin gehen.

Wenn ich jetzt nicht aufpasse, dann lebe ich nicht mehr mein Leben, sondern ihr Leben

Ulrike Storm (41): Meine Mutter (79) ist seit einigen Monaten demenzkrank

Ulrike Storm hat eine Ausbildung als Übersetzerin, arbeitet zurzeit aber als Verwaltungsangestellte. Sie lebt allein, im Zentrum von Bremen. Ihre Mutter wohnte bis vor einem Monat in Lübeck im betreuten Wohnen. In Absprache mit ihrer Tochter zog sie in deren Nähe und lebt in Bremen wieder in der gleichen Wohnform, nur zwei Kilometer von der Wohnung ihrer Tochter entfernt. Ulrike Storm hat keine Geschwister.

Es ist schwierig, zu sagen, wann ich die ersten Anzeichen bemerkt habe, weil das ganz schleichend ging. Und dadurch, dass meine Mutter erst noch in Lübeck wohnte, also fast 250 Kilometer von Bremen entfernt, habe ich das erst gar nicht so wahrgenommen. Ich habe sie auch nur in zwei- bis dreimonatigen Abständen besucht.

Hellhörig wurde ich, als sie mir am Telefon in panikartigen Ausbrüchen berichtete, dass ihre Schwester immer zu ihr in die Wohnung kommt, Sachen durcheinander bringt, Dinge aus ihren Schränken nimmt und sie dann an eine andere Stelle legt. Zum Teil konnte oder wollte ich das glauben, denn dieser Schwester von ihr, der war das auf Grund der Familienvorgeschichte durchaus zuzutrauen. Aber nach wiederholten Anschuldigungen kam mir das dann doch zu spanisch vor.

Die Vorwürfe steigerten sich noch, indem sie ihre Schwester beschuldigte, Schlüssel von ihrer Wohnung nachmachen zu lassen, nicht nur von der Wohnungstür, sondern auch von den Zimmer- und den Schranktüren. So dass meine Mutter immer alle Schlüssel abzog und auch ihre Geldkassette einpackte, wenn sie das Haus verließ. Ja, das hat sie dann als Standardausrüstung mit zum Einkaufen genommen. Sie hat also einen enormen Aufwand betrieben und das alles mit sich herumgetragen.

Später teilte meine Mutter mir am Telefon mit, dass da auch ein Nachbar sei, der sie immer beobachte, der genau wisse, wann sie zum Postkasten gehe, um sich ihre Post rauszuholen, die ja auch immer weggenommen werde. Also, das rückte für sie immer näher. Ihre Ängste wurden immer intensiver. Sie hat dann darauf geachtet, wann der Briefträger seine Runde macht, und hat sich um halb zehn an die Pforte gestellt, damit sie ihre Post auch wirklich bekommt.

Ich war in der Situation total hilflos. Manchmal dachte ich, es gibt ja hin und wieder so merkwürdige Dinge. Ich wollte ihr ja nicht unrecht tun und versuchte, das zum Teil zu glauben, wusste aber irgendwo, das ist fern jeder Wahrscheinlichkeit. Und diesen Spagat hinzukriegen, und das auf die Entfernung, das war für mich eine sehr schwierige Situation.

Ich habe sie dann am Telefon gefragt, wo und wie sie in Zukunft gern leben möchte. In dem Gespräch sagte sie noch nichts dazu, aber im nächsten Telefonat äußerte sie dann, dass sie gern bei mir in der Nähe wohnen würde. Es war schon so, dass sie wirklich von Herzen sagte: »Ja, ich habe Angst vor dem Sterben, und ich möchte am liebsten in deiner Nähe sein.« Daraufhin habe ich hier in Bremen eine Einrichtung gesucht, die betreutes Wohnen anbietet. In Lübeck hat meine Mutter auch schon in dieser Wohnform gelebt. Sie hat jetzt eine 40 m^2 große Wohnung und kann, wenn sie möchte, alles selbst machen, sie kann ihre schmutzige Wäsche aber auch abgeben oder ihren Einkauf machen lassen. Das nimmt sie momentan noch nicht oft in Anspruch, und das finde ich auch ganz gut, dass sie das lieber selbst machen will, dass sie selbstständig bleiben möchte und die Anstrengungen dafür in Kauf nimmt.

Seitdem sie hier in Bremen lebt, ist es natürlich leichter für mich, genauer hinzuschauen, was wirklich ist, und nachzufragen, mit jemandem direkt zu sprechen. Die Möglichkeit besteht jetzt ganz einfach. Das fand ich vorher sehr schlimm, dass das nicht ging.

Jetzt, nachdem meine Mutter seit gut einem Monat in ihrer neuen Wohnung wohnt, brechen auch wieder Menschen bei ihr ein. Und dann kommen diese pathetischen Erklärungen: »Um Gottes willen. Es ist schon wieder etwas Furchtbares passiert! Meine Handtasche ist weg. Man hat sie mir gestohlen. Ja, bei mir ist eingebrochen worden. Ich glaube, ich bin hier fehl in diesem Hause. Meine ganzen Papiere sind weg. Ich glaube, ich ziehe wieder zurück nach Lübeck.« Wenn ich sie dann darauf hinweise, dass sie vielleicht selbst etwas verlegt hat und das sicherlich wiederfindet, sagt sie, je nach Verfassung: »Ja, du glaubst mir auch nicht.« Das ist häufig der Fall, dass sie sich dann falsch gesehen fühlt und in Tränen ausbricht, oder eben: »Ich bin doch noch nicht tüdelig, was glaubst du eigentlich?« Sie ist felsenfest davon überzeugt, dass ihre Wahrnehmung absolut richtig ist, und weist alles andere strikt von sich.

Oft ist es auch so, dass sie mich anruft, das alles in Panik hervorbringt und dann den Hörer aufknallt, also die Verbindung abbricht. Ich rufe dann zurück. Wenn sie mich in der Firma anruft, mache ich es so, dass ich ihr anbiete, in der Mittagspause zu ihr zu kommen, um gemeinsam mit ihr zu suchen. Aber sie spricht dann nur in weinerlichem Ton und ich erreiche sie gar nicht. Sie knallt immer wieder nur den Hörer auf. Solche Situationen finde ich ganz schlimm. Diese Panik in ihrer Stimme. Und man kommt nicht bei ihr an. Vom Impuls her möchte ich dann am liebsten aufspringen, zu ihr fahren und ihr helfen, also die Handtasche oder was sonst gerade weg ist, suchen. Es ist für mich sehr schwierig, mich in solchen Momenten wieder auf mich zu beziehen und mir zu sagen: »Nein, das bringt jetzt nichts. Das geht zu weit für mich.« Denn eigentlich will man ja helfen.

Das könnte man aber rund um die Uhr tun, nur, das ist natürlich unrealistisch, weil man dann sein eigenes Leben völlig aufgeben würde. Ich denke gerade, dass es immer eine Balance ist, eine Gratwanderung, Kompromisse zu finden, mit denen sie und ich leben können.

Meine Mutter hat viele Jahre im Büro gearbeitet in einem großen Werk und hat die Gehälter für die 500 Angestellten berechnet, damals noch mit Barzahlung und Lohntüte. Da war sie ganz fit, was Büro anbelangt. Und heute weiß sie manchmal nicht mehr,

was eine Durchschrift oder was ein Überweisungsformular ist. Da fragt sie dann nach: »Also, was hier hinten an der Rechnung hängt, ist das nun das Original oder ist das eine Kopie? Muss ich das nun noch einzahlen oder nicht?« Und sie fragt mich auch: »Wo hast du das eingezahlt und woher hast du denn das Geld dafür genommen?« So dass ich ihr quasi erzählen muss, wie das mit den Überweisungen funktioniert. Das sind ja für uns, die wir nicht verwirrt sind, ganz normale Abläufe des alltäglichen Lebens. Die sind ihr ab und zu fremd, zwar noch nicht durchgängig, aber ich merke schon, dass sich das anbahnt.

Die Veränderung meiner Mutter hat bei mir starke Irritationen ausgelöst. Die eigene Mutter, die ja dieselbe Person ist wie vorher, schaut einen durchaus klar an, aber was sie sagt, ist etwas ganz anderes, eben überhaupt nicht klar. Zwischendurch kommen ja auch ganz vernünftige Fragen.

Was mir sehr zu schaffen macht, ist der Wechsel zwischen klaren und verwirrten Phasen. Man kann nicht immer einschätzen, wann und wodurch der Wechsel stattfindet. Das kann man auch nicht sehen. Das wechselt einfach so. Es gibt da keine oder nur wenig Hinweise darauf. Wenn sie eine klare Phase hat und man erklärt etwas relativ umständlich, dann sagt sie: »Also, was du immer redest. Ich bin doch nicht doof! Also, natürlich weiß ich das! Wofür hältst du mich eigentlich?« Und in anderen Situationen fragt sie die gleiche Frage immer wieder, auch wenn sie die schon dreimal innerhalb von zehn Minuten gestellt hat und man selbst sich fragt: »Spreche ich chinesisch?« Es ist schwer, sich immer umzustellen. Da fühle ich mich schon manchmal überfordert.

Wenn sie später vielleicht mal durchgängig dement ist, ist es sicher einfacher, weil dann die starken Schwankungen zwischen klaren Phasen und dieser irrealen Welt nicht mehr so stark sind. Im jetzigen Stadium habe ich das Gefühl, ich muss ständig geistig präsent sein, um mitzubekommen, wann wieder ein Wechsel stattfindet.

Abends kriegt sie immer noch einmal so eine aktive Phase, in der sie dann in ihren Schränken herumwühlt, Papierkram durchsucht und mich zu Hause anruft oder auf meinen Anrufbeantworter spricht. Sie möchte dann noch einmal dieselben Sachen geklärt haben, die schon längst geklärt sind. Da kommt dann noch einmal so ein Aktivitätsschub, der auch ganz viel Nachdenken beinhaltet. Da geht es dann nicht nur um Papierkram, sondern auch um andere Dinge, die so anliegen. Was vorher klar besprochen wurde, kommt ihr anscheinend wieder in den Sinn und ist überhaupt nicht mehr klar. Sie stellt dann irgendwelche Mutmaßungen an. Das ist schon frappierend für mich.

Wir haben zum Beispiel besprochen, dass sie eine Theaterkarte bekommt und wann der Termin ist. Dann ruft sie an und fragt, wie sie das denn machen soll. Und was ist, wenn das und das ist. Ja, und wann war das, und warum? In so einer Situation muss sie noch einmal vieles dazu hören, und ich weiß eigentlich auch gar nicht so richtig, worum es ihr wirklich geht. Das ist nicht immer klar. Das ist so eine allgemeine Unsicherheit.

Tagsüber, während ich auf der Arbeit bin, oder abends, wenn ich mich mit Freunden treffe, ruft sie oft fünf-, sechsmal hintereinander bei mir zu Hause an und spricht auf den Anrufbeantworter. Sie kriegt das dann nicht mit, dass ich nicht zu Hause bin, dass ich den Anrufbeantworter also nicht hören kann.

Die Anrufe steigern sich in ihrer Dramatik von Mal zu Mal, und je später der Abend wird, desto wirrer werden natürlich die Inhalte. Und diese Stimme dann zu hören auf dem Band, das finde ich immer ganz schrecklich. Wenn sie zum Schluss in den höchsten Tönen kreischt, das ist natürlich traurig und schrecklich und bestürzend zu hören. Und es ist auch fürchterlich, dieses Leid mitzubekommen, das da in ihr passiert. In dem Moment ist gerade alles zusammengebrochen in ihr – ist ja egal, ob das nun real oder nicht real ist. Für sie ist es einfach so.

Und da ist bei mir natürlich auch eine gewisse Hilflosigkeit, denn da kann man halt nichts machen. Gut, medikamentös vielleicht, in Richtung Ruhigstellung.

Hin und wieder gelingt es mir, mich abzugrenzen. Wenn ich merke, dass da wieder eine Steigerung ist, von Anruf zu Anruf, dann höre ich mir das gar nicht mehr ganz bis zu Ende an, weil ich dann schon weiß, wie der Rest des Textes ungefähr sein wird. Ja, dann halte ich einen Moment inne, und je nachdem, wie spät es dann ist, rufe ich sie noch an oder auch nicht. Wenn ich mein Band früh am Abend abhöre, rufe ich zurück, weil ich denke, bevor das ganz eskaliert, melde ich mich lieber. Aber wenn ich spät nach Hause komme, entscheide ich, das kann ich mir heute Abend oder heute Nacht nicht mehr antun. Das stehe ich nicht mehr durch. Ich werde meiner Mutter nicht einmal ansatzweise gerecht, weil ich nicht ruhig bleiben kann.

So dass ich dann denke: Ich rufe da morgen an, jetzt schläft sie wahrscheinlich eh schon, und die Ängste kann ich ihr im Grunde auch nicht nehmen.
Nein, da kann ich mich nicht so hineinbegeben. Das ist ihre Sache. Und auch wenn ich das wirklich traurig finde, will ich an so einem Abend nicht direkt darauf einsteigen. Mir reicht es dann, dass ich das Leid aufgenommen habe durch ihre Anrufe. Es ist schon mal gut, dass ich weiß, dass irgendwie ein großes Thema anliegt oder eine Panik und dass ich am nächsten Tag zurückrufen und ihr sagen kann: »Guck mal, ich komme heute Abend vorbei.«
So eine Panikattacke, in der sie mich ganz aufgelöst anruft, kann jederzeit auftreten. Ich bin davor nie sicher! Es kann ja jederzeit ein Anruf kommen, oder wenn ich nach Hause komme, kann der Anrufbeantworter besprochen sein, und dann muss ich mir überlegen, ob ich sie nun anrufe oder nicht. Oder ich muss entscheiden, ob ich einen privaten Termin absage. Ich kann es ja nicht abstellen. Ich kann ja nicht sagen, jetzt will ich mal zwei Tage nichts von meiner Mutter hören.
Bis elf oder halb zwölf ruft sie noch an. Dann geht sie wohl ins Bett. Am nächsten Tag sagt sie dann, und das glaube ich ihr auch, dass sie nachts geweint, im Bett herumgewühlt und schlecht geschlafen hat. Sie ist dann auch völlig fertig. Aber einen Tag später ist es manchmal schon nicht mehr so brisant. Sie weiß dann nur, dass sie etwas sehr ärgert, sie weiß auch das Thema, und sie ist meistens sehr, sehr schlecht gelaunt, aber nicht mehr in Panik. Dann ist es für mich natürlich einfacher, darauf einzugehen.
Ja, und diese »Launen-Schwankungen«, sage ich mal dazu, die machen mir sehr zu schaffen. Ihre Stimmung geht häufig von euphorisch bis zu Tode betrübt, und das innerhalb von zwanzig Minuten. Das ist schon sehr irritierend und macht mir natürlich auch Angst. Und da weiß ich nicht immer, wie ich damit umge-

hen soll. Gefühlsschwankungen hatte sie früher auch schon, aber die haben sich jetzt erheblich verstärkt. Wenn ich zurückschaue, war es schon immer so, dass sie schnell von sehr guter Laune in eine schlechte Stimmung fiel.

Unter ihren pathetischen Erklärungen leide ich sehr, wenn sie zum Beispiel sagt: »Ich muss mal unbedingt mir dir sprechen, weil – ich glaube, ich muss sterben.« Dieses Drama, was sich da abspielt! Drama ist immer ein Teil ihres Lebens gewesen, aber das ist jetzt noch intensiver. Mir scheint, es ist auch ausgeprägter verteilt: Ich bekomme das Drama ab und die anderen Menschen ihre Spritzigkeit, ihren Humor.

Ich habe sowieso das Gefühl, ich bin immer diejenige, die die Pappnase aufhat, ich bin diejenige, die immer nur alles falsch machen kann. Das Interessante ist, dass meine Mutter anderen Menschen gegenüber den Rest von Dominanz, Witz und Humor hervorkramt, all diese Dinge, die sie im Leben so erworben hat. Und ich kriege immer den großen Eimer hingestellt, in den ihr Müll hineinkommt.

Manchmal kann ich das so hinnehmen, bin ganz geduldig und kann mir sagen: »Ach, nun ist das wieder.« Das ist aber total unterschiedlich. Oft denke ich: »Mensch, das ist ja unfair!« Das macht mich schon häufig wütend. Manchmal könnte ich sie nehmen und schütteln, ich könnte ausrasten! In so einer Situation ist der beste Weg für mich, mir zu sagen: »Moment mal, ich raste jetzt gerade aus. Eigentlich will ich mich nicht so verhalten. Aber ich bin wütend.« Und dann komme ich zu meinen Gefühlen und kann die ausdrücken, indem ich sage: »Also, das macht mich jetzt total wütend.« Na, im Großen und Ganzen führe ich das als Selbstgespräch, um mir selbst zu helfen. Aber ich hoffe natürlich auch, dass es bei ihr ankommt. Meistens ist das sogar der Fall, denn auf Gefühle reagiert man ja.

Auch ihre Unsicherheiten, die früher schon da waren, sind jetzt verstärkt. Zum Beispiel sagt sie ganz oft, dass sie Angst um mich hat. Wenn ich bei ihr bin und sie beim Verabschieden kurz in den Arm nehmen will, ist es oft so, dass sie mich immer inniger drückt, Tränen in die Augen bekommt und sagt: »Ich habe solche Angst um dich.« Ich bin dann schon sehr bestürzt, weil ich natürlich mitbekomme, welche Ängste in ihr toben. Das ist so etwas Mystisches oder Unerklärliches.

Ich bin erschüttert, dass es jemandem so gehen kann und dass das alles aber nichts mit Realität zu tun hat. Das ist für mich wie ein Science-Fiction-Film, der sich da abspult – und ich selbst bin da teilweise mittendrin! Das macht mir heftige Schwierigkeiten, so dass ich es schon manchmal komisch finde, wenn ich am nächsten Morgen an meine Arbeitsstelle komme und dort ganz normale Leute vorfinde.

Ich muss mich abgrenzen, weil ich sonst eines Tages diejenige bin, die sagt: »Ich kann nicht mehr!« Aber das Abgrenzen fällt mir sehr schwer, wenn ich meine Mutter so leiden sehe und dann sagen muss: »Mach mal, ist dein Ding.« Bei bestimmten Sachen muss ich aber »Halt« sagen, sonst schwappt das über.

Ich hatte schon oft das Gefühl, wenn ich jetzt nicht aufpasse, dann lebe ich nicht mehr mein Leben, sondern ihr Leben. Das Leid meiner Mutter greift sehr in mein Leben ein. Das macht mich oft fertig. Momentan kann ich auch nicht so viele private Verabredungen treffen, weil ich mich mit dieser Situation erst anfreunden muss. Ich muss einen Weg finden, wie ich am besten damit umgehen kann, um mich dann abzugrenzen. Also, ich bin momentan dabei, das für mich zu entwickeln, Strukturen zu erstellen. Ich denke zum Beispiel, dass ich ihr aufschreiben werde, wie das mit dem Telefonieren zu sein hat – so ganz strikt! –, und ihr den Zettel dann gut sichtbar in ihre Wohnung hänge.

Das ist ja auch so eine merkwürdige Sache, der eigenen Mutter zu sagen, wo es langgeht, so diese umgekehrte Rollenverteilung zu haben. Ich habe das Gefühl, sie ist jetzt das Kleinkind und ich bin die autoritäre Mama, die ihr sagt, was sie zu tun hat. Ja, ich müsste im Grunde wahrscheinlich immer ziemlich rigoros sein, aber das fällt mir momentan noch schwer. Mit dem Rollenwechsel komme ich zurzeit noch nicht besonders gut klar, denn irgendwie ist sie ja meine Mutter, die ich auch mag, und dann so mit ihr umgehen zu müssen, das ist schon heftig.

Ich will auch in eine Selbsthilfegruppe für Angehörige von Demenzkranken gehen. Es ist sicher ein gutes Gefühl, in regelmäßigen Abständen auf andere zu treffen, die in ähnlichen Situationen sind, sich da austauschen zu dürfen.

Ich bin schon manchmal unsicher, wieweit ich meine Freunde damit belasten kann. Ich hake zwar nach und vergewissere mich immer wieder, ob sie das Thema noch hören können, und ich glaube ihnen auch, wenn sie sagen, dass ich gern darüber sprechen darf. Nur, ich will meine Freunde nicht überstrapazieren. Es ist schon sehr hilfreich, darüber zu sprechen, das ist natürlich eine gute Unterstützung. Reden, das ist ganz wichtig! Also, allein könnte ich das nicht. Wenn ich das keinem sagen könnte, das würde nicht gehen. Natürlich müsste das gehen – aber das wäre unheimlich schwer. Das wäre eine ganz große Belastung.

Also, darüber sprechen, das ist eigentlich die Hilfe.

Mein großer starker Papa – und jetzt dieses Häufchen Mensch

Ulla B. (51): Mein Vater (87) ist seit drei Jahren demenzkrank

Ulla B. ist geschieden und hat einen erwachsenen Sohn. Sie lebt allein in der Nähe von Bremen und arbeitet als Behindertenpädagogin an einer Schule mit lernbehinderten Kindern. Vor drei Jahren hatte ihr Vater einen Schlaganfall, der eine Demenz auslöste. Mit Unterstützung seiner Töchter konnte er das erste Jahr nach dem Schlaganfall noch allein in seiner Wohnung leben, etwa 15 Kilometer von Ulla entfernt.
Ulla hat eine Schwester, die mit dem Vater in einem Haus wohnte. Als der Vater vor zwei Jahren akut krank wurde, beantragte Ulla zunächst eine Kurzzeitpflege, die dann aber in eine Dauerpflege überging. Das Pflegeheim, in dem ihr Vater seitdem lebt, liegt in der Nähe ihrer Wohnung. Selbstverständliche und zuverlässige Unterstützung in der Pflege und Begleitung ihres Vaters erfährt Ulla durch ihren Sohn.

Vor drei Jahren hatte mein Vater einen Schlaganfall, als er 84 Jahre alt war. Bis dahin ist er noch Auto gefahren, ist in die Sauna gegangen, war im Kegelclub, ist schwimmen gegangen, tanzen gegangen.
Er war immer schon dickköpfig, aber nach dem Schlaganfall kam das noch stärker durch. Krankengymnastik, Ergotherapie, Sprachtherapie – wollte er nicht! Er hat alles abgelehnt: »Ich kann das alles alleine.« Da war er total hitzig! Als er aus dem Krankenhaus kam, hatte ich alle möglichen Hilfen organisiert, einen Zivi, der kommen sollte, eine Krankengymnastin und so weiter. Die hat er dann nach und nach alle rausgeekelt. Was er man gerade noch so zugelassen hat, war, dass alle vier Wochen ein Arzt kam.

Er hat sich dann in der Tat wieder so weit hochgerappelt, dass er sich allein behelfen konnte, bzw. meine Schwester hat ihn unterstützt. Er wohnte in einem Haus mit meiner Schwester. Sie ist aber voll berufstätig, geht morgens um neun Uhr aus dem Haus und kommt abends häufig erst um sechs zurück, manchmal sogar noch wesentlich später. Meine Schwester ist eine Frau, die von Pflege nichts versteht und auch nichts verstehen will. Sie hat also eingekauft, die Wäsche gemacht und er bekam Essen auf Rädern. Ich bin in der Zeit einmal wöchentlich zu ihm gefahren, um die Sachen zu machen, die er allein nicht konnte. Es war so ein schleichender Prozess, dass er nicht mehr so gut für sich sorgen konnte. Im Sommer vor zwei Jahren habe ich festgestellt, dass er nicht mehr regelmäßig gegessen hat, dass da immer mehr im Kühlschrank stand.

In dieser Zeit hat er auch so einige Ticks ausgebildet. Ich denke schon, dass er zum Teil selbst registriert hat, dass etwas verändert ist. Er ist zum Beispiel oft zu Fuß zur Sparkasse gegangen und hat sich Geld geholt. Die letzte Zeit hatte er ganz wenig ausgegeben und sehr viel gespart. Es ging ihm wohl nur darum, das Geld irgendwie zu haben, das muss so ein Bedürfnis gewesen sein. Auf der Sparkasse wird irgendetwas vorgekommen sein, so dass die ihm kein Geld mehr gegeben haben. Er kam da wohl häufig an und wollte immer fünfhundert Euro haben. Eigentlich hätten sie ihm das Geld ja geben müssen, er wollte es ja von seinem Konto. Aber die werden auch etwas gespürt haben.

Er hat sich auch häufiger verlaufen, so dass er gar nicht wieder nach Hause fand. Wir haben dann oft darüber gesprochen und irgendwann hat er akzeptiert, dass er das Haus immer in Sicht behält, wenn er rausgeht. Das hat auch geklappt, das muss er also noch mit sich klar bekommen haben.

Im Herbst vor zwei Jahren habe ich dann Hauskrankenpflege

eingerichtet, erst einmal wöchentlich, aber das wurde dann recht schnell ausgeweitet auf zweimal pro Woche.
Wenn ich zu ihm kam, merkte ich auch, dass er immer mehr Probleme hatte, seinen Urin zu halten. Manchmal hatte er selbst Hosen ausgewaschen.
Dann wurde er vor Weihnachten akut krank, er hatte Wasser im Bein, so dass er gar nicht mehr aufstehen konnte. Wir mussten ihn dann wickeln. Da das mit der Pflege nicht so spontan umzustellen ging, haben mein Sohn und ich das gemacht. Weil ich gerade krankgeschrieben war, ging das.
Es ist mir kein Problem, meinen Vater körperlich zu pflegen. Als er so krank war und auch als er aus dem Krankenhaus kam, habe ich das immer gemacht. Einmal war ich auch gemeinsam mit meiner Freundin bei ihm, um ihn mit ihrer Hilfe zu baden. Ich bin Behindertenpädagogin und habe eine Zeit lang mit fast erwachsenen geistig behinderten Menschen gearbeitet. Da war ja auch Körperpflege angesagt. Und außerdem hatte ich das Gefühl, dass es auch für meinen Vater kein Problem war, von mir gepflegt zu werden. Also, er konnte es zulassen. Es hätte ja auch sein können, dass er sich ganz doll schämt. Aber im Gegenteil. Nach dem Schlaganfall konnte er sich ja zum Beispiel die Nägel nicht mehr selbst schneiden. Ich habe ihm dann regelmäßig die Fingernägel gemacht, aber woran ich überhaupt nicht gedacht hatte, waren die Fußnägel. Irgendwann sagte er mal: »Und die Füße?« Wir haben dann alle drei Wochen ein Fußbad angesetzt und so ließ er sich die Füße schön machen. Da hatte er überhaupt keine Hemmungen!
Und mein Sohn hat zum Glück auch keine Schwierigkeiten mit dem Pflegen. Er hat eine Zeit lang in der Hauskrankenpflege gearbeitet und insofern kann er das auch.
Ja, und meine Schwester, die will das eben einfach nicht!

Es war aber eindeutig, dass mein Vater nicht zu Hause bleiben konnte. Es ging ihm auch so schlecht, dass er einsichtig war. Ich habe also eine Kurzzeitpflege in meiner Nähe eingereicht, wobei mir klar war, dass es keine Kurzzeitpflege bleibt, es sei denn, er würde sich noch einmal ganz doll erholen. Ja, und dann ist es eben Langzeitpflege geworden.

Seine Sprache ist sehr schlecht inzwischen und insofern ist es ganz schwierig, mitzubekommen, was er noch aufnimmt und was nicht. Als er noch zu Hause war, habe ich ihn immer noch gut verstanden. Da konnten wir uns noch unterhalten, aber im Heim war das dann vorbei. Es gibt Situationen, in denen er spontan Zwei-Wort-Sätze sagt, die ich dann verstehe. Aber ganz viel verstehe ich nicht.

Ich habe ein ganz offenes und liebevolles Verhältnis zu meinem Vater, wobei es in der Vergangenheit natürlich einige Punkte gab, die nicht mit ihm zu klären waren. Er hatte schon immer einen Dickkopf. Ich habe häufig gesagt, der alte Widder, der alte Ostfriesen-Widder. Er hat keinen Altersstarrsinn, er hat sich vielmehr geweigert, sich Gedanken über seine Zukunft zu machen. Das hat mich schon manchmal sehr erbost.

Auch meine früheren Versuche, mit meiner Schwester und meinem Vater darüber zu sprechen, dass eigentlich mehr Hilfen ins Haus müssten, wurden von beiden abgelehnt, das heißt, meine Schwester hat es nicht direkt abgelehnt, hat sich aber auch nicht dazu geäußert, und mein Vater hat immer alles, was mit Hilfen zusammenhing, abgelehnt. Auch Gespräche darüber, wie es werden soll, wenn er sich nicht mehr allein helfen kann, hat er immer abgeblockt. Er hat häufig eher gedroht: »Da braucht ihr euch nicht drum zu kümmern.« Und ... ja richtig, als er den Schlaganfall hatte, lag ein Revolver unter seinem Kopfkissen.

Nach dem Schlaganfall hat es mich auch so böse gemacht, dass er alle Medikamente abgelehnt hat. Ein Schlaganfall wird ja auch durch Depressionen hervorgerufen. Deswegen sollte er so ein leichtes Antidepressivum zur Aufhellung nehmen und ein bisschen Aspirin zur Durchblutung. Aber das hat er alles abgelehnt. Da bin ich richtig wütend geworden – diese Uneinsichtigkeit! Aber zu dem Zeitpunkt wollte er schon überhaupt nicht mehr – eigentlich. Deshalb war das mit den Medikamenten teilweise auch gegen seinen Willen.

Also, das ist für mich manchmal so eine Frage, warum entsteht Demenz? Der Gedanke kam bei mir manchmal hoch, wenn ich mal wieder damit konfrontiert wurde, dass mein Vater keine Verantwortung mehr übernehmen kann. Und dann wurde ich ihm gegenüber natürlich trotzig, dass ich dachte: »So, du wolltest deine Sachen nicht klären. Du hast sie nicht geklärt, und jetzt tauchst du ab!«

Als er am zweiten oder dritten Tag im Heim war, gab es auch so eine Situation. Es war alles relativ neu, und ich war sehr aufgeregt und natürlich auch stark belastet durch die Zeit vorher. Ich hatte Theaterkarten für uns besorgt, hatte mich schon fein gemacht, war zu ihm gefahren und wir waren noch eine kleine Runde spazieren gegangen. Als wir zurückkamen, merkte ich, er war eingekotet! Irgendwie dachte ich, ich müsste das in Ordnung bringen, so durch die Tage vorher noch, als ich für die Pflege zuständig war. Das lief dann ganz schlecht. Im Bad griff er mit der einen Hand in die Windeln, und dann mit der anderen auch noch. Ich schrie: »Lass die Hand da raus.« Ich war total fertig und dachte: »Nein, das stehst du nicht durch.« Ich habe dann die Schwester gerufen.

Als er später sauber war, hat er fürchterlich rumgemosert. Und ich bin richtig wütend geworden, was bei mir ganz selten der Fall ist. Ich habe ihn dann angeschnauzt: »Du hast die ganze

Zeit keine Verantwortung übernehmen können. Und jetzt bin ich dran. Ich muss es tun. Hör jetzt auf, so rumzumosern.« Das kam so richtig spontan raus. Dann stutzte er. So hatte er mich, glaube ich, nie vorher gesehen oder gehört.

Danach war vieles für mich klarer. Mir hat es gut getan, dass ich meinen Frust mal rauslassen konnte. Und manchmal, wenn ich auf meinem Vater so wütend werde, dann denke ich: »Pass auf, Alter, wenn du nicht spurst, dann lasse ich dich auf dem Deich stehen.«

Meine Eltern haben mich mal als Dreijährige in einer wildfremden Umgebung stehen lassen. Da habe ich wohl unheimlich getrotzt und wollte nicht weitergehen. Sie sind dann weggegangen. Ich konnte sie nicht mehr sehen. Inzwischen weiß ich, das war ihre Hilflosigkeit. Diesen Gedanken, ihn dann stehen zu lassen, kann ich schon fast als Komik nehmen: »Werde bloß nicht aufmüpfig, sonst lass ich dich stehen.«

So geht das bei mir. Es ist schon so, dass ich mich stark fühle und Rachegedanken bekomme, die ich aber ja nicht ernsthaft auslebe.

Es gibt Situationen, da bin ich richtig genervt. Momentan ist es so, dass mein Vater sich nach dem Spazierengehen häufig die Jacke und die Handschuhe nicht ausziehen lassen will. Es ist ja so, wenn ich ihm die Handschuhe nicht ausziehe und sie nicht gleich in den Schrank lege, dann sind sie weg. Und er hat jetzt das dritte Paar! Von wirklich wertvollen Lederhandschuhen ist einer weg. Das zweite Paar ist einfach weg! Und jetzt das dritte Paar. Wenn das auch weg wäre, ich wäre genervt. Ich bin schon genervt, wenn ich im Bett oder sonst wo suchen muss.

Da merke ich dann, ich muss mich zusammenreißen. Loslassen! Also, häufig sage ich einfach: »Dann lass die doch an.« Manchmal versuch ich es mit einem Trick, wie bei kleinen Kindern. Aber in solchen Situationen merke ich schon, da komme ich an meine Grenzen. Ungeduld! Ich bin dann erschöpft und will nach Hause. Bevor ich wütend werde, sehe ich immer zu, dass ich einen Schritt zurückgehe, und sage mir: »Na gut, dann machen das eben die Schwestern.«

Dann kann ich mich noch erinnern, dass ich mich völlig überfordert fühlte, als mein Vater zum Kieferchirurgen musste. Da habe ich gedacht: »Nicht das auch noch!« Ich hatte mit meinem Sohn, als der klein war, so ein Drama beim Zahnarzt. Das kam wieder hoch. Ich setzte meinen Vater mit ihm gleich und dachte: »Oh, wenn der sich da nicht benimmt, sich nicht behandeln lässt, was mache ich dann?« Da würde ich mich hilflos fühlen. Das war mir zu dem Zeitpunkt zu viel. Zum Glück sagte mein Sohn sofort: »Das kann ich doch machen.« Ja, da bin ich ganz dankbar, dass ich diesen Sohn habe, der sich ganz viel kümmert und sehr zuverlässig auch. Das ist sehr entlastend.

Vor Weihnachten gab es eine Situation ... da kamen mein Vater und ich in ein Schneegestöber. Wir hatten uns untergestellt und konnten eine Gruppe geistig behinderter junger Männer beobachten, die auf der gegenüberliegenden Straßenseite stand. Da kam mir so der Gedanke: »Gut, dass ich zurzeit nicht mit geistig behinderten Menschen arbeite.« Das habe ich bis vor einigen Jahren gemacht. Jetzt arbeite ich mit lernbehinderten Schülern und dafür bin ich dankbar. Ich glaube, wenn ich in beiden Bereichen auf die gleiche Weise gefordert wäre, würde ich nachmittags bei meinem Vater noch eher austicken. Es ist gut so, dass das zurzeit nicht so ist, das ist wirklich gut so!

Seit einem guten halben Jahr weint mein Vater sehr viel. Ich habe mit den Schwestern darüber gesprochen. Die haben ihn von einem Neurologen untersuchen lassen. Der sagt, das habe irgendwie mit dem Hirnabbau zu tun. Wenn ich aber mit meiner Freundin darüber spreche, meint sie: »Das sind die ganzen ungeweinten Tränen.« Und das ist auch meine Einschätzung. Die Grenze, Tränen fließen zu lassen, ist jetzt wahrscheinlich gesenkt. Das, was sonst als moralisches Ding im Kopf saß, ist jetzt vielleicht verkalkt.

Ja, das macht mir manchmal ganz schön zu schaffen, wenn ich komme und er weint und weint und weint. Und wenn man ihn darauf anspricht, weint er noch mehr. Und wenn ich dann sage: »Im Fernsehen sind doch so schöne Bilder, da musst du doch nicht weinen.« Dann stutzt er manchmal.

Ja, man kann ihn ab und an rausholen, aber eben häufig auch nicht. Das macht mich schon oft traurig, wenn ich so denke: »Mein

großer starker Papa – und jetzt dieses Häufchen Mensch.«

Als das anfing, dass er so viel weinte, habe ich mir manchmal für ihn gewünscht, dass er stirbt. Und für mich auch. Da habe ich gedacht, au Mann, wenn er nur noch so leidet. Also, das ist schon eine sehr belastende Situation.

Es ist ja immer die Frage nach dem Sinn des Lebens. Was bekommt er noch mit, was macht es für einen Sinn? Wenn ich aber gucke, welche Lebensformen es im Heim noch gibt, kann ich mir immer nur sagen: »Mensch, was denkst du da?« Ihm geht es gut. Er kann noch ein paar Schritte laufen, er kann an die frische Luft, hat Lust am Essen – also ganz viel, was andere dort schon lange nicht mehr haben.

Ich hatte darüber nachgedacht, ob ich hier am Ort an einem Gesprächskreis für Angehörige von Demenzkranken teilnehme. Aber mir wurde klar, dass ich das gar nicht will. Ich habe genug Freundinnen, bei denen ich ablassen kann. Und viel mehr brauche ich auch nicht.

Kürzlich habe ich mit einer Freundin darüber gesprochen, dass ich es ganz schwer aushalte, wenn mein Vater immer so viel weint.

Da sah sie mich an und sagte: »Na ja, vielleicht wäre es ja auch gut, wenn er stirbt.« Mein Gott, ich war entsetzt! Das war für mich ganz erschreckend. Da habe ich gemerkt, dass ich das zwar schon mal gedacht hatte, mich aber gar nicht traue, das auszusprechen. Sie erzählte mir dann, dass sie sich gewünscht hätte, dass ihr Vater stirbt, als er schwer krank im Krankenhaus lag. Mit diesem Gespräch war dieses Tabu für mich gebrochen.
Zu dem Zeitpunkt, als mein Vater ins Heim kam, hatte ich schon einmal so eine Phase, in der ich gedacht habe, es wäre höchstwahrscheinlich gnädig gewesen, wenn er mit dem Schlaganfall gestorben wäre. Der Gedanke kam mir manchmal in den Sinn, weil er bis dahin total aktiv war. So aktiv, wie er mit der Einrichtung seines Lebens sein konnte. Wobei diese Phase, die wir jetzt bewältigen müssen, noch einmal ein wichtiges Lehrstück ist für uns alle.
Schuldgefühle sind auch so etwas, worunter ich häufig leide.
Früher, als ich noch in meiner Ehe war, war eigentlich klar, dass mein Vater mal zu uns kommen sollte, wenn er sich nicht mehr allein helfen kann. Als ich dann aus meiner Ehe rausging, war das natürlich auch so ein Packen für mich. In dem Haus, in dem ich jetzt lebe, wurde vor drei Jahren eine Wohnung frei. Ich hab meinen Vater gefragt, ob er da einziehen will. Ich denke, zu dem Zeitpunkt wäre es noch eine Möglichkeit gewesen, da hätte er sich hier noch einleben können, hätte noch Kontakte knüpfen können. Aber das hat er weit von sich gewiesen.
Als es damals vor Weihnachten dann akut wurde, dass er nicht mehr allein leben kann, da habe ich mir nicht mehr zugetraut, ihn bei mir aufzunehmen, weil inzwischen wirklich eine 24-Stunden-Betreuung nötig geworden war. Das war ganz klar. Nein, das konnte ich nicht – wobei es häufig Momente gab, in denen Schuldgefühle da waren.

Na, und jetzt natürlich das Ding mit dem Besuchen. Ich habe mir irgendwie innerlich so ein Bild gemacht, dass ich jeden zweiten Tag zu ihm ins Heim fahre. Meine Schwester kommt sehr selten, alle vier Wochen höchstens. Mein Sohn geht einmal wöchentlich hin. Aber ich habe im Durchschnitt immer noch drei Besuche pro Woche. Und wenn ich dann viele Schultermine habe, dann wird mir das manchmal zu viel.

Das erste halbe Jahr bin ich jeden Tag hingefahren. Jetzt merke ich, ich muss besser auf mich achten. Meine Freundin fragt manchmal: »Glaubst du denn, er weiß, dass du da warst?«

Ich muss lernen, ein bisschen lockerer mit mir umzugehen. Das übe ich zurzeit. Wenn ich wirklich ganz müde und kaputt nach Hause komme, dann erlaube ich mir manchmal, wenn es mir wirklich nicht gut geht, nicht hinzufahren. Nein, dann eben heute nicht. So, das übe ich mit mir. Oder wenn das Wetter beschissen ist, dann lasse ich den Besuch schon mal ausfallen. Denn da im Heim herumzusitzen, das ist wirklich Strafe für mich.

Ich gehe unheimlich gern mit ihm raus. Und das sehe ich inzwischen auch so: Damit tu ich ihm etwas Gutes und mir auch! Ja, und je entspannter ich bin, desto besser kann ich mit meinem Vater umgehen.

Er erkennt mich immer noch. Ja, das ist ganz klar, dass er sich freut, wenn er mich sieht. Das äußert er auch manchmal mit Weinen. Häufig erst mit Lachen und dann im nächsten Moment mit Weinen. Er möchte auch immer einen »Knutschi«. Körperkontakte sind ihm offensichtlich ganz wichtig, besonders die Hände. Auch mit sich allein ist er viel mit seinen Händen beschäftigt. Oder er bearbeitet mit seinen Händen irgendwelche Dinge, zum Beispiel das Tischtuch. Er packt immer alles zusammen. Also, ich glaube, zum Wäschepacken könnte man ihn wahrscheinlich noch gut hinstellen.

Wenn ich nachmittags zu ihm komme, sitzt er häufig noch im Esssaal vom Kaffeetrinken her. Dann faltet er die Servietten zusammen und streicht die Tischtücher glatt. Neulich sagte die Frau aus der Küche mal zu mir: »Das war wohl immer ein sehr ordentlicher Mann.« Ja, er war schon immer pingelig.
Für mich ist es auch so schwer auszuhalten, dass so wenig machbar ist. Es ist schwierig, eine sinnvolle Beschäftigung zu finden. So die Frage: »Was ist da noch sinnvoll?«
Was mich immer sehr anrührt – und was mich auch glücklich macht – ist seine Weichheit. Er kann eben auch ganz weich sein. Wenn er den Flur entlang geht und andere Muttis trifft und denen die Hand streichelt, das rührt mich immer sehr an. Da habe ich dann ganz zärtliche Gefühle.
Beglückende Momente sind für mich auch, wenn er noch einmal wach reagiert. Neulich, als ich ging, sagte ich: »Mach's gut«. Da guckte er mich an und entgegnete: »Mach's besser.« Das war für mich fast so, als wenn ein kleines Kind das erste Wort sagt. Das war ganz, ganz schön, dass er noch mal so flachsen konnte. Das ist eben eine große Ausnahme!

Ich habe immer noch das Gefühl, das ist meine Mutter

Irmtraut D. (45): Meine Mutter (76) ist seit drei Jahren demenzkrank

Irmtraut D. lebt mit ihrem Mann und zwei kleinen Kindern in Hamburg. Sie hat eine Ausbildung als Versicherungsangestellte, ist aber nicht in ihrem Beruf tätig. Neben Haushalt und Kindererziehung studiert sie Rechtswissenschaft. Vor einem halben Jahr starb Irmtrauts Vater. Seit seinem Tod wohnt ihre Mutter weiterhin in der Eifel, in dem Haus, in dem sie mit ihrem Ehemann gelebt hatte. Irmtraut hat eine Schwester, die in Schleswig-Holstein wohnt. Nach dem Tod des Vaters zog Irmtrauts Schwester zur Mutter. Irmtraut entlastet sie zwischendurch immer wieder, indem sie für eine Woche die Betreuung der Mutter übernimmt, wenn ihre Schwester in ihrem Heimatort etwas erledigen muss oder dringend Abstand von der Mutter braucht. Die Schwestern planen, für die Betreuung und Pflege eine Frau einzustellen, die in das Haus der Mutter einzieht.

Bis zu dem Zeitpunkt, als mein Vater starb – das war vor einem halben Jahr –, wollte ich nicht so richtig wahrhaben, dass meine Mutter krank ist, obwohl mein Vater mir einiges erzählt hatte. Er war körperlich sehr schwach, aber geistig ganz fit.

Die beiden wohnten zusammen in einem Dorf in der Eifel. Da ich in Hamburg lebe, bin ich nicht so oft hingefahren.

Vor drei Jahren fing mein Vater an, am Telefon vermehrt zu erzählen, was meine Mutter wieder alles falsch gemacht und was sie vergessen hatte. Im letzten halben Jahr vor seinem Tod war es halt so, dass sie immer mit anderen Sachen ankam, wenn er sie losgeschickt hatte: »Hol mir mal dies, hol mir mal jenes.« Sie konnte ihren Auftrag gar nicht mehr erfüllen.

Seit drei Jahren kann meine Mutter schon nicht mehr kochen. Sie bekommt das nicht mehr geregelt. Ihr ist das aber nicht bewusst, sie behauptet ganz oft noch, dass sie kocht. Mein Vater hat dann das Essen gemacht, solange er konnte. Den Ablauf des Kochens, so die Koordinierung, das bekommt sie gar nicht mehr hin. Sie sieht, dass das Wasser kocht, aber sie weiß nicht, dass da nun die Nudeln oder die Kartoffeln reinmüssen. Man muss ihr ausdrücklich sagen: »Tu jetzt mal die Nudeln in das Wasser.« Also, man muss immer, immer dabei sein.

Auch Kaffee kochen kann sie nicht mehr. Sie gießt dann kaltes Wasser auf das Kaffeepulver. Innerhalb ganz kurzer Zeit hat sie vier Kaffeemaschinen ruiniert. Wir haben dann einen Wasserkocher angeschafft, aber damit kommt sie auch nicht zurecht. Andere Haushaltsgeräte kann sie auch nicht mehr bedienen. Es ging alles kaputt: Waschmaschine, Mikrowelle, Backofen. Den Kühlschrank hat sie immer aufstehen lassen. Damit ist sie überhaupt nicht mehr zurechtgekommen.

Mit dem Müll, das verwechselt sie auch immer. Wir haben einen Kompost und zwei Mülltonnen. Das ist zu viel für sie.

Sie macht auch nicht mehr sauber, und sie macht die Betten nicht mehr. Das ist sehr auffällig, weil sie eine sehr gute Hausfrau war. Es hat ihr immer sehr viel Spaß gemacht, alles in Ordnung zu halten, alles schön zu machen im Haus und im Garten. Aber das hat sie irgendwann nicht mehr geregelt bekommen. Meine Eltern hatten zwar eine Putzfrau, aber das konnte meine Mutter überhaupt nicht akzeptieren. Sie hat die immer weggeschickt: »Sie brauchen nicht mehr zu kommen. In meinem Haus wird nicht von fremden Leuten geputzt. Das mache ich selber.« Sie hat eben immer gegengesteuert.

Ja, vielleicht ist es wichtig zu sagen, dass mein Bruder vor sechs Jahren ganz plötzlich gestorben ist. Ich glaube, da fing es an, dass meine Mutter sich immer mehr zurückgezogen hat. Meine Eltern haben schon ganz lange getrennte Zimmer. Sie hat sich dann stundenlang, auch tagsüber, in ihrem Zimmer aufgehalten und Musik gehört und gelesen. Sie hat sich ihr Zimmer auch mit ganz vielen Dingen dekoriert. In den ersten zwei Jahren waren das hauptsächlich Teile, die mein Bruder so hatte, Nippes. Dann kamen auch andere Sachen dazu. Um ihr Bett herum hatte sie Fotos von meinem Bruder, von meinem Vater und von meinen Kindern aufgestellt. Und Blumen – zum Teil vertrocknet – und Kerzen und dann auch Kuscheltiere von ihren Enkelkindern standen da, also richtig wie so ein kleiner Altar. Zuerst war das noch relativ unauffällig, aber es wurde immer skurriler, so diese Dekoration, diese Fotos.

Vor gut einem Jahr kam dann ein Anruf von meinem Vater, in dem er berichtete, dass die Polizei ins Haus gekommen sei, weil meine Mutter im Supermarkt mal wieder eingepackt und nicht bezahlt hatte. Das war wohl schon öfter vorgekommen, aber weil die Verkäuferinnen meine Mutter kannten, hatten sie lange Zeit Rücksicht genommen. Eine Frau vom Supermarkt und die Polizei waren nun aber zu meinem Vater nach Hause gekommen und hatten gesagt: »Also, Ihre Frau kann hier nicht mehr einkaufen. Das können wir nicht machen. Die packt sich die Taschen voll und bezahlt nicht.« Umgekehrt war es auch vorgekommen, dass meine Mutter der Kassiererin zweihundert Euro in die Hand gedrückt hatte.

Mein Vater war hilflos und mit der ganzen Situation überfordert. Er selbst wurde ja auch immer pflegebedürftiger. Wir haben dann einen Pflegedienst organisiert, der ihn betreute – aber meine Mutter hat immer gegengearbeitet. Die Pflege meines Vaters war so praktisch unmöglich. Er hat dann vermehrt Hilferufe gesandt: »Es geht so nicht mehr.« Das war ganz schlimm. Das passierte hauptsächlich mir gegenüber. Ich war immer die erste Adresse, obwohl ich mich eigentlich gar nicht richtig darum kümmern kann, weil ich zwei Kinder habe. Also habe ich dann einen Babysitter organisiert und bin häufig mal für eine Woche hingefahren, und das in immer kürzeren Abständen.

Meine Schwester war auch sehr viel da. Sie wohnt in Schleswig-Holstein, arbeitet aber nicht und hat auch keine Kinder. Sie ist immer wieder für längere Zeit hingefahren.

Mein Vater hat sehr unter der Veränderung meiner Mutter gelitten. Er hat es nicht so richtig akzeptiert, dass das, was meine Mutter hat, eine Krankheit ist, würde ich sagen. Er dachte immer, er kann ihr mit Vernunft beikommen und sie versteht es, wenn er ihr erklärt, warum sie nicht an den Maschinen herumschalten soll. Er glaubte, dass es etwas nützt, wenn er ihr sagt: »Geh doch jetzt nicht runter, lass doch die Finger von der Waschmaschine.« Er hat immer gedacht, durch Reden könnte er sie erreichen. Aber mit Vernunft und mit Argumenten ist da ja nichts zu machen.

Ja, und dann wollte mein Vater am Ende seines Lebens, als schon klar war, dass er nicht mehr viel Lebenszeit hat, dass wir meine Mutter ins Heim bringen, weil er überhaupt nicht mehr damit zurechtkam, dass sie so durcheinander war. Und ich wollte, wie gesagt, ganz lange nicht wahrhaben, dass sie verwirrt ist. Mein Vater sagte: »Ich kann nicht mehr. Die Mutter muss ins Heim. Ich will eigentlich nur noch in Ruhe sterben. Aber hier zu Hause ist das nicht möglich. Helft mir! Es muss etwas passieren!« Meine Schwester und ich haben dann immer gesagt: »Sie ist doch auch krank. Genau wie du krank bist, ist sie auch krank.« Aber das konnte er nicht akzeptieren. Wir haben gesagt: »Wir können sie nicht ins Heim bringen. Sie möchte zu Hause bleiben. Und solange du zu Hause bist, muss Mutti auch zu Hause bleiben.« Und dann war mein Vater damit auch einverstanden.

Ich glaube, er ist deswegen am Ende seines Lebens ins Krankenhaus gegangen. Er hat es mir auch so gesagt: »Ich suche jetzt nur einen Platz, wo ich in Ruhe sterben kann.« Zu Hause konnte er sich ja auch gar nicht mehr richtig entspannen. Man muss meiner Mutter ja immer hinterhergehen und gucken, was sie macht: Unten im Haus sind die Wirtschaftsräume und oben die Wohnräume. Seit über einem Jahr drehen wir immer die Sicherungen raus, damit sie die Haushaltsgeräte nicht anstellen kann. Und mein Vater hat ständig in der Angst gelebt, sie geht da runter und schaltet da dran herum. Das macht sie ja auch.

Dadurch, dass mein Vater immer kränker wurde, stand meine Mutter praktisch ständig im Hintergrund, obwohl sie ja auch eine schwere Krankheit hat. Sie war auch sehr unruhig zu dem Zeitpunkt. Wir haben einen kleinen Dackel. Mit dem ist sie zwanzigmal am Tag spazieren gegangen. Das macht sie heute immer noch.

Wir mussten irgendetwas machen und sind dann zur Hausärztin im Dorf gegangen. Die kannte meine Mutter seit Jahren und meinte, es wäre wichtig, dass mal eine Diagnose gestellt wird. Es geisterte ja immer dieses Wort »Alzheimer« in der Familie herum. Meine Schwester und ich haben meine Mutter mit viel Überredung zum Neurologen geschleift. Das war wirklich ein Akt. Immer wieder haben wir ihr gesagt: »Es ist gut, wenn du dich untersuchen lässt. Dann weißt du selbst auch Bescheid. Dann kann man die Krankheit vielleicht noch aufhalten, wenn es tatsächlich Alzheimer ist.« Der Neurologe hat sie untersucht und die Diagnose Alzheimer gestellt. Das war vor gut einem Jahr. Er hat ihr ein Medikament verordnet, das sie, glaube ich, vier Wochen lang genommen hat. Eine Tablette am Tag musste sie nehmen. Sie war ja allein nicht in der Lage dazu. Mein Vater hat ihr die dann gegeben.

Wenn man sie fragte: »Wie geht's dir denn?«, sagte sie: »Gut.« Ihr war nicht bewusst, ob irgendetwas mit ihr verändert war oder nicht. Und mein Vater, der hat sich Riesenhoffnungen gemacht. Der hat gedacht, durch das Medikament wird ihr Zustand schlagartig besser. Aber das war natürlich nicht so.

Dann haben wir das Medikament wieder abgesetzt. Mein Vater konnte sich nicht mehr darum kümmern, er schaffte das nicht mehr. Und der Pflegedienst hatte ja nur den Auftrag für ihn, die haben also meine Mutter nicht mit dem Medikament versorgt. Sie hatte damals noch keine Pflegestufe, und meine Schwester oder ich waren ja zu der Zeit auch noch nicht immer da.

Meine Mutter hat immer noch keine Pflegestufe. Ich habe vor einem Dreivierteljahr einen Antrag auf Einstufung gestellt. An dem Tag, als die Beerdigung meines Vaters war, am 2. November, kam der Medizinische Dienst. Am Tag der Beerdigung! Das ließ sich nicht anders machen. Die haben einen Tag vorher angerufen: »Wir wollen morgen kommen.« Ich sagte: »Nein, das geht nicht, morgen ist die Beerdigung.« Aber die meinten: »Ja, wir kommen um acht Uhr. Sonst klappt das in diesem Jahr nicht mehr.« Und da habe ich mich geschlagen gegeben: »Na gut, dann kommen Sie halt, wenn es denn eben sein soll, an dem Tag.«

Die Ärztin vom Medizinischen Dienst kam um acht Uhr. Aber es war von Anfang an klar, dass meine Mutter keine Pflegestufe bekommt. An diesem Tag kam sie wie aus dem Ei gepellt aus ihrem Zimmer und wusste genau Bescheid, dass gleich jemand kommt. Sie saß am Tisch, fit wie nie, und gab Auskunft! Die Ärztin fragte dann: »Wie ist das denn morgens mit der Pflege Ihrer dritten Zähne? Zeigen Sie mir die mal. Und kämmen Sie sich auch selbst?« Meine Mutter sagte sehr überzeugend: »Ja, natürlich mache ich das alles selbst!« Bis ich dann irgendwann mal gesagt habe: »Sie kann es ja ausführen. Das ist nicht das

Problem, aber sie tut es nicht! Sie geht auch nicht unter die Dusche. Sie wäscht sich nicht die Haare, bzw. wenn sie sich die Haare wäscht, muss ich da hinterher, muss gucken, dass sie auch Shampoo nimmt und keine Körpermilch oder irgendetwas anderes und dass sie den Schaum auch ausspült. Und mit den dritten Zähnen ist es so: Ich weiß, dass meine Mutter die nicht richtig pflegt. Sehr unregelmäßig.« Aber das wollte die Ärztin halt nicht hören. Gut, dann kam die Ablehnung.

Wir sind jetzt im Widerspruchsverfahren. Das zieht sich auch schon wieder vier oder fünf Monate hin. Ich habe ganz ausführlich geschrieben, wie der Tag meiner Mutter aussieht und wo sie Begleitung und Hilfe braucht. In allem braucht sie Hilfe und Begleitung! Das Stichwort ist Kontrolle, kann man sagen.

Als mein Vater starb, war meiner Schwester und mir klar, dass meine Mutter nicht allein bleiben kann. Meine Schwester ist dann dahin gezogen. Sie ist jetzt immer da, bis auf die Zeiten, in denen ich sie für eine Woche ablöse, weil sie dringend nach Hause muss. Aber diese Regelung soll nur noch bis zum Ende dieses Monats gehen. Wir wollen eine Frau einstellen, die da einzieht. Wir haben auch schon jemanden gefunden, eine Bekannte meiner Schwester, die das eine Zeit lang machen will. Aber es ist jetzt schon klar, dass sie das nur ein paar Monate machen kann. Wenn das gut klappt, dann werden wir eine Frau fest einstellen, die da einzieht.

Die Birgit vom Pflegedienst kommt seit dem Tod meines Vaters aus finanziellen Gründen nicht mehr jeden Tag, sondern nur noch dreimal in der Woche, um mit meiner Mutter so Sachen in der Küche zu machen und um meine Schwester zu entlasten. Da meine Mutter noch immer keine Pflegestufe hat, müssen wir diese Einsätze ja privat bezahlen.

Manchmal kommt meine Mutter schon um sieben Uhr aus ihrem Zimmer, an anderen Tagen hört man um neun Uhr noch nichts von ihr. Wenn sie aufsteht, ist der Frühstückstisch in der Regel schon gedeckt. Das macht meine Schwester meistens vorher. Aber Kaffee kochen kann sie ja nicht vorher, weil es völlig unberechenbar ist, wann meine Mutter aufsteht.

Oft weiß meine Mutter auch gar nicht, ob sie schon gefrühstückt hat oder nicht. Steht der Kaffee nicht gleich auf dem Tisch, wenn sie aus ihrem Zimmer kommt, geht sie sofort mit dem Hund raus. Wenn sie wieder zu Hause ist und der Hund vielleicht Richtung Tür guckt, geht sie wieder mit ihm raus. Ansonsten macht sie das sofort nach dem Frühstück. Kaum ist sie zu Hause, dann geht sie erneut mit ihm los. Der Hund, der macht das oft mit, aber manchmal auch nicht. Es gibt so Tage, an denen ist das so extrem! Und wenn man sagt: »Du warst doch gerade erst mit ihm draußen«, dann weiß sie das schon nicht mehr. Also, manchmal ist es ganz schlimm.

Meine Mutter redet ohne Unterbrechung, wie ein Kind. Sie plappert so los. Morgens schon läuft die Kassette ab. Manchmal wünsche ich mir, dass sie mal den Mund hält, aber sie redet ohne Punkt und Komma. Sie ist so überaktiv. Wenn jemand etwas in der Küche macht, ist sie sofort da: »Kann ich helfen? Kann ich Kartoffeln schälen?« Das macht sie liebend gern. Und dann gebe ich ihr so Sachen. Aber ich merke auch, dass es immer schlechter wird. Sie schält die Kartoffeln richtig ab, das kennt sie ja von früher. Aber letztens wollte ich zum Beispiel Pommes frites machen. Dafür sollte sie die Kartoffeln in lange Streifen schneiden. Ich muss ihr dann richtig zeigen, wie sie die schneiden muss. Sie fängt vielleicht sogar noch richtig an, aber auf einmal macht sie dann etwas ganz anderes. Dann bekommt sie das nicht mehr hin. Man muss sich ja auch ein bisschen kontrollieren, dass die Streifen alle gleich groß werden. Das ist zu schwierig für sie.

Das schafft sie nicht. Manchmal schneidet sie dann plötzlich alles in Würfel. Und dann verliert sie die Geduld. Das geht jetzt ganz schnell bei ihr.

Ein ganz wichtiger Punkt, der auch die Pflege und die Betreuung enorm erschwert, ist ihr Rauchverhalten. Meine Mutter hat schon immer geraucht und sie raucht natürlich weiterhin. Aber sie kann gar nicht mehr richtig rauchen. Das ist total auffällig und geht schon lange so, bestimmt seit drei Jahren, aber es wird immer extremer. Also, sie steckt sich eine Zigarette an, dann zieht sie zweimal dran und dann drückt sie die schon wieder aus. Aber sie drückt die oft nicht richtig aus und das ist das Problem. Dann hat sie im Aschenbecher vielleicht noch ein Papiertaschentuch liegen ... Oft drückt sie auch mit einem Papiertaschentuch die Zigarette aus. Das kann man ihr nicht abgewöhnen. Oder sie bringt den Aschenbecher mit der nicht richtig gelöschten Zigarette zum Mülleimer, kippt den Inhalt da hinein, und dann fängt es unter der Spüle an zu qualmen. Der Mülleimer draußen, der Container, hat auch schon gequalmt. Also, es brennt da ganz regelmäßig.

Als sie mal bei mir zu Besuch war, hat sie mir Brandflecken in den Teppich gemacht. Ich hatte überall Aschenbecher aufgestellt. Aber sie hat die Zigaretten sonst wo hingeschmissen, nur nicht in die Aschenbecher. Weil sie im Bewusstsein hat, dass hier bei uns keiner raucht, hat sie wohl gedacht: »Ich darf hier auch nicht rauchen. Ich mache das heimlich, damit das keiner merkt.« Ich habe zu ihr gesagt: »Mutti, rauch doch.« Aber es hat nichts genützt.

Vor einiger Zeit saß sie in ihrem Bett und rauchte. Das hat sie früher nicht gemacht, aber das macht sie jetzt. Sie hatte die Zigarette nicht richtig ausgedrückt. Meine Schwester kam zufällig rein und sah, dass ein Taschentuch in ihrem Bett brannte. Als meine Schwester sagte: »Mensch Mutti, was machst du denn da? Guck doch mal«, hat meine Mutter überhaupt nicht reagiert. An dem Beispiel, was so krass war, wurde deutlich, dass sie sich der Gefahr nicht bewusst ist, geschweige denn, dass sie reagieren könnte.

Es gab auch mal so eine Situation, als mein Vater noch lebte. Kurz bevor er starb, ist er noch einmal hingefallen. Da hat meine Mutter durch das Fenster zugeguckt. Sie wusste nicht, was sie tun soll. Er hat dann gerufen: »Hol mal den Arzt! Ruf mal den Nachbarn!« Nichts ist passiert.

Also, ich muss sagen, wenn ich eine Woche da bin, dann muss ich zusehen, dass ich wieder wegkomme. Und ich weiß, auch wenn ich keine Kinder hätte, ich könnte das, was meine Schwester tut, nicht machen. Was sie jetzt seit Monaten macht – ich könnte es nicht. Ich könnte nicht jeden Tag mit meiner Mutter zusammen sein.

Ich komme so an meine Grenzen der Geduld. Ich bin eigentlich ein sehr geduldiger Mensch. Aber es fällt mir schwer, wenn ich innerhalb von Minuten immer wieder das Gleiche sagen muss. Immer wieder: gleiche Frage, gleiche Antwort! Mir kommt es manchmal so vor, dass die Gespräche immer reduzierter werden, als ob ein Band abläuft. Es gibt ja bestimmte Themen, bestimmte Personen, zu denen hat sie so ihre Meinung – und die spult sie ab. Manchmal ändert sich die Reihenfolge ein bisschen. Erst kommt meine Tante Anna, dann die Nachbarn, dann der Hund, dann unsere Kinder. Dann gibt es bestimmte Standardfragen. Und da werde ich so ungeduldig – oder manchmal auch aggressiv.

Anteilnahme zeigt meine Mutter kaum. Also, sie bekommt wenig mit, wie es mir geht. Aber sie macht sich schon manchmal Gedanken, wer meine Kinder versorgt, wenn ich bei ihr bin. Das beschäftigt sie doch sehr. Es ist ihr auch ganz wichtig, dass ich von ihnen erzähle. Überhaupt, sie reagiert sehr stark auf Tiere und auf kleine Kinder.

Das ist wirklich auffällig, dass sie Kindern gegenüber sehr viel Anteil nimmt, dass die sie auch wirklich intensiv beschäftigen. Mehr als früher. Und wenn sie Tiere sieht – wie ein kleines Kind kann sie sich dann freuen. Dann bleibt sie stehen und redet mit denen. Das war früher auch nicht so.

Meine Kinder beschäftigen sie sehr. Ich selbst bin nicht so wichtig. Und wenn es mir schlecht geht? Also, ich kann nicht sagen, dass sie das mehr oder weniger mitbekommt als früher. Anders formuliert: Sie hat eigentlich nie Anteil genommen an meinem Leben oder daran, wie es mir geht. Eigentlich kann ich sagen, dass die Anteilnahme eher mehr geworden ist. Vielleicht kommt es mir aber auch nur so vor, weil sie dadurch, dass sie es wieder vergisst, häufiger fragt. Von daher kann ich gar nicht sagen, ob sie mehr oder weniger Anteil nimmt.

Rat und Trost konnte ich mir auch früher nicht holen bei meiner Mutter, daher fehlt mir das jetzt nicht. Und ich habe auch nicht das Gefühl, dass ich irgendetwas aufholen oder von ihr bekommen muss. Nein, das habe ich gar nicht, weil ich eigentlich immer stärker meines Vaters Tochter war. Viel, viel mehr. Manchmal bin ich auch wütend, dass meine Mutter sich so verändert. Sie war vor dem Auftreten der Krankheit immer sehr gebildet, hat viel gelesen, wollte immer reisen.

Und manchmal schäme ich mich auch. Wenn sie aus dem Haus geht, Zigarette im Mundwinkel, irgendeinen Mantel an, bei dem der Saum nicht richtig umgenäht ist. Ganz oft zieht sie auch fleckige Sachen an. So kenne ich meine Mutter gar nicht. So unsaubere Sachen, die Haare nicht gekämmt und die Zigarette irgendwie ... dann schäme ich mich. Gerade, wenn andere dabei sind. Die Scham bezieht sich auch auf den geistigen Verfall. Ich habe vor Jahren mal eine Fortbildung gemacht: Sterbebegleitung. Da sollten wir sagen, wen wir gern begleiten würden und wen weniger gern. Damals war meine Mutter noch nicht verwirrt. Ich habe gesagt – ich weiß nicht, warum –, ich möchte nicht gern jemanden begleiten, der geistig sehr verwirrt ist. Ich habe Angst davor, vor dieser geistigen Verwirrung. Das ist meine eigene Angst, geistig nicht mehr klar zu sein, so verwirrt zu sein, dass ich keinen Satz zu Ende bringen kann. Das ist mir klar geworden, es geht eigentlich um mich.

Aber ich merke, dass ich lernen kann, damit umzugehen. Es geht immer besser, und ich habe das Gefühl, es geht dann gut, wenn ich für mich gut sorge. Und dazu gehört auch, dass ich nach einer gewissen Zeit sage: »So, jetzt fahre ich.« Über Weihnachten war ich zehn Tage mit meiner Mutter allein, ohne meine Kinder, und das war für mich eigentlich eine sehr schöne Zeit mit ihr. Da war ganz tolles Wetter in der Eifel – Schnee – und ich gehe sehr gern spazieren. Ich wusste, ich bin bei ihr, aber ich muss etwas für mich mitnehmen, was mir gut tut. Dafür habe ich gesorgt, und darum war die gemeinsame Zeit gut. Wir sind auch zusammen spazieren gegangen, aber die großen Wanderungen, die habe ich allein gemacht.

Tagsüber habe ich mich oft unten in die Küche gesetzt und gepuzzelt, und sie saß oben vor dem Fernseher. Sie wusste, ich bin da, ich sitze unten und puzzle, ich sitze nicht mit ihr vor dem Fernseher, denn das kann ich auch nur begrenzt aushalten. Abends haben wir dann den Kamin angezündet und es uns gemütlich gemacht. Da konnte ich dann auch für sie da sein.

Das ist für mich ganz wichtig. Ich muss sehr gut für mich sorgen, dafür, dass es mir gut geht. Dann kann ich ihr auch wieder zuhören und mit ihr reden.

Gerade in dieser Zeit um Weihnachten, als wir so zu zweit allein waren, da gab es Momente, da wäre ich am liebsten abgereist. Ich habe das eben so geschildert: puzzlen und spazieren gehen. Das brauchte ich ganz, ganz dringend! Es gab auch die Seite in mir, die gedacht hat: »Mensch, jetzt mach das hier doch allein. Du behauptest immer, ich soll fahren, du könntest hier alleine sein. Dann mach das doch! Warum lass ich dich nicht einfach alleine und haue ab? Ich habe weiß Gott etwas anderes zu tun.«

Das war die andere Seite. Und da habe ich irgendwie verstanden, dass diese Angst und diese Scham und diese ganzen Gefühle mir etwas über mich sagen wollen. Eigentlich geht es um mich. Es ist meine eigene Angst. Diese Angst, geistig verwirrt zu werden, hatte ich viel, viel mehr, bevor meine Mutter demenzkrank wurde. Jetzt habe ich das Gefühl, ich lerne, ein bisschen Verständnis oder Mitgefühl zu entwickeln. Es könnte auch mir passieren, dass ich verwirrt werde. Das kann jedem passieren. Natürlich möchte ich das nicht. Wenn ich mir das aussuchen könnte, dann würde ich lieber so sterben wie mein Vater: an körperlichen Gebrechen, aber nicht an geistiger Verwirrung. Das ist mir ganz klar.

Seit einiger Zeit frage ich mich auch: »Wer ist derjenige, wenn er geistig so verwirrt ist? Wen habe ich vor mir? Wer ist das, mit dem ich kein logisches Gespräch mehr führen kann?« So ist es ja. Das logische Denken funktioniert ja nicht mehr. Aber dennoch ist ja irgendetwas von meiner Mutter, etwas Wesentliches von ihr, noch vorhanden. Ich weiß nicht, ob das bleibt. Keine Ahnung. Man sagt ja, dass die Persönlichkeit sich durch die Demenz sehr stark verändert. Aber ich habe immer noch das Gefühl, das ist meine Mutter. So etwas ganz Wesentliches ist irgendwie da. So dieses Verbissene und Ärgerliche und auch dieses Jähzornige, was sie immer hatte, das wird immer krasser. Ich habe ganz oft das Gefühl, wesentliche Charakterzüge sind bei meiner Mutter noch vorhanden.

Also, ich weiß keine Antwort darauf, wer derjenige ist, wenn sein Geist so verwirrt ist. Wenn jemand nicht mehr laufen kann, so wie mein Vater, dann weiß ich immer noch, es ist mein Vater. Ich kann mit ihm reden. Na klar, er kann nicht mehr so gehen wie früher, ist körperlich nicht mehr so fit. Aber dennoch ist es mein Vater. Aber diese Veränderung bei meiner Mutter – das finde ich schon heftig.

Die Veränderung zieht ja auch einen Rollentausch nach sich. Damit komme ich ganz schlecht klar. Das kann meine Schwester viel besser. Wenn ich bei meiner Mutter bin, muss ich ja immer darauf achten, dass sie sich mal duscht und frische Wäsche anzieht und dass ihre dritten Zähne gepflegt werden. Also, um die Zähne kümmere ich mich immer und ich lege ihr auch eine frische Unterhose hin. Aber es kann passieren, dass ich es eine Woche lang nicht schaffe, sie zum Duschen zu bewegen. Ich sage zwar häufig: »Komm, jetzt dusch doch mal.« Aber oft will sie einfach nicht. Und dann denke ich irgendwann: »Mein Gott, dann duscht sie eben nicht!« So!

Auf Dauer geht das natürlich nicht. Ich weiß, dass sie richtig verwahrlost, wenn man nicht darauf achtet. Ich sage dann zu ihr: »So, jetzt kämme dich mal.« Das fällt mir aber auch schwer. Ich kann das jetzt schon besser als am Anfang. Da habe ich gedacht: »Nein, das mache ich nicht. Ich sage ihr das nicht.« Aber dann habe ich das so abgewägt. Wenn sie hier bei mir zu Besuch ist, will ich nicht, dass sie so ungekämmt aus dem Haus geht. Mir ist aber klar, das ist wegen mir.

Es fällt mir echt schwer, das zu leisten, was sie so braucht an Begleitung oder Hilfe. Immer diese Kontrollfunktion zu haben.

Da regt meine Mutter sich auch ganz oft auf: »Du kommandierst mich hier herum. Du brauchst mir nicht zu sagen, was ich anziehen soll. Lass mich in Ruhe. Überhaupt, was machst du hier in meinem Haus?« Und so spricht sie nicht nur mit mir, sondern auch mit meiner Schwester. Die muss sich sehr viel anhören. Total schlimme Sachen zum Teil. Und sie ist ja diejenige, die meine Mutter versorgt, von der meine Mutter abhängig ist. Früher war es ja mein Vater. Über ihn hat sie auch immer viel geschimpft.

Da ist es sehr gut, dass wir die Birgit vom Pflegedienst haben. Meine Schwester und ich merken beide, dass jemand Außenstehendes sehr gut tut. Also, meine Mutter kann das viel besser akzeptieren, wenn die zu ihr sagt: »Ach, Frau Gebhardt, ziehen Sie doch mal einen anderen Mantel an. Sie haben doch so schöne Mäntel.« Also, das klappt sehr gut. Das würde ich jedem empfehlen, der zu Hause pflegt – soweit es finanziell irgendwie möglich ist –, Entlastung von außen zu holen.

Meine Mutter ist ja noch nicht so verwirrt, dass sie das nicht mitbekommt, wenn meine Schwester oder ich sie bevormunden oder ihr etwas vorschreiben. Vom Gefühl her bekommt sie den Rollentausch sehr wohl mit. Wir haben die Bankvollmachten und meine Schwester teilt ihr praktisch eine Art Taschengeld zu. Nachdem mein Vater gestorben war, ist meine Mutter häufig zur Bank gegangen und hat sich Geld abgeholt. Das hatten wir erst gar nicht gemerkt. Meine Schwester hat dann bei der Bank Bescheid gesagt, dass die meiner Mutter nicht so viel Geld geben sollen, nur kleinere Beträge.

Wenn sie Geld in der Tasche hat, geht sie sich eine Stange Zigaretten kaufen. Und Pralinen, das ist auch auffällig. Sie hat ihr ganzes Leben lang nie so viele Süßigkeiten gegessen wie jetzt. Unmengen! Und dann fängt sie natürlich an zu schimpfen, weil meine Schwester jetzt die Kontrolle über das Geld hat: »Du teilst mir hier das Geld doch nicht zu. Das geht doch nicht. Das mache ich nicht mit!« Das ist ganz schwer für meine Mutter und das kann ich auch wirklich verstehen. Sie wird eingeschränkt in ihrer Entscheidungsfreiheit und das spürt sie sehr stark. Am Geld wird es am deutlichsten, Geld ist eben auch Macht. Aber meine Schwester sagt, wenn ich ihr fünfhundert Euro im Monat gäbe, das würde sie nur für Zigaretten ausgeben. Das geht nicht.

Was auffällig ist, sie läuft immer mit ihrer Handtasche durch die Gegend. Egal, wohin sie geht, sie hat immer die Handtasche dabei. Für sie ist es ganz wichtig, Geld in ihrer Tasche zu haben – und die Zigaretten. Sie kommt morgens schon mit der umgehängten Handtasche aus ihrem Zimmer. Das erzählt sie auch von ihrer Oma. Die sei neunzig Jahre alt geworden und hätte immer den Geldbeutel in der Hand gehabt.

Mit Veränderungen kann meine Mutter überhaupt nicht umgehen. Umräumen oder so, das ist ganz schlecht für sie. Das tut ihr nicht gut, das merkt man so richtig. Es geht ihr ganz schlecht, wenn sich irgendetwas verändert in ihrem Haushalt. Meine Schwester hat einiges weggeräumt, weil alles so chaotisch war, das ganze Haus. Da konnte man gar nicht wirtschaften: alte Teller und angeschlagenes Geschirr. Aber bei jedem angeschlagenen Teller, der ausgeräumt wurde, hat meine Mutter eine Krise gekriegt.

Dann war sie zwischendurch mal eine Woche hier bei mir in Hamburg. Und da habe ich echt die Krise gekriegt, da war sie so orientierungslos. Sie irrte dann hier in der Gegend herum. Das geht irgendwie nicht. Ich habe den Unterschied zwischen hier bei mir und ihrem zu Hause, ihrer vertrauten Umgebung so deutlich gemerkt, dass wir beide, meine Schwester und ich, gesagt haben, solange es irgendwie möglich ist, soll sie da unten

bleiben. Dann suche ich mir lieber einen Babysitter und fahre drei-, viermal im Jahr für eine Woche dahin.
Wer weiß, wie lange das geht. Vielleicht lässt sich die Krankheit noch eine ganze Zeit aufhalten. Vielleicht ist es auch in einem Jahr schon anders. Wer weiß?
Als mein Vater immer kränker wurde, war ganz lange im Gespräch, dass meine Mutter aus dem Ort wegzieht, wenn er nicht mehr lebt. Sie ist in dem Dorf nicht geboren und wollte immer zurück nach Norddeutschland. Wir hatten die Möglichkeit ins Auge gefasst, dass sie nach dem Tod meines Vaters nach Hamburg zieht, dass sie sich hier eine Wohnung sucht. Ich dachte, dann kann ich mich viel besser um sie kümmern, dann kann ich

auch mal mit meinen Kindern zu ihr fahren. Aber mir ist immer klarer geworden, dass sie nicht mehr alleine wohnen kann.
Ich habe erst noch an betreutes Wohnen gedacht, aber das wäre auch nicht mehr ausreichend. Wir haben dann überlegt, ob meine Mutter oben bei uns im Haus einzieht. Dann passierten aber zwei Sachen gleichzeitig: Seit dem Tod meines Vaters will meine Mutter gar nicht mehr umziehen. Das kommt vielleicht auch daher, dass meine Schwester seit Monaten so selbstverständlich bei ihr ist und sie versorgt. Meine Mutter hat das Gefühl, das geht ewig so weiter. Sie hat immer massiver darauf bestanden, zu Hause zu bleiben. Und ich habe gemerkt, ich will gar nicht, dass meine Mutter hier so nah bei mir ist.
Als ich das meiner Schwester gegenüber ausgesprochen habe, hat sie das gleich auf sich bezogen und meinte: »Ja, wenn du sagst, ich mache das nicht, ich kann Mutti hier nicht haben, dann muss ich mich ja um sie kümmern!« Aber so stimmte das ja nun auch nicht. Das hatte ja mit meiner Schwester erst einmal noch nichts zu tun.
Ich habe dann hier in Hamburg eine Beratungsstelle für An-

gehörige aufgesucht. Das hat mir sehr geholfen. Ich hatte das Bedürfnis, mir richtig professionellen Rat zu holen. Die Beraterin ist nicht darauf eingegangen, was zu tun ist, wenn meine Mutter hierher kommt, welchen Pflegedienst man dann nimmt etc., sondern sie sagte, ich müsse als ersten Schritt grundsätzlich für mich klären, ob ich mit meiner Mutter in einem Haus wohnen möchte, und als zweiten Schritt müsse ich das mit meiner Schwester besprechen.

Ja, und als ich dann für mich wirklich klar hatte, dass ich nicht so nah mit meiner Mutter wohnen möchte, habe ich meiner Schwester das gesagt, und da ist dann nicht das eingetreten, was ich immer befürchtet hatte, dass sie nämlich sauer auf mich ist, sondern es war dann einfach ausgesprochen – und es war o.k. Sie sagte: »Gut, dann ziehe ich jetzt dahin und bleibe da, bis wir eine Lösung gefunden haben.«

Ja, das Verhältnis zu meiner Schwester hat sich sehr verändert. Es fing an, schwer zu werden, als mein Bruder starb. Der Tod hat unsere Beziehung belastet. Wir hatten sogar mal ein ganzes Jahr lang Funkstille. Dann wurde mein Vater krank und darüber sind wir uns eigentlich wieder näher gekommen, erst einmal so, an der Oberfläche. In den letzten zwei Jahren, in denen mein Vater so krank war, haben wir uns wegen der Versorgung unserer Eltern viel gestritten. Und das ging nach seinem Tod weiter. Wir waren uns oft nicht einig, wer für die Pflege unserer Mutter verantwortlich ist. Aber tatsächlich haben wir uns Fragen gestellt wie diese: Wer ist denn jetzt verantwortlich? Ist es o.k., wenn du das machst? Erwartest du von mir, dass ich mehr da bin? Diese Fragen hatten wir uns ganz lange nicht getraut zu stellen. Wir waren da nicht so offen.

Oft kam es auch zu Streitereien, weil meine Schwester so aufgerechnet hat. Sie hat ausgerechnet, dass sie im letzten Jahr insgesamt vier Monate da war, und da kam ich natürlich nicht gegen an. Ja, wir haben uns viel gestritten!

Es ist ja so, meine Schwester hat, wie gesagt, keine Kinder und ist auch nicht berufstätig, und ich hatte eigentlich mehr Einsatz – selbstverständlicheren Einsatz – von ihr erwartet. Das hat sie auch immer gespürt. Auch mein Vater und alle Verwandten hatten immer die Forderung: »Ja, Silke muss doch kommen. Und warum ist Silke denn nicht da, warum musst du denn jetzt schon wieder kommen und deine Kinder zu Hause lassen?«

Aber jetzt habe ich schon das Gefühl, dass es gut ist. Also, wir sind irgendwie da durch gegangen. Unsere Beziehung ist etwas entspannter geworden, weil wir nun geklärt haben, wie das mit der Pflege unserer Mutter laufen soll, zumindest kurzfristig. Langfristig haben wir das nicht geklärt. Ich glaube, das können wir auch gar nicht.

Ich habe ihr vor kurzem auch mal gesagt, dass ich ihr ganz hoch anrechne, dass sie meine Mutter seit Monaten betreut, und dass ich das nicht könnte, auch wenn ich keine Kinder hätte. Das hat sie gern gehört. Also, das war auch wichtig für sie. Denn sie bekommt ja keine Anerkennung. Im Gegenteil! Meine Verwandten, also die Seite meines Vaters, die hacken immer auf ihr herum. Sie ist seit Jahren arbeitslos und jetzt macht sie die Betreuung meiner Mutter in deren Augen auch nicht aufopferungsvoll genug. Meine Tante, die Schwester meines Vaters, die sagt dann: »Warum muss denn der Pflegedienst noch dreimal in der Woche für zwei Stunden kommen?« Da habe ich zu ihr gesagt: »Mensch, die Silke, die braucht doch auch mal eine Entlastung. Sie muss doch auch mal wegfahren können. Eigentlich, wenn wir das bezahlen könnten, müsste die Frau vom Pflegedienst noch viel, viel mehr kommen.«

Ich habe mich vor einiger Zeit mal gefragt, was ist eigentlich gut an dieser Krankheit? Ich denke, an jedem Ereignis ist auch eine gute Seite, auch wenn man die ganz oft nicht sehen kann oder erst viel später versteht, wozu etwas gut war. Also, was ich gut daran finde, ist, dass ich immer gezwungen bin, aufmerksam zu bleiben, zu gucken, was gerade los ist. Ich kann mich nicht darauf verlassen, ja, jetzt ist meine Mutter so eingestimmt und es ist alles ganz prima und so bleibt es auch. Diese Sicherheit, die man auch braucht im täglichen Umgang miteinander, die gibt es nicht.

Vielleicht ist es auch das, was mich nach einer Woche bei ihr im Haus unruhig macht, wodurch ich das Gefühl bekomme, jetzt möchte ich aber fahren. Es ist ja auch anstrengend, sich auf nichts verlassen zu können und immer präsent und aufmerksam zu sein.

Gut an dieser Krankheit ist auch, dass meine Mutter innerlich zufriedener geworden ist. Ja, es gibt Momente, in denen sie sich freut, in der Natur zu sein oder etwas zu sehen, was wirklich schön ist. Und da freue ich mich dann mit, also, ich teile dann diese kindlichen Gefühle mit ihr – wenn ich das kann. Das kann ich auch nicht immer.

Ich finde es sehr schön, dass sie jetzt irgendwie zufriedener wirkt. Sie war immer sehr unzufrieden, in ihrer Ehe und da auf dem Dorf, auf dem Lande zu wohnen. Und jetzt ist es so, als ob alles in Frieden gekommen ist. Seltsam!

Meine Mutter ist nicht ehelich geboren. Ihren Vater hat sie nie gesehen. Es war immer ein Thema für sie, dass ihr Vater nicht da war und ihre Mutter sich auch nicht um sie gekümmert hat. Sie ist erst bei ihrer Großmutter und dann bei einer Tante aufgewachsen. Dass sie nicht ehelich geboren wurde, das war immer sehr schwer für sie. Damals war das, glaube ich, auch noch mit einem stärkeren Makel besetzt als heute. Ich habe das Gefühl, auch das ist für sie in Frieden gekommen, das ist gar kein Thema mehr.

Sie verdreht die Wirklichkeit jetzt irgendwie. Letztens hat sie uns eine Geschichte erzählt von ihrem Vater – und das kann einfach gar nicht sein, den hat sie ja nie gesehen. Oder sie erzählt neuerdings, ihre Mutter hätte immer das und das gemacht ... Sie erfindet etwas Neues. Und ich denke, das ist auch gut so. Das ist halt ihre Art, mit ihrer Lebensgeschichte in Frieden zu kommen. Und das sind so Momente, in denen ich dann nicht sage: »Aber das stimmt doch gar nicht.«

Ja, woraus schöpfe ich die Kraft, meine Mutter zu begleiten? Wohl daraus, dass sie eben auch viel für mich getan hat. Und: Durch ihre Krankheit erfahre ich auch viel über mich – was ich mir so nie ausgesucht hätte! Solche Seiten in mir, die auch unschön sind, die man nicht so gern angucken mag. Dass man eben ungeduldig ist oder manchmal denkt: Jetzt könnte ich sie schütteln für diese Dummheit! So möchte ich natürlich nicht sein. Ich möchte auch lieber ein friedvoller Mensch sein. Dass ich das nicht immer bin, erfahre und lerne ich durch diese Krankheit. Dadurch lerne ich mich auch besser kennen.

Ich habe eine Vision und das wird auch etwas werden

Marlene Keilhack (69): Mein Mann (75) ist seit zehn Jahren demenzkrank

Marlene Keilhack ist Rentnerin und lebt in Bremen. Sie betreute ihren Mann zunächst fünf Jahre zu Hause. Als die Belastung zu stark wurde, suchte sie einen Platz im Pflegeheim für ihn, holte ihn aber nach sieben Monaten wieder zurück. Ein gutes Jahr später, wieder am Ende ihrer Kräfte, brachte sie ihren Mann in einer anderen Einrichtung, vierzig Kilometer von Bremen entfernt, unter. Weil sie mit der dort stattfindenden

Pflege nicht einverstanden war, veranlasste sie den Wechsel in ein anderes Heim, in dem sich die Pflegebedingungen aber nach kurzer Zeit auch sehr verschlechterten.
Durch die Unzufriedenheit mit den kennen gelernten Pflegeheimen entwickelte sie die Vision, eine Wohngemeinschaft für Menschen mit Demenz – und speziell für ihren Mann – zu gründen. Die WG konnte inzwischen eröffnet werden, und Herr Keilhack zog dort ein.
Das Ehepaar hat keine Kinder. Die Verwandten von Herrn Keilhacks Seite sind alle verstorben, zu ihrer Schwester hat Marlene Keilhack schon seit mehreren Jahren keinen Kontakt mehr.

Es ist ja so, ich habe mir nicht vorgestellt, dass es noch mal so kommen kann. Wir sind jetzt 48 Jahre verheiratet, und wenn mir vor 48 Jahren jemand erzählt hätte, was mir mal so bevorsteht, dann hätte ich gesagt: »Du spinnst ja!«
Vor vierzehn Jahren, als mein Mann 61 war, hat er aufgehört zu arbeiten. Er sagte: »Irgendetwas ist mit mir nicht in Ordnung, aber ich weiß nicht, was. Nur, die Verantwortung, die ich in meinem Beruf habe, kann ich nicht mehr tragen.« Er war Leiter eines großen Rechenzentrums und für viele Mitarbeiter verantwortlich.
Genau an seinem 65. Geburtstag, also vor zehn Jahren, hatte er einen Schlaganfall. Da er sehr erkältet war und wir den Geburtstag nicht zu Hause feierten, fiel das gar nicht so auf. Aber im Nachhinein meine ich, es muss ihn auf dem Weg vom Auto zum Lokal hin erwischt haben, denn ein Freund von uns, der mit ihm hinter uns Frauen ging, sagte irgendwann: »Geht nicht so schnell, Werner zieht sein Bein immer nach.« Ja, denk ich denn daran, dass das so etwas ist?

Im Lokal saß meine Freundin ihm gegenüber. Zu später Stunde sagte sie: »Ich glaube, Werner hatte einen Schlaganfall.« Sie meinte, dass er einen schiefen Mund hätte. Ich habe das ehrlich gesagt nicht registriert, weil sein Mund schon immer ein bisschen schief war. Das war nicht schlimm, und woher das kam, weiß ich nicht. Er trug etwas Bart, damit das nicht so auffiel.

Nach der Feier legte er sich ins Bett und schlief, aber mir ging das alles so durch den Kopf. Am nächsten Morgen zog er das Bein immer noch nach, und er konnte auch nicht richtig greifen, was sich dann aber im Laufe des Vormittags verlor. Nachmittags meinte er dann, er müsse wohl doch ins Krankenhaus. Da wurde aber nichts mehr mit ihm gemacht, weil seit dem Schlaganfall schon zu viel Zeit vergangen war. Aber es war einer, und im Computertomographen stellte sich heraus, dass er schon mal einen hatte, der aber nicht so offensichtlich war. Der muss schon vor fünf oder sechs Jahren gewesen sein. Die ganzen Geschwister seines Vaters sind an Schlaganfall oder Herzinfarkt verstorben. Die hatten alle ganz stark Arteriosklerose. Mein Mann war dadurch also vorbelastet.

Ja, so fing das alles an. Ich ahnte zu dem Zeitpunkt natürlich nicht, was mich noch erwartete.

Nachdem mein Mann den Schlaganfall hatte, suchte ich eine Selbsthilfegruppe, aber es gab keine. Also habe ich selbst eine mitgegründet, eine Gruppe für die Angehörigen Schlaganfallerkrankter. Wir sagen immer ganz bewusst, dass wir eine Angehörigengruppe sind, denn wir müssen auch mal über uns reden. Wir werden ja immer nur gefragt, wie es dem Betroffenen geht. Ich habe noch nie erlebt, dass mal jemand wissen wollte, wie ich eigentlich damit fertig werde, dass mein Mann krank ist. Und wenn die Leute sich immer nur nach meinem Mann erkundigen, dann sage ich schon: »Wieso? Ich bin doch auch da. Glaubt ihr

vielleicht, an mir geht das so spurlos vorbei? Fragt mich doch mal, wie es mir geht!«
Vielleicht trage ich auch selbst etwas dazu bei, dass mich keiner fragt, weil mir das Weinerliche nicht so liegt. Es liegt mir auch nicht, den Kopf in den Sand zu stecken. Das läuft dann natürlich darauf hinaus, dass ich immer die Starke bin. Nach dem Motto: Die brauchst du gar nicht erst zu fragen, die kommt schon damit klar. Ich vermittle also den Eindruck, alles im Griff zu haben. Aber ich habe auch meine traurigen Ecken – und ob! Wenn ich mal ruhige Momente hatte, ging es mir beschissen.
Etwa ein Jahr nach dem Schlaganfall fing es an, dass mein Mann nachts immer auf Achse war. Ein Jahr später ist er dann auf eigenen Wunsch ins Krankenhaus gegangen. Die haben aber nichts gefunden, ihn aber ordentlich mit Medikamenten voll gedonnert, weil er da nachts ja auch sehr unruhig und immer unterwegs war. Dann kam er wieder nach Hause.
Ich bemerkte immer deutlicher, dass einiges nicht stimmte. Das habe ich aber nach hinten geschoben. Ich habe es nicht wahrhaben wollen. Die Veränderungen fallen einem zuerst auch nicht so auf. Die Betroffenen können ihre eigenen Defizite anfangs ja ganz gut vertuschen. Aber später wurde es natürlich immer deutlicher. Mein Mann verlegte Schlüssel, die ich dann an den unmöglichsten Stellen fand, zum Beispiel im Wohnzimmer hinter Büchern. Wenn ich fragte: »Wer hat den Schlüssel dahin gelegt?«, bekam ich die Antwort: »Ich doch nicht!«
Dann fiel mir durch Zufall, aber wirklich durch Zufall, etwas auf. Er kam aus dem Badezimmer, war fertig angezogen und ich musste vor dem Frühstück noch mal ins Bad. Ich dachte, das ist ja merkwürdig, der Waschlappen ist trocken! Ich kontrollierte den Zahnputzbecher und die Zahnbürste – alles trocken! Und da ist mir erst ein Licht aufgegangen. Da hat es bei mir Klick

gemacht! Ob ich gleich an eine Demenz gedacht habe, weiß ich gar nicht, aber in dem Moment fiel mir ein, dass in dem Bericht vom Krankenhaus stand: »Senile Demenz vom Typ Alzheimer.« Ich hatte den Befund damals zwar gelesen, aber nicht so ernst genommen und mich nicht weiter darum gekümmert.

Auch jetzt wollte ich nicht akzeptieren, dass die Diagnose wirklich stimmt, habe Himmel und Hölle in Bewegung gesetzt und bin dann fündig geworden: Ich fuhr mit meinem Mann nach Hamburg in die Memory-Klinik. Die haben nämlich Tests, mit denen sie herausfinden können, ob eine Demenz vorliegt oder nicht. Da wurde festgestellt, dass er eine gefäßbedingte oder auch vaskuläre Demenz hat, also eine, die sich aus dem Schlaganfall ergeben hat.

Zwei Jahre später gab es eine Situation, da hatte es mich vom Hocker geholt. Ich war an einer Grippe erkrankt und hatte mich hingelegt. Ich konnte gar nicht aus den Augen gucken. Mein Mann war sehr unruhig, er wollte dies, er wollte das. Ich sagte: »Siehst du nicht, dass ich krank bin?« – »Ich bin auch krank«, antwortete er. Dann war er mit einem Mal verschwunden. Er kam mit der Nachbarin wieder. Die eröffnete mir: »Ihr Mann hat bei mir geklingelt und sagte, meine Frau ist gar nicht da. Deswegen bin ich mitgekommen.« Sie hatte zu ihm gesagt: »Ihre Frau ist doch da«, worauf er geantwortet hatte: »Ja, die spricht aber nicht mit mir.« Ich konnte auch gar nicht sprechen. Meine Nachbarin hat mich dann mit ein paar Sachen versorgt. Ich war gar nicht in der Lage, zum Arzt zu gehen. Ich war wirklich fix und foxy.

Mein Mann fuhr zu der Zeit auch noch allein mit dem Fahrrad, immer an der Beeke entlang. Einmal hatte er sich fürchterlich verfahren und konnte nicht wieder nach Hause finden. Er hat aber jemanden nach dem Weg gefragt. Zufälligerweise wusste er, wie er heißt und wo er wohnt. In der Situation ist mir natürlich auch so einiges durch den Kopf gegangen. Ich konnte ihn ja gar nicht mehr allein losschicken.

Zu dem Zeitpunkt war es schon so weit, dass mein Mann sich gar nicht mehr allein waschen konnte. Erst bin ich mit ihm ins Bad gegangen und habe ihm gesagt, was er mit der Zahnbürste oder dem Waschlappen tun sollte. Nachher habe ich ihn selbst gewaschen.

Und eines Tages stand ich da am Becken, war dabei, den Zahnputzbecher fertig zu machen, und mit einem Mal sagte er ganz unvermittelt zu mir: »Ja, diese Wohnung gehört meiner Frau und mir.« – »Oh«, habe ich gedacht, »dreimal schlucken!« Nachdem ich mich davon eingekriegt hatte, habe ich ihn gefragt: »Wo ist denn deine Frau?« – »Weiß ich nicht. Das musst du doch wissen!« Ich fragte: »Wer bin ich denn?« – »Weiß ich nicht. Das musst du mir sagen.«

Ich dachte hin und her, was machst du denn jetzt, was sagst du denn jetzt? Sagst du jetzt, du bist es, sagst du, du bist es nicht? Ich wartete einen Moment und forderte ihn dann auf: »Guck mich mal ganz genau an. Hast du mich schon mal gesehen?« – »Ja.« »Kennst du mich?« – »Ja.« Ich sagte: »Ich bin deine Frau.« Und da fing er an zu weinen.

Und das hat sich so fortgesetzt. Es wurde natürlich immer mehr und immer schlimmer. Die Betroffenen wissen ja gar nicht, was mit ihnen geschieht. Und wenn sie lichte Momente haben und ihre eigene Misere erkennen, das ist ganz schrecklich. Bei meinem Mann waren die Reaktionen verschieden. Entweder er fing an zu weinen oder er wurde ganz aggressiv und ging auf mich los oder auf irgendetwas anderes. Das war sehr unterschiedlich. Nur, die lichten Momente wurden immer weniger. Es ging kontinuierlich bergab. Er machte immer mehr die Nacht zum Tage, so dass ich kaum noch meinen Schlaf bekam. Im Fünf-Minuten-Takt stand er auf. Ich hätte ihn manchmal kalt lächelnd erwürgen können. Gegen Morgen schlief er ein und ich dann auch. Nachher war es so, wir haben erst mittags gefrühstückt, weil ich morgens auch nicht in die Hufe kam. Aber das war verkehrt, es war überhaupt keine Regelmäßigkeit mehr vorhanden.

Wenn wir Termine hatten, sei es, dass er zum Arzt musste oder ich etwas zu erledigen hatte, legte ich das immer schon auf den Nachmittag, weil ich vormittags überhaupt nichts auf die Reihe bekam. Im Nachhinein weiß ich gar nicht, wie ich das alles geschafft habe. Sauber machen oder die Wäsche waschen, das ging alles nur noch huschdiwusch nebenbei. Es blieb alles auf der Strecke, es gab nur noch ihn! Dann hieß es immer: »Du musst dich nicht so sehr auf ihn konzentrieren, du musst auch mal an dich denken.« Ich sagte: »Ja, ihr habt gut reden. Wie soll ich das denn wohl machen?«

Ich dachte, jetzt verschaffst du dir doch mal Entlastung, und gab meinen Mann in Tages- und Nachtpflege. Es gibt nur wenige Einrichtungen, die eine Nachtpflege anbieten. Ich habe herumtelefoniert und beim Arbeiter-Samariter-Bund wurde ich fündig. Drei Tage pro Woche ging er in die Tagespflege und alle 14 Tage zweimal nachts zum Schlafen in die Nachtpflege. Er wurde abgeholt und auch wieder nach Hause gebracht.

Aber da fühlte er sich gar nicht wohl. Das war für ihn so ein Chaos: am Tag hier, in der Nacht da, dann wieder zu Hause bei mir. Er war so durcheinander. Das ist eben Demenz. Das habe ich zu dem Zeitpunkt aber noch nicht gewusst, das wurde mir erst später klar, nachdem ich mich mit dem Krankheitsbild auseinander gesetzt hatte.

Die Pflegerinnen sagten zu mir, ich würde meinem Mann keinen Gefallen damit tun, ich sollte mir doch überlegen, ob er nicht in die stationäre Pflege gehört. Das war natürlich erst mal wieder ein Schock! Ich hatte mich mit dem Thema schon lange auseinander gesetzt, und von der Selbsthilfegruppe aus haben wir uns auch Einrichtungen angesehen. Ich sagte: »Das muss ich mir überlegen.« Ich war so fertig, so was von fertig! Ich habe auf dem Fußboden gelegen und mit den Armen und Beinen gewirbelt und nur geschrien. Ich habe ja nachher nur noch geschrien.

Ja, ich habe darüber nachgedacht, und dann machte ich doch diesen Schritt. Mein Mann kam in ein Altenheim vom Arbeiter-Samariter-Bund, und da hat er das Schlafen gelernt, weil da eine Kontinuität war.

Ich habe immer gedacht, wenn er es schafft, nachts durchzuschlafen, dann kann ich ihn auch wieder nach Hause holen. Ich sprach mit der Ärztin. Die sagte, sie fände das toll, wenn ich das machen würde, aber sie gäbe ihm nur ein Jahr zu Hause, höchstens zwei, und auch nur mit umfangreicher Hilfe.

Nachdem mein Mann sieben Monate in der Einrichtung war, habe ich ihn da rausgeholt und habe es dann geschafft, ihn ein gutes Jahr zu Hause zu behalten – und dann war ich wieder fertig. Die erste Zeit, als ich ihn zu Hause hatte, ging das mit dem Schlafen, aber dann fing es erneut an, dass er nachts aufstand und auf Achse war.

In der Zeit hatte ich mir fremde Hilfe geholt, eine Frau vom Oma-und-Opa-Hilfsdienst. Die hat das auch ganz toll gemacht. Mein Mann bekam zu der Zeit noch Ergotherapie. Die Frau kam dann, holte ihn ab, fuhr mit ihm dahin, zweimal die Woche. Dann war er drei Stunden unterwegs. Die waren kaum aus der Tür, dann lag ich auf dem Sofa und habe erst einmal geschlafen. Eigentlich wollte ich ja in der Zeit etwas im Haushalt machen.

Für den Oma-und-Opa-Hilfsdienst musste ich neben dem Stundenlohn für die Frau monatlich eine Pauschale bezahlen und

Fahrgeld. Dann hatte ich noch einen Betreuer organisiert, den ich auch aus eigener Tasche bezahlt habe. Also, der hat richtig Kohle gekostet im Monat.
Der Betreuer kam zwei Vormittage, dienstags und mittwochs, und unternahm dann etwas mit meinem Mann. Die haben sich auch gut verstanden. Er erzählte mir dann aber so manches Mal, dass mein Mann sehr aggressiv wäre, wenn er etwas nicht wollte. Na gut, das gehört zum Krankheitsbild.
Nachts ging er in jeden Raum und ließ überall die Lichter an. Ich habe alle Lichtschalter mit Tesa abgeklebt, damit er nicht dran konnte. Nachher musste ich jedes Zimmer abschließen. Er ruckelte dann an den Türen herum. Mein Bett habe ich ins

Arbeitszimmer gestellt. Von innen hatte ich immer einen Stock unter die Türklinke gesteckt, damit er die Tür zufrieden lässt, aber das hat wenig genützt, ich hörte ihn ja sowieso.
Vom Schlafzimmer brauchte mein Mann nur diagonal ins Bad zu gehen. Die Strecke hatte ich mit Notlicht und mit Spots ausgeleuchtet, damit er den Weg fand, aber das hat dann, als er richtig inkontinent war, auch nichts mehr genützt. Er hat nie ins Bett gemacht, nie! Aber vor dem Bett, da fing es schon an. Später habe ich es dann mit Vorlagen und mit Windeln versucht. Ich hatte mir verschiedene Muster geholt. Die Vorlagen hat er sich immer rausgerissen. Das lag dann alles zerstreut vor dem Bett.
Wenn er den Weg ins Bad schaffte, setzte er sich oft auf den Toilettendeckel, statt ihn hochzuklappen, und dann schwamm das ganze Bad. Das hieß für mich: nachts sauber machen!
Ich bin bald verrückt geworden. Dann bin ich ausgerastet, und daraufhin wurde er aggressiv. Er ist mir ein paarmal an die Kehle gegangen. Da habe ich gedacht, das ertrage ich nicht länger. Das kann man nicht ertragen!

Dann sagte er immer: »Da laufen Leute im Schlafzimmer vor dem Einbauschrank. Siehst du doch.« Damals habe ich falsch reagiert, ich habe gesagt: »Da sind keine Leute, du kannst schlafen, da ist niemand.« Ich hätte sagen sollen: »So, jetzt nehme ich die Leute und gehe mit denen aus dem Zimmer, damit du ruhig schlafen kannst.« Das weiß ich aber erst, seitdem ich Validation gemacht habe – woher sollte ich das vorher wissen?
Oder er ist nachts aufgestanden, hat sich angezogen und sich dann wieder ins Bett gelegt. Nur die Schuhe hat er Gott sei Dank immer vergessen, sonst hätte er sich ja noch mit Straßenschuhen ins Bett gelegt. Jeans über den Schlafanzug, Brille auf, Handschuhe an, Mütze auf, so lag er dann im Bett. Das war ein Bild für die Götter. Ich habe auch manches Mal gelacht und ihn gefragt: »Na, auf welchen Fang wolltest du denn gehen?«
Er wusste natürlich nicht, was er da machte. Dann ist er aufgestanden und vor dem Spiegel habe ich ihn gefragt: »Kennst du den Mann, den du da siehst?« – »Nein.« Er hat sich selbst gar nicht mehr erkannt. Das ist ja typisch für die Demenz.
Mit dem Essen, das wurde auch immer etwas schlechter. Ich habe ihm dann die Brote geschmiert und alles klein geschnitten. Beim Mittagessen fing es an, dass ihm alles von der Gabel oder vom Löffel fiel und er den Weg zum Mund nicht mehr fand.
Es war weiterhin so, dass er mich oft gar nicht erkannte. Wenn ich ihn fragte: »Weißt du, wer ich bin?«, sagte er: »Nein.« Ich hatte mich inzwischen aber so gut informiert, dass ich damit leben konnte, weil ich eben wusste, das ist die Krankheit. Was soll ich denn machen? Soll ich sagen: »Oh Gott, wie schrecklich, er erkennt mich gar nicht mehr!« Damit nütze ich doch niemandem. Es konnte nämlich zehn Minuten später sein, dass er seinen Finger nahm, auf mich zeigte und sagte: »Du bist meine Frau«, wie aus dem Stegreif, ohne dass ich nachgefragt hatte.

Ja, ich habe mir meinen Lebensabend auch anders vorgestellt. Ich mache das jetzt zehn Jahre – denn mit dem Schlaganfall hat sich ja schon alles verändert –, und ich frage mich ganz oft: »Wie lange eigentlich noch?« Und das ist auch häufig ein Thema in der Gruppe: Wie lange müssen wir das noch ertragen?

Sein Zustand wurde immer schlimmer, und ich musste mir überlegen, was mache ich jetzt? In der Gruppe hatte ich von einer Einrichtung gehört, die ganz gut sein sollte. Das war zwar vierzig Kilometer von meiner Wohnung entfernt, aber ich fuhr dahin, erzählte, wie es mit meinem Mann aussieht, und hatte ein langes Gespräch. Es war auch alles prima, mir wurde alles gezeigt. Ich sagte dann: »Gut, ich würde meinen Mann gern bei Ihnen in die stationäre Pflege geben.«

Sein dortiger Aufenthalt war ein Fiasko! Das war das Fiasko in Reinkultur. Ganz schlimm! Die konnten mit Demenzkranken überhaupt nicht umgehen.

Um 17.30 Uhr gab es Abendbrot und um 18.15 Uhr lag er im Bett! Ausgerechnet er! Er war ja weiterhin nachts auf Achse.

Bei ihm im Zimmer lag ein Mann, der war halbseitig gelähmt. Mein Mann hat sich vor dessen Bett gestellt und da reingepinkelt. Ich meine, das war für die Angehörigen auch nicht schön. Ich hätte mir gewünscht, dass die mich mal darauf ansprechen, aber das haben sie nie gemacht. Ich erfuhr das nur durch das Personal.

Die haben meinen Mann so abgefüllt, er bekam drei, vier verschiedene Psychopharmaka. Er ist auf allen vieren herumgelaufen und hat sich nackend ausgezogen, lag mitten auf dem Flur in seinem Urin und Stuhlgang und hat da herumgeschrien. Und dann haben sie ihn fertig gemacht und ihm noch etwas gegeben.

Immer wenn ich dahin fuhr, hatte ich vorher schon so einen »Hals«, was mich wohl wieder erwartet. Ich habe den Arzt der

Einrichtung angerufen und gesagt: »So geht das nicht. Das, was Sie mit meinem Mann machen, ist Körperverletzung. Damit erreichen Sie gar nichts, er sieht durch Nebel und hört durch Watte.« Er meinte: »Ja, Ihr Mann geht auch in andere Zimmer, und bei denen, die am Tropf liegen, reißt er an den Schläuchen.«
Bei der nächsten Gelegenheit rief ich eine Altenpflegerin an, die sich mal als Betreuerin bei mir vorgestellt hatte, und fragte sie, ob sie eine gute Einrichtung wüsste. Als ich ihr schilderte, was in der Einrichtung, in der mein Mann zu dem Zeitpunkt war, passiert, sagte sie: »Frau Keilhack, was Sie brauchen ist ein Rechtsanwalt. Der Jurist, bei dem ich Rechtskunde hatte, der ist ganz große Klasse.« Sie gab mir seine Telefonnummer. Ich rief bei ihm an und er hat mich tüchtig unterstützt. Also, das war toll! Ein halbes Jahr lang haben wir alles nur per Telefon geregelt, dann habe ich ihn erst persönlich kennen gelernt.
In der Einrichtung habe ich immer gesagt: »Wenn es weiter so geht, dass mein Mann abgefüllt wird, dann werde ich Anzeige erstatten.« Es hat mich viele Nerven gekostet, das durchzustehen. Aber ich bin ein ziemlich hartnäckiges Luder.
Durch meine ganzen Aktivitäten habe ich viele Menschen kennen gelernt, die mir sehr geholfen haben und mir Tipps gaben, was ich machen kann. Wenn man sich nicht auskennt, dann steht man wirklich auf dem Schlauch.
Auch zu einer Krankenschwester hatte ich einen guten Kontakt. Die fragte ich ebenso, ob sie eine Einrichtung wüsste. Sie empfahl mir eine. Das war zwar auch wieder ein Weg von vierzig Kilometern für mich, aber ich habe es mir angesehen und fand es auch in Ordnung. Mein Mann ist dann umgezogen von der alten Einrichtung gleich dahin.
Das war ja wieder etwas Neues für ihn. Ich sagte zu ihm: »Da geht es dir viel besser.« Ach, was habe ich auf ihn eingeredet.

Als ich losfahren wollte, lief er hinter mir her und sagte: »Ich will mit nach Hause.« Ich kann Ihnen sagen, das ist unglaublich schlimm! Das Schlimmste daran war für mich, damit konfrontiert zu werden, dass ich nicht in der Lage bin, ihn zu Hause zu behalten. Aber ich konnte das einfach nicht. Ich war fertig – mit Jack und Büx!

Ein Lichtblick tat sich erst wieder auf, als ich die Idee hatte, eine Wohngemeinschaft für Menschen mit Demenz zu gründen. Nachdem ich im Fernsehen einen Film über eine solche WG in Berlin gesehen hatte, habe ich mich sofort darum gekümmert und in Erfahrung gebracht, dass die im Film gezeigte Wohngemeinschaft von den »Freunden alter Menschen« gegründet worden war. Das ist ein Verein, der in Frankreich schon uralt ist, in Berlin gibt es einen Ableger. Und da ich ja sehr hartnäckig bin, konnte ich einen Monat später nach Berlin fahren und mir eine WG ansehen. Da habe ich gleich gesagt: »Das ist es!« Mir war klar, ich muss dafür sorgen, dass mein Mann so untergebracht wird. Er kann es nicht, also muss ich das machen!

Durch eine Anzeige lernte ich eine Bremerin kennen, die auch ein großes Interesse daran hatte, eine Wohngemeinschaft auf die Beine zu stellen, und dann haben wir beide das angeschoben. Durch meine Verbindungen, die ich durch den Beirat des Netzwerks Selbsthilfe und durch die Selbsthilfegruppe habe, kannte ich inzwischen viele Leute, auch aus den Senats-Ressorts, und konnte so Kontakte knüpfen.

Von den Behörden haben wir jede Unterstützung bekommen, die wir brauchten, wohl auch, weil wir so hartnäckig waren und ausgestrahlt haben: »Wir schaffen das!« Die Heimaufsicht sagte immer: »Wenn Sie Hilfe brauchen, sprechen Sie uns an, wir unterstützen Ihr Vorhaben.« Zu Beginn wurden wir schon skeptisch betrachtet. Blutige Laien, die wir waren, ohne Erfahrung, wie

man so etwas macht, fanden die Sachbearbeiter das vielleicht komisch, dass da zwei so unbedarfte Frauen ankommen und sagen, sie haben eine Vision. Ein Behördenmitarbeiter gestand später ein, er hätte am Anfang nie für möglich gehalten, dass wir das schaffen, aber jetzt sehe er ja den Erfolg.
Die Zusammenarbeit mit dem »Weser Kurier« war zuerst ein bisschen schwierig. Es war nicht einfach, die zuständige Journalistin für uns einzunehmen. Sie sagte, wir bekommen so viele Anfragen, ob wir nicht dieses oder jenes schreiben wollen. Das hat sich also ein bisschen hingezogen. Dann hat sie aber einen Artikel über unser Projekt geschrieben. Ich sagte ihr: »Ich habe eine Vision und das wird auch etwas werden.« Die Vision hatten wir beide, die Bremerin, die ich durch die Anzeige kennen gelernt hatte, und ich – und es ist ja auch was geworden! Wir haben uns nicht beirren lassen!

Und zu der ersten Einrichtung, in der mein Mann so schrecklich behandelt wurde, hatte ich mir überlegt, die bekommen erst einmal einen schönen bösen Brief, der gerade so daran vorbeirutscht, dass mir keiner an den Karren fahren kann. Um den Inhalt zu besprechen, traf ich mich mit dem Rechtsanwalt. Das war das erste Mal, dass wir uns persönlich sahen. Auf dem Weg zu ihm dachte ich: »Wieso soll ich eigentlich nur einen Brief schreiben? Ich kann ja auch versuchen, Schmerzensgeld für meinen Mann zu bekommen.« Ich weiß gar nicht wieso, aber ich hatte jeden Besuch, jedes Gespräch dokumentiert, ich konnte fast ausnahmslos darlegen, was vorgefallen war. Die Aufzeichnungen gab ich dem Rechtsanwalt und er meinte: »Damit kann ich eine ganze Menge anfangen.«
Ich hatte mir auch die Pflegedokumentation aushändigen lassen. Zuerst gaben sie mir eine handgeschriebene Abschrift, aber ich sagte: »Nee, nee, ich möchte das Original in Kopie haben.« Sie

kamen dann nicht drum herum, mir die zu geben. Da habe ich dann gesehen, wie viele Medikamente mein Mann bekommen hatte.

Der Rechtsanwalt verfasste einen Brief an die Einrichtung, in dem er schilderte, was vorgefallen war, und auch mitteilte, dass ich Schmerzensgeld verlange. Aber die schrieben zurück, das sei alles nicht so gewesen. Die Anwälte haben sich dann miteinander unterhalten, aber dabei kam nichts heraus. Daraufhin fragte mein Rechtsanwalt mich: »Wie ist das, sind Sie bereit, zu klagen?« Ich sagte: »Immer! Es war ja so.« Als er dann mit Klage drohte, bot die Einrichtung mit einem Mal einen Vergleich an. Der Anwalt meinte: »Nehmen Sie den Vergleich ruhig an, das ist schon ganz gut so.«

Ja, dann wurde es aber auch in der zweiten Einrichtung sehr viel schlechter. Als mein Mann ein Dreivierteljahr da war, lief da alles aus dem Ruder. Alles! Da hat auch viel Personal aufgehört, und dann fingen die an, mit Leihpersonal zu arbeiten.

Meinem Mann ging es zu der Zeit nicht sehr gut. Er schrie nur noch herum und ließ auch keinen an sich heran. Aber ist das ein Wunder? Jeden Tag fummelte jemand anders an ihm herum. Und dann ging das wieder los mit dem Abfüllen. Wenn keine Angehörigen da waren, wurden die Bewohner voll gestopft mit Psychopharmaka, ist doch klar! Da habe ich was mit ihm durchgemacht!

Ich habe mir auch sehr viel anhören müssen, so nach dem Motto, wenn Angehörige sich einmischen, dann kann das ja nichts werden. Wenn ich reinkam, wurde mir als Erstes um die Ohren gehauen, was wieder alles mit ihm passiert war. Bis mir schließlich der Kragen platzte und ich sagte: »Hören Sie mal, merken Sie gar nicht, wie Sie mich jedes Mal empfangen? Sie sind eine Einrichtung, die sich mit solchen Dingen auskennen sollte. Was glauben Sie wohl, warum ich meinen Mann bei Ihnen untergebracht habe?«

Die Inhaberin verbreitete unter ihren Angestellten eine ganz miese Stimmung, und wenn das Arbeitsklima nicht in Ordnung ist, dann ist die Pflege auch nicht gut. Jedes Mal, wenn ich kam, musste ich meinen Mann unten herum putzen, er war schon ganz wund. Dann hatte er Fieber, darum hat sich aber auch kein Mensch gekümmert. Die riefen mich zwar an, aber einen Arzt haben sie nicht eingeschaltet. Als ich zu ihm kam, lag er ganz apathisch im Bett. In der Woche drauf bin ich jeden Tag hingefahren, vierzig Kilometer hin, vierzig Kilometer zurück. Weil er auch schlecht aß, habe ich Hühnerbrühe mitgenommen, in der Thermoskanne. Ich habe ihn aus dem Bett geholt und bin mit ihm gelaufen. Wenn es mich nicht gäbe, läge er längst nur noch im Bett, wenn er nicht schon tot wäre, sage ich immer.

Ich ließ mir bei dem Arzt einen Termin geben. Ach so, ich hatte das auch fotografiert, wie mein Mann in der ersten Einrichtung aussah. Die Fotos habe ich dem Arzt gezeigt. Es war nämlich so: Ich saß vor seinem Schreibtisch und sagte: »Herr Doktor, so geht das nicht, ich möchte nicht, dass mein Mann so viele Psychopharmaka bekommt, man kann das auch anders lösen.« Da meinte er ganz kross zu mir, die Zeit, die ich vor seinem Schreibtisch sitze, entgeht den Leuten, die im Wartezimmer sind. Da habe ich die Bilder aus der Tasche geholt, auf den Tisch gelegt und gesagt: »Deswegen sitze ich hier, damit es meinem Mann nicht wieder so ergeht. Das habe ich hinter mir. Damit wir uns richtig verstehen.«

Gott sei Dank wusste ich ja, dass die Wohngemeinschaft langsam Formen annimmt. Wir hatten inzwischen auch einen Namen: die »Woge«.

Nachdem ich die Idee hatte, eine Wohngemeinschaft zu gründen, dachte ich: »Ein halbes Jahr, dann ist dein Mann in der WG.«

Ich hätte nie geglaubt, dass es zweieinhalb Jahre dauert, bis die Wohngemeinschaft eröffnet werden konnte.

Im letzten Jahr dann, kurz vor Weihnachten, zog mein Mann endlich in die »Woge« ein. Ich habe ihn in der Einrichtung abgeholt und gleich dahin gebracht.

Er hat ja nun schon so einiges mitgemacht, der Ärmste!

Die Angehörige einer anderen »Woge«-Bewohnerin fragte mich, wie ich denn die Weihnachtstage geplant hätte. Ich sagte: »Für mich ist ganz klar, ich bin Weihnachten in der ›Woge‹. Das ist sein Zuhause. Ich will nicht, dass er immer von einem Ort zum anderen muss.« Das musste er lange genug.

Die erste Zeit in der WG hatte mein Mann auch noch sehr viele Maleschen, er schrie auch noch sehr viel herum. Es stellte sich dann heraus, dass er nicht nur am Kopf, sondern auch unter der Kniescheibe einen Bluterguss hatte. Deswegen konnte er nicht richtig laufen und darum schrie er, wenn er sich hinstellen sollte.

Als der Arzt meinen Mann sah, nachdem er sechs Wochen in der WG war, sagte er als Erstes zu mir: »Also, das muss ich ja sagen, Ihr Mann hat ganz klare Augen, er hat einen entspannten Gesichtsausdruck und seine Bewegungen sind wesentlich gelöster, soweit man davon sprechen kann. Sie sind auf einem guten Weg.«

Aber ruhiger werde ich noch nicht. Der Motor, der ist noch so hochgedreht, der läuft ja schon zehn Jahre auf Hochtouren. Wenn ich jetzt wirklich mal zur Ruhe komme, geht es mir nicht gut.

Die Hochtourigkeit brauche ich ja nun wirklich nicht mehr. Und ich freue mich auch, dass ich vieles andere habe, den Beirat, die Selbsthilfegruppe. Aber manchmal denke ich, ich habe Depressionen. Ich schlafe auch schlecht. Ich nehme nichts dagegen, ich bin Pillengegnerin. Ich denke, dass sich das mit der Zeit noch

einrenkt. Das geht ja auch nicht von jetzt auf gleich. Wir haben wirklich voll gepowert, bis die WG eröffnet werden konnte.
Ich habe die Krankheit eines Teils immer mit Abstand betrachtet, um sie nicht so nah an mich herankommen zu lassen, aber man ist doch mit so vielen Emotionen behaftet, dass man das nicht so weit von sich fern halten kann, wie man gerne möchte.
Ich war auch sehr vielen Anfeindungen ausgesetzt. Meine »beste Freundin«, die den Werdegang genau kannte, sagte mal zu mir: »Na ja, wenn dein Mann jetzt im Heim ist, dann kannst du ja tun und lassen, was du willst. Nun hast du ja endlich das geschafft, was du wolltest. Aber du hast ja mal gesagt: in guten und in schlechten Zeiten.« Da fiel mir nichts mehr ein! Als mein Mann noch zu Hause war, hatte sie oftmals gesagt: »Du, in deiner Haut möchte ich auch nicht stecken.« Den Kontakt zu ihr habe ich sofort abgebrochen. Ich erzählte das dann in der Selbsthilfegruppe, da kam es von rechts und links: »Das haben wir auch alles erlebt.«
Obwohl diese Erfahrung ja sehr negativ ist, hat sie doch auch etwas Positives: Die Spreu hat sich vom Weizen getrennt. Jetzt weiß ich, wer meine Freunde sind. Ich weiß endlich Bescheid, und auf die, die geblieben sind, kann ich mich wirklich verlassen.
Durch meine Selbsthilfegruppe weiß ich auch, was man sich von der Familie alles anhören darf. Deswegen bin ich ganz froh, dass es keine Familie mehr gibt und dass ich den Rücken frei habe. So bin ich vollkommen unabhängig in meinen Entscheidungen. Und das ist auch gut.
Die Verwandten meines Mannes sind alle verstorben, und zu meiner Schwester habe ich keinen Kontakt mehr. Die hätte mir noch den Rest gegeben. Die ist nicht verheiratet und kann meine Nöte überhaupt nicht verstehen. Die erste Zeit nach dem Schlaganfall, wenn ich mal erzählen wollte, was mich bedrückt, sagte

sie nur: » Du wolltest ja heiraten, nun beklage dich man nicht.«
Ja, dann gibt man das doch auf. Wenn pflegende Angehörige von Außenstehenden so fertig gemacht werden, sind sie manchmal schlimmer dran als die Kranken.

In der Selbsthilfegruppe haben wir die Haltung, wir können nicht erwarten, dass Menschen, die das nicht mitmachen, verstehen, um was es geht. Aber dann sollen sie bitte ihren Mund halten und nicht mit »guten Ratschlägen« um sich schmeißen. Und wenn einem jemand Vorwürfe macht, dann sollte man sich gleich von dem trennen, denn das belastet nämlich auch noch.

Ich habe so schon genug um die Ohren. Ich muss mich um mich selbst ja auch noch kümmern, dass ich das alles einigermaßen gut

überstehe. Und dann soll ich mir noch solchen Schrott anhören? Ich sage immer: »Ich bin keinem Rechenschaft schuldig, außer mir selbst. Und das ist schon schwierig genug.«

Diesen Schritt, den eigenen Mann in ein Heim zu geben, den macht man sich ja nicht leicht, denn es ist immer zu früh! Ich sehe das auch bei anderen, wie schwierig das ist. Bei Bewerbungen für die Wohngemeinschaft oder auch in der Selbsthilfegruppe wird deutlich, wie schlecht es für die Angehörigen zu ertragen ist, wenn der Schritt notwendig wird.

In meiner Selbsthilfegruppe ist eine Frau, bei deren Mann es sich genauso entwickelt, wie es bei meinem Mann war, da gibt es so viele Parallelen. Ich sage immer zu ihr: »Denk darüber nach, was du machst, wenn ... sorge vor!« Aber sie bringt das nicht! Mir hat man auch gute Ratschläge gegeben: Mach dies, mach das, bevor du ganz fertig bist! Das macht man aber nicht! Man ist erst ganz fertig. So sieht das aus. Und das ist das Schlimme daran!

Ja, ich habe mir schon manchmal gewünscht, mein Mann würde sterben. Dann wäre ich aller Sorgen ledig, auch von der finanziellen Seite her. Und ich weiß ja, was ihn erwartet. Um ihm das zu ersparen, wäre es gut, es ginge zu Ende. Das ist ja kein Leben mehr. In der Einrichtung habe ich gesehen, wie es aussieht, wenn es auf den Rest geht: Das sind ja nur noch lebende Hüllen.

Eine Frau aus meiner Selbsthilfegruppe begleitet ihren Mann jetzt schon siebzehn Jahre. In der Gruppe reden wir auch darüber, dass wir uns manchmal wünschen, dass es zu Ende geht. Man muss darüber reden!

Wenn jemand gesund ist, ist das etwas anderes. Aber bei Alzheimer oder überhaupt bei Demenz, das wissen wir doch alle, dass sich das nur verschlimmert und nicht verbessert. Und dann kann ich doch nicht mit ruhigem Gewissen sagen, ich würde mich freuen, wenn mein Mann noch zwanzig Jahre lebt. Nein, ich würde ihm und mir wünschen, dass es ruck, zuck geht. Ja, das ist ein Thema, über das wir uns ganz klar und deutlich aussprechen, und das können wir auch unter uns. Das kann ein Außenstehender gar nicht begreifen, und dem würden wir das auch nicht so glashart sagen.

Mein Mann war schon immer ein ruhiger Vertreter. Unser Verhältnis war gut. Es hat hin und wieder mal ordentlich Zoff gegeben, wie sich das gehört. Manchmal gab es auch Situationen, da hätte ich ihn zum Mond schießen können, und er mich ja mit Sicherheit auch.

Jetzt ist das eigentlich gar nicht mehr mein Mann. Er ist jedenfalls nicht mehr der Mensch oder der Mann, den ich mal geheiratet habe. An und für sich ist er ein völlig Fremder. Da ist auch nicht mehr viel Liebe. Das ist Routine, man hängt da so mittendrin. Pflicht ist ein blödes Wort, finde ich, aber es ist fast wie eine Pflichtübung, ja, das ist halt so. Wenn die Frauen noch jünger sind, wenn ihre Männer an einer Demenz erkranken, dann kommt ja auch noch die verlorene Sexualität hinzu, womit viele nicht umgehen können.

Eine aus der Gruppe hat einen neuen Partner, sie fährt immer in eine andere Stadt. Schön weit vom Schuss, da weiß keiner, dass sie hier in Bremen noch einen kranken Mann hat. Drei Tage ist sie da und die restliche Woche hier. Sie sagt immer: »Wenn ich nach Bremen zurückfahre, denke ich, Herrgott, was erwartet mich jetzt?« Ich könnte das nicht. Für mich wäre das so viel Stress, dabei wäre ich schon in der Kiste.

Wir sagen immer, bei guter Pflege können die Demenzkranken hundert Jahre alt werden. Wenn ich mir vorstelle, mein Mann ist jetzt 75, er kann ja durchaus noch zehn Jahre leben, aber dann bin ich ja auch zehn Jahre älter. Ich glaube, dann schmeißt er mit meinen Knochen noch Äpfel von den Bäumen.

Die Angst, selbst demenzkrank zu werden, habe ich eigentlich nicht. Gut, es kann jeden treffen, aber wenn ich unsere Familie so durchgehe, da kam die Krankheit nicht vor, und das gibt mir vielleicht das sichere Gefühl. Obwohl ich ja nicht weiß, was noch mal mit mir passiert. Hätte ich mir jemals träumen lassen, dass mein Mann einen Schlaganfall bekommt und dass dadurch die Demenz entsteht? Schlaganfälle verlaufen ja auch verschieden. Wenn ich meine Selbsthilfegruppe so durchgehe, geht es bei den meisten bergauf. Mit meinem Mann sind es nur drei, bei denen es langsam bergab geht. Eine Frau, deren Mann auch so abbaut, sagte neulich mal zu einer anderen: »Ich bin richtig neidisch, wenn ich höre, was dein Mann für Fortschritte macht.«

Erst habe ich geschluckt und dachte, das ist ja wohl das Allerletzte, darauf neidisch zu sein, aber ich habe dann gemerkt, ich bin auch neidisch auf die, deren Männer Fortschritte machen. Wie oft habe ich mir schon die Frage gestellt: Warum ausgerechnet mein Mann?

Geholfen mit der Krankheit fertig zu werden hat mir, dass ich mich informiert habe, was diese Krankheit bedeutet, was da auf mich zukommt und was ich bewältigen muss. Wenn ich weiß, was mich erwartet, kann ich besser damit umgehen, so sehe ich das. Viele machen das ja anders, schieben das zur Seite. Aber ich muss wissen, was kommt, dann kann ich mich darauf einstellen.

Einen ganz großen Rückhalt gibt mir die Selbsthilfegruppe. Wir sind so zusammengewachsen im Laufe der zehn Jahre.

Woraus ich die Kraft geschöpft habe, das alles durchzustehen, kann ich eigentlich gar nicht sagen. Ich habe mich sehr viel auf mich selbst verlassen und mir immer gesagt: »Das schaffe ich!« Dadurch habe ich mir vielleicht selbst Mut zugesprochen. Und ich bin, wie gesagt, auch kein Typ, der den Kopf in den Sand steckt. Ich meine, jammern und klagen kann ich auch, so ist das nicht. Aber wenn ich jammere, nütze ich niemandem damit. Ich muss in die Hufe kommen und anpacken. Und ich wusste ja genau, was ich wollte, nachdem ich den Film über die Demenz-WG gesehen hatte. Damit hatte ich ein Ziel.

Wir Angehörigen haben uns auch jetzt noch viel vorgenommen. Wenn der Sommer kommt, können wir schön draußen sitzen, denn die Wohnung hat einen großen Balkon.

Seitdem die »Woge« bewohnt ist, hat sich alles ein bisschen entspannt. Wir hocken jetzt schon mal zusammen, und abends gibt es hin und wieder ein Glas Rotwein. Das sind so Sachen, die so langsam anfangen. Und so haben wir uns das ja auch vorgestellt.

Wenn jetzt die Phase kommt, dass es meinem Mann wirklich schlechter geht, dann werde ich mir kein Bein mehr ausreißen, denn jetzt sind bei mir die Schotten dicht. Ich habe ihn dahin gebracht, wohin ich ihn haben wollte, nämlich da, wo es ihm besser geht.

Den ersten Monat war ich fast jeden Tag in der WG. Ich habe

gesagt: »Um es allen zu erleichtern und um das Personal zu informieren, wie mein Mann am besten zu behandeln ist, komme ich anfangs jeden Tag.« Ich habe das aber langsam heruntergeschraubt. Ich kann jetzt auch beruhigt weggehen.

Sonst lief er ja hinter mir her. In der Einrichtung hatte ich das so gemacht: Nach dem Abendbrot brachte ich ihn ins Bett, damit er nicht sah, dass ich weggehe, damit ich ruhiger fahren konnte. Aber ich wurde trotzdem nicht damit fertig. An der nächsten Ecke habe ich angehalten und mich erst einmal ordentlich unter Wasser gestellt. Wenn ich jetzt weggehe, habe ich ein gutes Gefühl, weil ich weiß, dass er da gut aufgehoben ist. Es geht ihm gut, er hat eine gute Versorgung und es wird nach ihm geguckt.

Und es ist ja so: Wenn es ihm gut geht, geht es mir auch gut, und dann kann ich auch gehen.

Nun ist es auch möglich, nur mal eben hinzufahren. Ich brauche lediglich einen kleinen Schlenker zu machen. Dann kann ich, wie gesagt, in aller Seelenruhe wegfahren und meine Besorgungen machen. Sonst hätte ich auf Kohlen gesessen und gedacht: »Jetzt gehst du weg. Was passiert wohl?«

Heute Mittag war ich eben da, er war gerade am Mittagessen. Er war der Letzte, der fertig wurde, weil es bei ihm alles sehr viel langsamer geht. Da habe ich noch so gedacht: »Na ja, in der Zeit, als er berufstätig war, oder überhaupt, als er noch zu Hause war, da wurde das Essen so runtergeschlungen, fix, fix, fix, fix, so dass ich oft gesagt habe: ›Dafür, dass du das so schnell weghaust, stelle ich mich hin und koche?‹« Ja, gut, das ist nun mal so, aber da können einen schon Gedanken ankommen! Als ich loswollte, sagte ich: »So, und jetzt mache ich die große Flatter. Tschüß, Kleiner, ich muss jetzt arbeiten.« Das versteht er am besten.

Das Schöne an der »Woge« ist, dass da nur so wenige sind. Momentan gibt es drei Bewohner, fünf weitere sollen noch kommen. Die WG wird von einem Pflegedienst betreut, den wir Angehörige uns selbst ausgesucht haben. Die Kosten für die Pflege werden zum Teil durch die Pflegeversicherung abgedeckt, für Miete und Ernährung müssen die Mieter selbst bzw. deren Angehörige aufkommen.

Die Betreuung geht rund um die Uhr, auch nachts. Die Frühschicht und die Spätschicht werden im Moment noch von einer Hauswirtschaftskraft gemacht, zusammen mit einem Zivi oder mit einem jungen Mädchen, das sein freiwilliges soziales Jahr leistet. Um 10.00 Uhr kommt dann ein examinierter Pfleger, der geht um 15.00 Uhr.

Wir möchten gern, dass nachmittags auch noch jemand Examiniertes da ist, aber das ist natürlich eine Kostenfrage. Da die WG zurzeit noch nicht voll belegt ist, ist das finanziell momentan noch nicht drin, aber wenn sie mal vollständig besetzt ist, wird sich das wohl machen lassen. Dann soll es so sein, dass die Früh- und Spätschicht mit einer examinierten und einer nicht examinierten Kraft besetzt ist. Die Frühschicht kommt dann um 7.00 Uhr und bleibt bis 15.00 Uhr, die Spätschicht soll um 14.30 Uhr beginnen und bis 22.30 Uhr dauern, die Nachtschicht fängt dann um 22.00 Uhr an und endet um 7.30 Uhr. Es soll also zwischen den Schichten immer eine halbe Stunde Übergabe geben, das muss auch sein, um weiterzusagen, was in der vergangenen Schicht mit den einzelnen Mietern passierte.

Die Kräfte arbeiten von montags bis sonntags, dann haben sie eine Woche frei. Dann kommen die nächsten und arbeiten auch wieder eine Woche. Dadurch brauchen sich die Mieter nicht so häufig an neue Gesichter zu gewöhnen. Wer wann eingesetzt wird, organisiert der Pflegedienst, darum brauchen wir Angehörigen uns nicht zu kümmern.

Die Bewohner werden, soweit es möglich ist, an der Hausarbeit beteiligt. Sie sitzen dann alle im Wohnküchenbereich, und es wird sich unterhalten, soweit das möglich ist. Es wird gesungen, gespielt oder vorgelesen. Mein Mann ist da nie allein.

Er hat auch Verstärkung. Da ist noch ein Herr, der genauso alt ist wie er. Um den kümmert sich die Tochter ganz rührend. Zu der habe ich auch einen ganz guten Kontakt.

Mein Mann geht auch nicht mehr so früh ins Bett, durch die Bank ist es jetzt später. Der Arzt sagte auch, er solle man versuchen, ein bisschen später ins Bett zu gehen, und wenn der Sommer kommt, dann möchte ich auch gern, dass er etwas länger aufbleibt.

Auch mit der Inkontinenz ist es besser geworden, zum größten Teil schafft er es schon, auf die Toilette zu gehen. Vorher ging das immer in die Vorlage. Es passiert natürlich nach wie vor, dass es mal in die Vorlage geht, aber es hat sich schon gebessert.

In der »Woge« werden regelmäßige Toilettengänge gemacht. Ich wusste schon aus Berlin, dass die sehr hilfreich sein können, um die Inkontinenz in den Griff zu bekommen. Und vor allem, dass er keine Psychopharmaka mehr braucht, das finde ich sehr schön. Die Medikamente, die er nehmen muss, dosiert der Arzt so gering wie möglich. Man muss ja auch erst einmal einen Arzt finden, der bereit ist, so damit umzugehen.

Der Rechtsanwalt, der mich damals in der Geschichte mit der Einrichtung so sehr unterstützte, begleitet uns übrigens auch ehrenamtlich in juristischen Dingen in der »Woge«.

Seitdem mein Mann in der WG ist, hat er auch wieder kleine Freuden. Da wird viel gealbert, und wir beide reißen auch so unsere Witzchen. Es kommt jetzt sogar vor, dass er schon mal eine Antwort gibt. Ich mag ja dieses Aufgesetzte nicht, aber er kennt mich ja nun auch schon etwas länger, und wenn ich zu ihm sage: »Na, du altes Rübenross«, wie ich so bin, dann sagt er: »Bist du.« Mehr braucht er auch gar nicht zu sagen. Alles lacht!

Also, es geht ihm wirklich besser. Wenn ich sehe, wie es meinem Mann jetzt in der »Woge« geht, dann denke ich oft: »Die ganze Arbeit hat sich gelohnt.«

Wer weitere Informationen über die »Woge« möchte, kann ins Internet schauen (www.diewogebremen.de) oder sich direkt an Marlene Keilhack wenden (Tel. 0421-58 05 77).
Die »Freunde alter Menschen« bieten Angehörigen Demenzkranker bundesweit kostenlose Beratung und Hilfestellung bei der Gründung von »Demenz-WGs« an (s. Anhang).

Von anderen Angehörigen lernen: Last abwerfen! Entlastungsmöglichkeiten nutzen

Aus allen Interviews geht hervor, dass die Demenz der Mütter, der Väter und der Partner sehr stark in das eigene Leben eingreift und dass die Begleitung demenzkranker Menschen eine äußerst kräftezehrende Aufgabe ist. Um sie bewältigen zu können, ist es nötig, gut auf sich selbst zu achten und die Befriedigung der eigenen Bedürfnisse nicht zu vernachlässigen.
Meine Interviewpartner benannten im Laufe der Gespräche Situationen, in denen es ihnen besonders schwer fällt, gut für sich selbst zu sorgen – sie nannten aber auch verschiedene Möglichkeiten, sich Entlastung zu schaffen.

Wer gut für sich selbst sorgt, kann besser versorgen

Der meist ohnehin schon anstrengende Umgang mit dem Kranken kann als unerträgliche Bürde empfunden werden, wenn es einem selbst nicht gut geht oder wenn das Gefühl des Angekettetseins bzw. der Ausweglosigkeit übermächtig wird.
Angehörige machen immer wieder die Erfahrung, dass die Pflege oder Begleitung viel einfacher ist, wenn sie selbst entspannt sind, weil sie sich einen ausgedehnten Spaziergang gegönnt hatten oder andere Dinge, die ihnen gut taten. Von der Kraft, die Angehörige an einem freien Tag oder in freien Stunden tanken, haben nicht nur sie etwas, sondern auch die Kranken!
Gehen die Betreuenden über ihre Grenzen, tun sie sich selbst und auch den demenzkranken Menschen keinen Gefallen. Betreuung Gebende können unter diesen Bedingungen auch zu dem Demenzkranken keinen positiven Kontakt aufrechterhalten – und dafür haben die Kranken ein sehr ausgeprägtes Gespür. Zwar können

sie nicht mehr auf die Gefühle ihrer Mitmenschen eingehen, aber ihre emotionale Wahrnehmungsfähigkeit bleibt erhalten. Sie haben feine Antennen für Stimmungen und Atmosphäre.
Die Sensibilität der Kranken kann auch zur Folge haben, dass betreuende Angehörige sich oft zusammenreißen und »Versteck spielen«. Sie nehmen sich zum Teil bis zur Selbstaufgabe zurück, weil sie eine Atmosphäre herstellen wollen, die dem Kranken emotionale Sicherheit gibt und ihm gut tut.
Eine Zurücknahme der eigenen Gefühle und Bedürfnisse bewirkt zusätzlichen Druck und das Empfinden des Verzichts. Schnell geraten Angehörige in einen Teufelskreis: Gehen sie über ihre Grenzen und reagieren dadurch im Zusammensein mit den Demenzkranken eher angespannt, spüren die Kranken das. Sie verhalten sich dann leichter verunsichert – wodurch der Umgang mit ihnen noch anstrengender wird, was die Betreuenden wiederum noch stärker belastet. Nur die Angehörigen können diesen Teufelskreis unterbrechen, die demenzkranken Menschen können das nicht.

Eigene Belastungsgrenzen wahr- und ernst nehmen

Das schlechte Gewissen spielt bei der Betreuung demenzkranker Menschen eine große Rolle. Wenn Angehörige sehen, wie hilfsbedürftig die Demenzkranken sind, möchten sie ununterbrochen helfen. Das ginge aber lediglich auf Kosten der eigenen Gesundheit. Wo sollen sie die Grenze ziehen?
Es wurde berichtet, wie selten es gelingt, die eigenen Bedürfnisse umzusetzen, wenn die Erkrankten nach Hilfe rufen. Wenn, wie in diesem Buch, eine Angehörige z.B. spät abends nach Hause kommt und auf ihrem Anrufbeantworter Hilferufe ihrer Mutter vorfindet, muss sie darüber nachdenken, ob sie noch zurückruft

oder nicht. Wenn sie sich entscheidet, zu später Stunde nicht mehr darauf zu reagieren, geschieht das nicht unüberlegt, sondern erst, nachdem sie noch einmal innegehalten und sich selbst damit beruhigt hat, dass die Erkrankte wahrscheinlich schon schläft. Doch die Frage »Hätte ich nicht doch ...?« bleibt. Die Verantwortung und Sorge für die Erkrankten wird mit in den Schlaf genommen.

Angehörige leiden ganz besonders unter einem schlechten Gewissen, wenn sie ihre Eltern oder Partner in ein Pflegeheim geben müssen. Häufig werden sie bei diesem Schritt mit ihrer Hilflosigkeit konfrontiert. So wird eine Heimunterbringung nicht selten von dem Gefühl begleitet, zu versagen, »es nicht zu schaffen«. Eine Ehefrau, die ihren Mann in ein Heim geben musste, machte die Erfahrung: »Das Schlimmste daran war für mich, damit konfrontiert zu werden, dass ich nicht in der Lage bin, ihn zu Hause zu behalten. Aber ich konnte das einfach nicht. Ich war fertig – mit Jack und Büx!«

In Pflegeheimen werden die Erkrankten zwar versorgt und beaufsichtigt, bekommen aber häufig nicht genügend Ansprache und Zuwendung. Der Druck auf die Angehörigen steigt: »Ich muss möglichst oft Besuche machen.« Das Gefühl, sich kümmern zu müssen, kann zur unerträglichen Belastung werden.

Wenn die innere Stimme Angehörige ohnehin mit den Vorwürfen plagt, dass sie ihre Verwandten in ein Heim gegeben haben, können sie schnell in die Versuchung kommen, das schlechte Gewissen mit häufigen Besuchen zu betäuben. Dennoch muss in der neuen Lebenssituation ein Besuchsrhythmus gefunden werden, den die Betreuenden verkraften können. Die zeitlichen Abstände dürfen nicht so eng gesteckt sein, dass das Leid, mit dem sie bei diesen Besuchen konfrontiert werden, nicht verarbeitet werden kann. Die Begegnungen zeigen ihnen ja immer wieder, wie sehr die Mutter abbaut, dass der Vater immer weint, dass der Partner sie nicht mehr erkennt, etc. Die Abstände der Besuche dürfen aber auch nicht so weit auseinander liegen, dass das schlechte Gewissen unerträglich wird. Die richtigen Abstände zu finden, erfordert ein ständiges Hinspüren und die Fähigkeit, die eigenen Grenzen wahr- bzw. ernst zu nehmen.

Wenn es den Angehörigen gelingt, den Besuchsrhythmus so zu gestalten, dass die eigenen Belastungsgrenzen nicht überschritten werden, entstehen häufig andere Ängste: »Was denken Verwandte, Bekannte, Nachbarn?« Für sie stellen sich die vielleicht seltener ausfallenden Besuche eventuell so dar: »Die kümmert sich aber nicht genug um ihren kranken Mann. Erst schiebt sie ihn ab und dann besucht sie ihn so selten.«

Die Auseinandersetzung mit sich selbst, der innere Kampf – wie oft gehe ich ins Altenheim – wird für Verwandte, Nachbarn und Bekannte nicht sichtbar. Auch die seelische Belastung, die so ein Besuch häufig mit sich bringt, sieht kein Außenstehender.

Die Angehörigen machen es sich nicht leicht, den richtigen Rhythmus zu finden. Im Gegenteil: Es fällt ihnen nicht selten ausgesprochen schwer, ihre eigenen Belastungsgrenzen zu beachten und sich selbst vor Überforderung zu schützen. In einigen Interviews wird deutlich, wie sehr sie mit sich hadern: »Gehe ich heute hin oder gehe ich nicht hin?« Viele brauchen vor sich selbst eine »Erlaubnis«, nicht ins Altenheim zu gehen. Es müssen stets Begründungen gefunden werden, warum ein Besuch nicht stattfindet. Dabei werden die Maßstäbe sehr hoch angesetzt.

Eine Gesprächspartnerin berichtete, dass sie sich innerlich so ein Bild gemacht habe, jeden zweiten Tag zu ihrem Vater ins Altenheim fahren zu müssen. In Zeiten, in denen ihr Beruf sie stark fordert, sind ihr die Besuche manchmal zu viel. Wenn sie sich erlaubt, einen Besuch ausfallen zu lassen, überprüft sie ihre

Begründung, nicht hinzufahren, überkritisch: »Wenn ich wirklich ganz müde und kaputt nach Hause komme, dann erlaube ich mir eben manchmal, wenn es mir wirklich nicht gut geht, nicht hinzufahren.«

Es kommt vor, dass die Schuldgefühle so stark sind, dass Angehörige deswegen hinfahren. So sagte eine Befragte: »Ich fahre dann hin, weil ich genau weiß, jetzt bringt das Herauszögern nichts mehr. Ich habe dann so starke Schuldgefühle. Deshalb fahre ich hin.«

Manche versuchen, ihr schlechtes Gewissen zu bekämpfen, indem sie sich klar machen, dass sie ihre Angehörigen auch nicht häufiger besuchten, als diese noch gesund waren – ohne dass damit ein schlechtes Gewissen verbunden war. Auch wenn es sehr schwierig ist, die eigenen Belastungsgrenzen zu beachten, sollten Angehörige sich immer wieder vor Augen führen, dass es nur dann möglich ist, andere Menschen gut und liebevoll zu versorgen oder zu begleiten, wenn man auch für sich selbst gut sorgt. Gut für sich sorgen hat gar nichts mit Egoismus zu tun.

Auszeit – aber richtig!

Begleitende brauchen dringend einen Ausgleich zu der aufreibenden Betreuungsarbeit: Äußerst wichtig ist es, zwischendurch immer wieder für genügend Erholung, Entlastung und Abstand zu sorgen, wobei der Abstand auch räumlich sein muss.

Wenn Pflegende, die mit einem demenzkranken Partner oder Elternteil unter einem Dach leben, sich eine Auszeit nehmen, sollten sie diese sehr gut planen, sie sollten ganz genau hinspüren, was ihnen hilft, sich zu entspannen und abzuschalten.

Empfehlenswert ist es, die freie Zeit nicht allein zu verbringen, denn das Gefühl des Alleinseins wird während der Pflegesituation

häufig genug empfunden. Darum ist es besser, während der pflegefreien Zeit die Gesellschaft anderer Menschen zu suchen. Wenn Entspannung nötig ist und die Wohnung nicht verlassen werden kann, ist es wichtig, etwas zu tun, wobei man wirklich abschalten und die Situation, in der man sich befindet, ausblenden kann.
Ein Interviewpartner sagte, dies sei bei Tätigkeiten möglich, die eine starke Konzentration erfordern. Für ihn sei Schach- oder Geigespielen eine gute Möglichkeit, um abzuschalten.
Die Pflegesituation zwingt Angehörige, sich Gedanken über sich selbst zu machen, sich ihrer eigenen Bedürfnisse bewusst zu werden und gut zu planen, was sie mit der Auszeit machen wollen, denn Auszeiten sind kostbar.

Entlastung darf nicht zur Belastung werden!

Um zu verhindern, dass eine als Entlastung gedachte Zeit zur Belastung wird, ist es ganz wichtig, die Vertretung sehr sorgfältig auszuwählen. Nicht immer muss es eine fachlich hoch qualifizierte Pflegerin sein. Es kommt auf die Persönlichkeit des Kranken und auf den Krankheitsstand an, ob eine examinierte Altenpflegerin oder ein nicht pflegerisch ausgebildeter liebevoller Mensch die Vertretung übernehmen kann.
Auf jeden Fall muss die Vertretung den Erkrankten so behandeln, dass dieser sich wohl und sicher fühlt. Ansonsten besteht die Gefahr, ein (Gefühls-)Chaos vorzufinden, wenn man zurückkommt. Dann würde die dringend benötigte Entlastung zur Belastung und der gerade gewonnene Erholungswert sofort zerrinnen.
Außerdem kann durch solche Erfahrungen ganz schnell eine gefährliche Haltung entstehen: »Da pflege ich doch lieber selbst und verzichte auf meine freien Stunden oder meinen freien Tag.«
Aber: Kein Mensch kann einen anderen 24 Stunden lang pflegen

und versorgen, ohne sich selbst vollkommen zu überfordern – und erst recht nicht über Jahre.

Wer weiß, was die Kranken brauchen, hat es leichter

Viele Befragte haben das Bedürfnis, sich über die Krankheit zu informieren, wenn Nahestehende – und damit auch sie selbst – von einer Demenz betroffen sind. Wissen gibt Sicherheit und hilft, besser mit der Demenz umzugehen. Und es ist eine Chance, sich auf das, was kommt, vorbereiten zu können: »In vielen Dingen war ich immer ein Stück voraus, und es war niemals so, dass irgendjemand sagen musste: ›Jetzt brauchen wir ganz schnell mal dies oder das.‹ Es war immer alles da. Auch den Umbau des Bades habe ich schon vornehmen lassen, bevor es nötig war. Das habe ich alles in der Selbsthilfegruppe gelernt, weil ich von anderen gehört habe, wie die Krankheit verlaufen kann.«

Neben praktischen Tipps kann man nicht nur in Selbsthilfegruppen, sondern auch in Büchern und Fernsehreportagen viel für den Umgang mit Demenzkranken lernen. Richtig behandelte Erkrankte sind spürbar ausgeglichener und somit »pflegeleichter« – und davon profitieren auch die Pflegenden.

Ruhe und Regelmäßigkeit geben Demenzkranken Sicherheit und Orientierung. Feste Zeiten für Mahlzeiten, für Beschäftigung, für Ruhephasen und für das Zu-Bett-Gehen ermöglichen einen festen Tagesablauf und bescheren somit beiden, dem Erkrankten und dem Pflegenden, Entlastung und damit Lebensqualität.

Hilfreich kann es auch sein, gewohnte Rituale zu pflegen, wie z.B. den Tisch auf eine bestimmte Art und Weise zu decken oder beim Fernsehen Obst zu schälen.

Der Zugang zu den Erkrankten ist oft schwierig. Über Erinnerungen aus der Lebensgeschichte ist ein Gespräch am ehesten

möglich. Nahe Angehörige haben es durch Kenntnis der Biografie ihrer Eltern oder Partner leichter, solche Gespräche in Gang zu bringen. Für fremde Pflegepersonen sind Fotos aus der Vergangenheit der Erkrankten eine gute Möglichkeit, mit ihnen ins Gespräch zu kommen und ihre Geschichte lebendig zu erhalten.
Gedächtnistraining, das für alte Menschen ohne Demenz sinnvoll und anregend sein kann, sollte bei Demenzkranken unbedingt vermieden werden. Ebenso Abfrageübungen wie: »Welchen Tag haben wir heute?«, denn sie verunsichern, quälen und beschämen die Demenzkranken nur, können aber die Ursache der Vergesslichkeit oder der zeitlichen Orientierungslosigkeit nicht rückgängig machen. Wesentlich sinnvoller ist es, das Datum des Tages oder den Namen des Monats beiläufig ins Gespräch einfließen zu lassen.

Beim Sprechen ist es immer wichtig, den Kranken anzusehen. Der Blickkontakt gibt das Gefühl der Sicherheit und des Angenommenseins. Auch sollte darauf geachtet werden, dass einfache, kurze Sätze langsam und deutlich gesprochen werden.

Wertschätzung entschärft die Probleme

Validation, also »etwas für gültig erklären«, bedeutet nach Naomi Feil, die Lebenswelt der Demenzkranken anzuerkennen. Aussagen und Verhalten der Kranken werden bei dieser Methode nicht an den Maßstäben Gesunder gemessen. Stattdessen wird auf ihre Lebenswelt eingegangen, es wird versucht, sie in der Wirklichkeit, die sie empfinden, ernst zu nehmen und zu verstehen.
Wenn den erkrankten Menschen, die zeitlich und räumlich nicht mehr orientiert sind, Einfühlungsvermögen und Wertschätzung entgegengebracht werden, sind sie häufig entspannter und ruhiger – eine Entlastung auch für die Pflegenden oder Betreuenden.

Die Unruhe wegsingen ...

Bei Demenzkranken, die nicht den Antrieb zum Sprechen haben, ist Singen eine Möglichkeit, ihnen Äußerungen zu entlocken. Wenn, wie so oft in den Interviews erwähnt, das Schweigen der Erkrankten nicht ertragen werden kann, hilft es häufig, ein ihnen bekanntes Lied zu beginnen – in den meisten Fällen stimmen sie ein.

Durch das Singen kann auch vorhandene Unruhe gemildert werden, und das Wiederholen immer gleicher Fragen, das für Begleitende äußerst nervenaufreibend sein kann, wird »vergessen«.

Auch Hautkontakt beruhigt. Gerade in Situationen, die für die Erkrankten unbekannt und daher belastend sind, kann es sehr

hilfreich sein, ihre Hand zu halten oder sie zu streicheln.

Wenn die Erkrankten das Gefühl haben, sich nützlich machen zu können und gebraucht zu werden, wird vorhandene Unruhe in vielen Fällen auch gelindert. Vertraute Arbeiten, die früher oft und gern verrichtet wurden, können somit zur Beruhigung beitragen. Für die einen ist es vielleicht Kartoffeln schälen oder Handtücher falten, für andere Papiere »ordnen«.

Auch wenn es keine »Arbeiten« gibt, die wirklich verrichtet werden müssen, wird Begleitenden, die einmal die Erfahrung gemacht haben, wie wirkungsvoll derartige Beschäftigungen sein können, schon etwas einfallen, was gerade zu falten oder zu ordnen ist. Dabei müssen sich die Angehörigen keine Gedanken machen, wie sie den Erkrankten möglichst abwechslungsreiche Tätigkeiten bieten können, denn wiederkehrende, von gesunden Menschen vielleicht als monoton empfundene Tätigkeiten geben Demenzkranken das Gefühl, der Aufgabe gewachsen zu sein, und verleihen ihnen somit Sicherheit und Selbstbewusstsein.

Hier gilt, was im Umgang mit Demenzkranken häufig zum Tragen kommt: Für sie gelten andere Maßstäbe als für Gesunde.

Räumliche Veränderungen vermeiden

Auch ist es bei vielen Demenzkranken äußerst wichtig, räumliche Veränderungen zu vermeiden. Städtebesuche z. B., die für gesunde Menschen anregend und interessant sein können, sind für Demenzkranke in der Regel verunsichernd, beängstigend und anstrengend. Gleichzeitig sollte immer abgewogen werden, wie schwerwiegend der Verzicht für einen selbst ist, wenn diese oder jene Unternehmung nicht gemacht wird.

Eine pflegende Angehörige berichtete in einer Selbsthilfegruppe, wie sie einen solchen Konflikt löste: Sie hatte das dringende Bedürfnis, zu ihrer erkrankten Schwester in eine entfernte Stadt zu fahren, und sah nur die Möglichkeit, ihren Mann in einer Kurzzeitpflege unterzubringen. Wissend, dass ihm eine fremde Umgebung nicht besonders gut bekam, bat sie die Pflegerin, die ihn auch zu Hause täglich stundenweise betreute, ihn während ihrer Abwesenheit jeden Nachmittag im Altenheim zu besuchen. So überstand er die Zeit recht gut, und sie musste nicht auf einen ihr wichtigen Besuch verzichten.

Wenn es sich nicht vermeiden lässt, den Erkrankten unbekannte Situationen oder unbekannte Orten zuzumuten, ist es immer hilfreich, ihnen etwas Vertrautes mitzugeben. Dies kann eine Wolldecke, ein Kissen oder etwas anderes Liebgewordenes sein.

Durch Tagesbetreuung mal wieder allein zu Hause

Wohlfahrtsverbände wie AWO oder Rotes Kreuz, aber auch freie Träger bieten Tagesbetreuung oder Tagespflege für pflegebedürftige ältere Menschen an. In vielen Städten gibt es mittlerweile spezielle Tagesgruppen für Demenzkranke.

Die Betreuung kann an Werktagen täglich oder nur an bestimmten Tagen pro Woche in Anspruch genommen werden. Die Erkrankten werden morgens von zu Hause abgeholt und mittags oder nachmittags zurückgebracht. Mittagessen, Nachmittagskaffee und pflegerische Versorgung sind in den Leistungen der Tagesbetreuung eingeschlossen. Sie kann in vielen Fällen durch die Pflegeversicherung finanziert werden.

Tagesbetreuung bietet den Erkrankten die Möglichkeit, in der Gemeinschaft gesellig zusammen zu sein. Einige Gruppen legen den Schwerpunkt auf ein Training von Alltagsfähigkeiten.

Pflegenden Angehörigen, die mit den Erkrankten in einem Haushalt leben, bietet sie eine stundenweise Entlastung der besonderen Art: Durch diese Betreuungsform haben Pflegende die Möglichkeit, allein zu Hause zu bleiben. Wenn eine Pflegeperson ins Haus kommt, werden die Pflegenden zwar auch entlastet, sie können sich auf Tätigkeiten im Haus konzentrieren, ohne die Pflegebedürftigen im Blick haben zu müssen, auch können sie das Haus verlassen – aber will man das immer?

Vielleicht möchten Angehörige, die Tag und Nacht mit den Erkrankten zusammen sind, auch mal die Möglichkeit haben, ihr Zuhause zu genießen – ohne die Anwesenheit des Erkrankten. Das bietet ihnen die Tagesbetreuung.

Betreuter Urlaub tut gut

Eigentlich haben gerade die Pflegenden, die rund um die Uhr für ihre demenzkranken Elternteile oder Partner da sind, einen Urlaub zwischendurch besonders nötig. Aber oft trauen sie sich nicht, allein in Urlaub zu fahren und den Kranken für diese Zeit in Kurzzeitpflege zu geben. Sie befürchten, dass es ihren Angehörigen nach einem solchen Aufenthalt wesentlich schlechter geht, weil sie ihre vertraute Bezugsperson für eine relativ lange Zeit verlieren. In solchen Situationen ist der betreute Urlaub eine

gute Möglichkeit, die eigenen vier Wände einmal hinter sich zu lassen und neue Eindrücke zu bekommen.
In der Neurologischen Klinik Bad Aibling wird Erholung vom Pflegealltag als Reha-Maßnahme angeboten, in Boltenhagen als betreuter Urlaub für Demenzerkrankte und ihre Angehörigen (s. Anhang). Während die Kranken ihrem Krankheitsstand entsprechend betreut werden, haben Angehörige die Möglichkeit, an Gesprächsgruppen teilzunehmen, in denen ihnen der Rücken gestärkt wird. Sie treffen auf andere Pflegende, mit denen sie sich austauschen können. Trotzdem muss der Erkrankte nie lange auf das vertraute Gesicht verzichten. Man ist stets in der Nähe, kann aber stundenweise an Fachleute abgeben und abschalten.
Voraussetzung für diesen Urlaub ist, dass der Kranke eine Ortsveränderung noch verkraften kann. Dies ist in Begleitung der gewohnten Pflegeperson eher möglich als allein.

Vom Alzheimer-Café profitieren beide

Ein pflegender Ehemann stellte fest, dass es ihm gut geht, wenn seine Frau einen zufriedenen Eindruck macht. Das ist eine Triebfeder für ihn, Dinge mit seiner Ehefrau zu unternehmen, die ihr seiner Beobachtung nach gut tun. Er merkte, dass sie auf Frauen sehr positiv reagiert, und will darum mit ihr ein im Ort entstehendes Alzheimer-Café besuchen, wo sie die Möglichkeit hat, andere Frauen zu treffen. Die Idee der Alzheimer-Cafés kommt aus den Niederlanden. In Alzheimer-Cafés begegnen sich Demenzkranke und ihre Angehörigen. Während die Demenzkranken von Fachkräften betreut und z. B. durch gemeinsames Singen oder Vorlesen beschäftigt werden, haben die Pflegenden die Möglichkeit, ihre Verpflichtungen für ein paar Stunden abzugeben und sich in einem anderen Raum auszutauschen.

Ein gutes Pflegeheim verleiht Seelenfrieden

Die Gefühle von Schuld und Versagen, die Angehörige durch eine Unterbringung der Erkrankten im Pflegeheim empfinden, können gemildert werden, wenn sie merken, ihre demenzkranken Partner oder Eltern sind dort gut aufgehoben. Dabei zählt nicht nur, dass die Versorgung gewährleistet und der Aufsichtspflicht genügt wird, wichtig ist auch, dass den Erkrankten eine liebevolle Ansprache und Zuwendung zuteil wird.

Gerade wenn der Erkrankte zuvor in einer Einrichtung war, die den eigenen Vorstellungen nicht entsprach, wird es als äußerst befreiend empfunden, wenn es gelingt, ihn in einem besseren Heim unterzubringen. Eine Ehefrau drückte ihre Erleichterung

so aus: »Ich hatte endlich das Gefühl, alles richtig gemacht zu haben.«

Es wird als entlastend empfunden, wenn die Erkrankten neue Bezugspersonen finden. Auch wenn der Ehemann dann »mit einer Krankenschwester herumschmust oder ihr sogar einen Kuss aufdrückt und Zärtlichkeiten austauscht«, wird es als positiv gesehen, dass er sich im Pflegeheim wohl fühlt.

Um das Verhalten des Ehemanns ertragen zu können, ist es sicher hilfreich, verinnerlicht zu haben, dass er krank ist und die Rolle des Ehepartners nicht mehr ausfüllen kann.

An der Tatsache, dass eine eher kränkende Geste zur Entlastung wird, kann ermessen werden, wie stark der Wunsch der Angehörigen sein muss, dass der Kranke gut aufgehoben ist, wie angewiesen sie darauf sind, um ihren Seelenfrieden zu erlangen.

Neue Wege gehen: eine WG für Menschen mit Demenz

Eine andere Möglichkeit, den Erkrankten gut unterzubringen, ist die Gründung einer betreuten Wohngemeinschaft (WG) für Menschen mit Demenz. Eine Ehefrau berichtet, wie sie nach wiederholten schlechten Erfahrungen mit Pflegeheimen eine solche WG gründete, um sicherzustellen, dass ihr Mann sich wohl fühlt.

In betreuten Wohngemeinschaften bestimmen – wie bei der ambulanten Pflege im eigenen Haushalt auch – die Bewohner der WG bzw. deren Angehörige oder gesetzliche Betreuer, wer die Pflege und Betreuung bereitstellt, wie sie strukturiert sein soll, wie die Wohnung ausgestattet ist und was gegessen und getrunken wird.

Den Erkrankten kommen Wohngemeinschaften insofern zugute, als dass ihnen in einem kleinen, überschaubaren Rahmen von sechs bis acht Bewohnern viel Anregung und Zuwendung zuteil werden kann. Sie werden hier nicht nur versorgt, sondern nehmen im Rahmen ihrer Möglichkeiten am Alltag teil. An hauswirtschaftlichen Arbeiten wie Kochen, Putzen, Blumenpflege, Gartenarbeit und Versorgung der möglicherweise vorhandenen Haustiere werden sie je nach ihren Fähigkeiten und Interessen beteiligt oder können zumindest dabei zusehen. Ihre Zimmer können mit ganz persönlichen Dingen, wie eigenen Möbeln und lieb gewonnenen Gegenständen, ausgestattet werden.

In Wohngemeinschaften für Menschen mit Demenz ist auch die Beteiligung Angehöriger an der Pflege oder Betreuung möglich. Gerade für Angehörige, die den Gedanken an eine Heimunterbringung schlecht ertragen, obwohl die eigenen Belastungsgrenzen schon längst überschritten sind, kann eine betreute Wohngemeinschaft eine gute Lösung sein. Hier können sie sich in einem für sie machbaren Maß auch dann weiterhin in die Pflege einbringen, wenn ihre Angehörigen nicht mehr zu Hause leben. Die Kontrolle der Pflege oder Betreuung kann auf diese Weise ebenso erhalten bleiben wie die eigene Gesundheit. Außerdem kann hierdurch eine Reduzierung der Kosten in der WG erreicht werden.

Die Idee der betreuten Wohngemeinschaften für Menschen mit Demenz stammt von den »Freunden alter Menschen« aus Berlin. Sie gründeten bereits 1995 die ersten »Alzheimer-WGs«. Inzwischen gibt es in Berlin fast 100 betreute Wohngemeinschaften. Die »Freunde alter Menschen« bieten Angehörigen Demenzkranker bundesweit eine kostenlose Beratung und Hilfestellung bei der Gründung von »Demenz-WGs« (s. Anhang).

Auch Öffentlichkeitsarbeit kann entlasten

»Ich habe begriffen, dass es eine wirklich lohnende gesellschaftspolitische Aufgabe sein kann, die Öffentlichkeit darüber aufzuklären, dass diese Krankheit existiert, wie sie aussieht und wie pflegende Angehörige mit ihr umgehen können«, sagt ein pflegender Ehemann im Interview.

Wer eine Demenz durch die Pflege oder Betreuung seiner Nahestehenden über Jahre erlebt, ist zum Experten dieser Krankheit geworden und daher bestens geeignet, Aufklärung und Öffentlichkeitsarbeit zu leisten.

Engagement in der Selbsthilfe und Öffentlichkeitsarbeit zum Thema Demenz können, obwohl man beim Thema bleibt, Ablenkung und Ausgleich sein zu der alltäglichen Arbeit. Die Entlastung liegt vielleicht darin, dass bei diesem Tun die Möglichkeit besteht, konstruktiv mit einer sonst eindeutig dem Tod entgegenarbeitenden Krankheit umzugehen. Hinzu kommen Anerkennung und das Gefühl, etwas Sinnvolles zu leisten.

Von dieser Arbeit profitiert man nicht nur selbst, sondern auch andere Angehörige haben etwas davon. Das Engagement pflegender Angehöriger kann Mängel und Missstände aufdecken und benennen. Sie können sogar selbst Einrichtungen schaffen bzw. anregen und mitinitiieren, die zur Entlastung pflegender Angehöriger beitragen, wie z.B. ein bezahlbares »Dementen-Sitting«.

Offene Gespräche mit Freunden führen

Eine Interviewpartnerin sagt, es wäre eine große Belastung für sie, wenn sie nicht über die Problematik mit ihrer an Demenz erkrankten Mutter sprechen könnte. Sie ist davon überzeugt: »Darüber sprechen, das ist eigentlich die Hilfe.« Damit drückt sie aus, welch ein wichtiges Ventil Gespräche sind. Mitteilen zu können, was einen bewegt, hilft, problematische Lebenssituationen zu bewältigen – so auch die Betreuung und Pflege eines erkrankten Angehörigen.

Um uns im Gespräch öffnen zu können, brauchen wir eine angstfreie, vertrauensvolle Gesprächsatmosphäre und ein Gegenüber, das Zeit für uns hat, uns annimmt und nicht »tratscht«.

Wenn das Gefühl besteht, dass Freunde und Freundinnen mit dem Thema gut umgehen können, und wenn es möglich ist, offen zu reden, kann der Austausch im Freundeskreis eine gute Entlastungsmöglichkeit sein.

Auf der anderen Seite ist es wichtig, sich vor Menschen zu schützen, die uns mit schlechten Ratschlägen erschlagen oder uns Vorhaltungen machen. So wurde in einem Gespräch gesagt: »Wenn einem jemand Vorwürfe macht, dann sollte man sich gleich von dem trennen, denn das belastet nämlich auch noch.«

Anderen geht es auch so – Unterstützung durch eine Selbsthilfegruppe

»Die Selbsthilfegruppe erspart uns Angehörigen den Psychiater«, hörte ich eine pflegende Ehefrau in einer Gruppe sagen.

Manchmal sind keine geeigneten Freunde vorhanden, oder es besteht die Befürchtung, sie zu sehr mit der Problematik zu belasten oder ihre Geduld über Gebühr zu strapazieren. Dann kann es hilfreich sein, sich einer Selbsthilfegruppe anzuschließen. Andere Menschen mit der eigenen Problematik zu sehr zu belasten ist in einer Selbsthilfegruppe schon von der Struktur her nahezu ausgeschlossen. In Selbsthilfegruppen sind alle Teilnehmer durch ihre persönliche Betroffenheit von einem gemeinsamen Problem

gleichrangig. Sie sind freiwillig da, alle durch ihre eigene Erfahrung quasi Experten und leisten sich so gegenseitig Hilfe.

Von vielen wird die Selbsthilfegruppe als ganz große Unterstützung erlebt. Sich regelmäßig in einem Rahmen austauschen zu dürfen, in dem alle wissen, wovon gesprochen wird, gibt das gute Gefühl, verstanden zu werden.

Die Selbsthilfegruppe ist aber nicht nur wichtig, um sich seine Sorgen und Nöte von der Seele zu reden, sondern auch – wie aus dem Bericht einer pflegenden Ehefrau hervorgeht –, um auf die nächsten Stadien der Demenz vorbereitet zu werden. Sie sagte, es sei zwar manchmal hart gewesen, von anderen Gruppenmitgliedern aufgezeigt zu bekommen, wie die Krankheit aussieht, wenn sie fortschreitet, aber durch die gedankliche Auseinandersetzung mit dem, was noch anstand, sei sie nicht so schockiert gewesen, wenn »es wieder einen Rutsch nach unten gab«. Sie ging sogar so weit, zu behaupten, man könne nur mit der Krankheit fertig werden, wenn man sich mit ihr auseinander gesetzt habe.

Manchmal ist professioneller Rat wichtig

Eine Interviewpartnerin berichtet, dass sie eine spezielle Beratungsstelle für Angehörige aufsuchte. Sie hatte das Bedürfnis sich professionellen Rat zu holen und machte die Erfahrung, dass sie sehr gut beraten wurde. Die ausgebildete Fachkraft stellte ihr die »richtigen« Fragen, die sie in ihrer Entscheidung weiterbrachten. Für sie ging es zu dem Zeitpunkt darum, sich darüber klar zu werden, ob sie ihre Mutter in ihrem Haus aufnehmen wollte oder nicht. Psychosoziale Beratung für pflegende oder begleitende Angehörige wird von verschiedenen Trägern angeboten. Meistens sind es Psychologinnen, Sozialpädagoginnen oder Familientherapeuten, die Angehörige in Einzelberatung und/oder in Gruppengesprächen bei der Bewältigung ihrer persönlichen
Pflege- und Betreuungsprobleme unterstützen.

Wenn die Belastung für die Angehörigen nicht mehr tragbar ist, kann in entlastenden Gesprächen nach Lösungswegen gesucht werden. Daneben werden bei Bedarf Sachinformationen zu Themen wie Krankheitsbild, häusliche Pflege, Pflegeversicherung etc. vermittelt.

In größeren Städten wird zuweilen auch ein Beratungstelefon angeboten. Pflegende oder Betreuende, die nicht persönlich in eine Beratungsstelle gehen können, weil ihre Lebenssituation es nicht zulässt oder weil sie anonym bleiben wollen, haben die Möglichkeit, sich auf diese Weise beraten zu lassen.

Hilfe durch Hilfsmittel

Wenn die Pflege eines demenzkranken Menschen durch eine Inkontinenz erschwert wird, kann es für die Pflegenden sehr entlastend sein, die richtigen Hilfsmittel zu finden.

Windelhosen (Pants), die als sehr saugfähig beschrieben werden, sind für einen 81-jährigen Befragten, der die Harn- und Stuhlinkontinenz seiner Ehefrau bewältigen muss, offenkundig die Rettung. Erleichtert sagt er: »Die Pants, die schaffen mir einige Freiheiten. Sonst könnte ich das gar nicht überleben.« Auch Kleidungsstücke, die leicht und schnell zu öffnen und auszuziehen sind, können so manches »Unglück« verhindern.

Manchmal hilft es auch, die Orientierung der Erkrankten zu unterstützen, indem das Licht in der Nacht brennen gelassen oder die Toilettentür mit einem entsprechenden Schild oder Bild versehen wird.

Verantwortung teilen

Die Interviews machen deutlich, dass die Betreuung oder Pflege der Erkrankten in den meisten Fällen vorwiegend von einer Person geleistet wird. Nur eine Frau berichtete von der selbstverständlichen, wohltuenden Unterstützung durch ein Familienmitglied. Sie beschreibt, wie gut es ihr tut, dass ihr Sohn einen Teil der Pflege ihres Vaters übernimmt, und ist sehr dankbar dafür, dass er sich regelmäßig zuverlässig kümmert. Besonders in Zeiten, in denen sie sich mit der Betreuungsarbeit überfordert fühlt, empfindet sie seine Einsätze als sehr entlastend.

Häufig ist es nicht möglich, Familienmitglieder in die Pflege oder Betreuung einzubeziehen, weil die Personen, die unterstützen könnten, nicht am Ort wohnen oder beruflich stark eingespannt sind – oder, wie eine Gesprächspartnerin sagte, »auch ihre Verpflichtungen haben«. Aber wer hat die nicht? Die Befragten machten die Erfahrung, dass die Beziehung zu nahen Familienmitgliedern, wie z.B. zu den erwachsenen Kindern oder zu Geschwistern, in der belastenden Pflegesituation auf den Prüfstand gestellt wird. Frauen und Männer, die ihre demenzkranken Partner pflegen, erhalten häufig nicht die praktische und seelische Unterstützung von ihren Kindern, die sie sich wünschen oder die sie erwarten. Stattdessen kommt es oft zu Meinungsverschiedenheiten bei der Pflege. Weil die Kinder in der Regel nicht so nah dran sind, können sie Entscheidungen ihrer pflegenden Mütter oder Väter nicht nachvollziehen und kritisieren diese, wenn es z. B. um Fragen der Behandlung des Kranken geht oder um die Entscheidung, ihn in ein Pflegeheim zu geben – oder nicht.

Wenn Kinder die Verantwortung für einen demenzkranken Elternteil übernehmen müssen, treten zwischen den Geschwistern nicht selten Verhaltens- und Rollenmuster aus der Kindheit wieder zu Tage. Gleichzeitig sind die Geschwister durch die Pflege oder Betreuung des demenzkranken Elternteils gezwungen, sich zu einigen. Dadurch wird ihre Beziehung häufig auf eine neue Art und Weise gefordert. Es können Konflikte aufbrechen, die vorher verdeckt waren. Unabhängig davon, ob die Konflikte offen zu Tage treten oder unausgesprochen bleiben, immer sind sie eine zusätzliche Belastung zu der ohnehin aufreibenden Pflege.

So erleben mehrere Interviewpartnerinnen, dass ihre Geschwister nicht so viel Verantwortung übernehmen, sich nicht so intensiv kümmern, wie sie es sich wünschen. Sie stellen fest, dass sie sich die Betreuungsarbeit ihrer Mutter oder ihres Vaters nicht – wie vorgestellt und vereinbart – teilen können, weil die Geschwister sich nicht auf die Problematik einlassen wollen, sich verweigern, sich nicht an Absprachen halten oder ständig neue Ausflüchte finden, um die Mutter oder den Vater nicht betreuen zu müssen. So wird viel darüber gestritten, wer für die Pflege oder Begleitung verantwortlich ist. Es wird aufgerechnet, wer wieviel Einsatz leistet. Auch wenn die Eltern in einem Heim leben, wird genau beobachtet, wer wie häufig einen Besuch in der Einrichtung macht.

Die Betreuung Gebenden, die die Pflege letztendlich durchführen, fühlen sich in der Folge überfordert und ausgelaugt. Oft gehen sie über ihre Grenzen und werden selbst krank. Die Demenz des Angehörigen kann so stark in ihr Leben eingreifen, dass sie das Gefühl haben, überhaupt nicht mehr zu existieren. So sagte eine Ehefrau, ihr Leben war zu Ende, als die Krankheit ihres Mannes begann. Begleitende, die mit sich selbst und ihren Problemen allein bleiben, weil sie so sehr von der Krankheit vereinnahmt werden, dass sie kein eigenes Leben mehr haben, geraten schnell in Einsamkeit und Isolation.

Von Freunden werden sie oft nicht mehr eingeladen, weil diese immer häufiger einen Korb zu bekommen – mit der Begründung,

die Krankheit lasse es nicht zu, aus dem Haus zu gehen. Von entfernten Verwandten werden sie häufig nicht gefragt, wie sie mit der kräftezehrenden Aufgabe fertig werden. Ihnen werden Misstrauen und Vorwürfe entgegengebracht: Oft wird ihnen nicht geglaubt, dass der Angehörige wirklich krank ist, und nicht selten wird ihnen offen oder unausgesprochen unterstellt, sie würden keine Pflege- oder Betreuungsleistung erbringen.

Verschaffen die Pflegenden sich Entlastung, indem sie fremde Personen in die Betreuung einbeziehen, müssen sie damit rechnen, dass ihnen Egoismus vorgeworfen wird. Wenn ihnen am Ende ihrer Kräfte keine andere Möglichkeit bleibt, als ihre Angehörigen in ein Heim zu geben, kann es passieren, dass sie verdächtigt werden, sie »abzuschieben«, weil sie sich ein »flottes Leben« machen wollen.

Diese Angriffe verursachen bei den Pflegenden, dass sie das Gefühl haben, sich rechtfertigen müssen, auch vor entfernten Verwandten, die sie in keiner Weise unterstützen und die – wenn überhaupt – nur ein- bis zweimal im Jahr kommen, um den Erkrankten zu besuchen.

Die fehlende Anerkennung des Geleisteten ist neben aller anstrengenden Pflege und Betreuung noch einmal eine starke zusätzliche seelische Belastung für die Pflege Gebenden. Eine Frau, die ihre an Demenz erkrankte Schwiegermutter seit sechs Jahren begleitet, drückte diese Ignoranz in einer Selbsthilfegruppe so aus: Die Betreuung wird von Außenstehenden nicht gewürdigt. Bei Demenzkranken, die ja nicht gewickelt oder sonst wie körperlich gepflegt werden müssen, heißt es dann: »Brauchst ja nur mal eine Treppe höher zu gehen! Wofür bekommst du denn das Pflegegeld, du tust doch gar nichts?«
Die »Hauptverantwortliche« – aus welchen Gründen auch immer sie es geworden ist – sollte der Familie sehr deutlich machen, dass die Pflege oder Begleitung eines demenzkranken Angehörigen eine außerordentlich zeit- und nervenaufreibende Verpflichtung ist und dass, auch wenn die Verantwortung nicht gleichmäßig auf mehrere Schultern verteilt werden kann, es sehr entlastend ist, wenn Familienmitglieder konkrete Einzelaufgaben der Pflege oder Betreuung übernehmen.

Fremde Hilfe bewirkt manchmal Wunder

Einige Gesprächspartner benannten die Möglichkeit, sich Entlastung zu schaffen, indem Personen, die nicht zur Familie gehören, in die Betreuung ihrer Angehörigen einbezogen werden. So sagte eine Interviewpartnerin, die zwischendurch stundenweise eine Frau aus dem Ort in die Betreuung ihrer Mutter einbindet, sie würde jedem der zu Hause pflegt, empfehlen, sich Entlastung von außen zu holen, weil einerseits die Pflege Gebenden dadurch zeitlich und kräftemäßig entlastet werden und es andererseits für ihre Mutter wesentlich leichter sei, sich von einer »fremden Frau« etwas sagen zu lassen als von den eigenen Töchtern. Dadurch, dass der Mutter die »fremde Frau« gut tut, haben die Angehörigen zusätzlich zum zeitlichen Faktor noch eine weitere Entlastung – eine entspanntere Mutter.

Die Voraussetzung für eine Entlastung mit Hilfe fremder Menschen ist, dass die Angehörigen die innere Haltung haben, etwas von der Betreuung abgeben zu können, und nicht meinen, alles allein machen zu müssen, nach dem Motto: »Keiner betreut meine Mutter so gut wie ich.«

Aber nicht nur die eigene Haltung, an der ja vielleicht noch gearbeitet werden kann, ist ausschlaggebend für dieses Konzept. Es kostet auch Geld, fremde Menschen in die Betreuung einzubeziehen. Und noch eine weitere Voraussetzung muss gewährleistet sein: Die zu begleitende Person muss es zulassen, dass fremde Menschen ihr so nahe kommen.

Wenn man in die Begleitung oder Pflege eingebunden ist und sieht, wie viel Unterstützung und Hilfe der Erkrankte braucht, ist es schwierig, den Blick von dem Kranken abzuwenden und – scheinbar egoistisch – auf die eigenen Bedürfnisse und Belastungsgrenzen zu schauen. Angehörige sollten sich aber – auch im Interesse des Erkrankten – immer vor Augen halten: Je frühzeitiger die Kranken sich daran gewöhnen, Hilfe von Außenstehenden zu erhalten, desto leichter können sie diese annehmen. Das Verteilen der Pflege auf mehrere Schultern ist häufig der Grund dafür, dass die Betreuung im häuslichen Umfeld über viele Jahre aufrechterhalten werden kann.

Pflege als Chance?

Wenn die Begleitung eines demenzkranken Angehörigen unter einigermaßen positiven Bedingungen stattfindet, wenn die Betreuung Gebenden sich nicht bis zur Erschöpfung verausgaben müssen, kann Pflege oder Begleitung durchaus eine positive Erfahrung sein.

Eine Tochter berichtet, dass sie Kraft daraus schöpft, dass ihre Mutter früher auch viel für sie getan hat, das sie quasi nun zurückgeben möchte. Und sie sagt: »Durch ihre Krankheit erfahre ich auch viel über mich – was ich mir so nie ausgesucht hätte! Solche Seiten in mir, die auch unschön sind, die man nicht so gern angucken mag. Dass man eben ungeduldig ist oder manchmal denkt: Jetzt könnte ich sie schütteln für diese Dummheit! So möchte ich natürlich nicht sein. Ich möchte auch lieber ein friedvoller Mensch sein. Dass ich das nicht immer bin, erfahre und lerne ich durch diese Krankheit. Dadurch lerne ich mich auch besser kennen.«

Ein Ehemann sagt, noch nie hätte er so eine sinnvolle Arbeit gehabt wie diese. Der Sinn der geleisteten Arbeit steht wohl für keinen der pflegenden Angehörigen außer Frage, sie wird von vielen als so wichtig empfunden, dass ein Abgeben der Pflege als Scheitern erfahren wird, als ein Nichterfüllen der selbst gestellten Aufgabe.

Es gibt keine Rezepte für eine gelingende Pflege, nur ein stetes Ausbalancieren der Bedürfnisse des Erkrankten und der eigenen – in jeder Pflegephase neu. Wenn die Angehörigen sich selbst gut behandeln, die eigenen Belastungsgrenzen achten, für Ausgleich sorgen, sich durch Gespräche mit Freunden oder in Selbsthilfegruppen Ventile schaffen und sich durch das Einbinden von Familienmitgliedern oder von fremden Menschen entlasten, ist allerdings schon viel erreicht auf dem Weg zu einer gelingenden Pflege.

Anhang

Beratungsstellen und Selbsthilfegruppen vor Ort, auch für Österreich, die Schweiz und Luxemburg finden Sie im Internet:

- www.deutsche-alzheimer.de/adressen.html
- www.alzheimerforum.de/2/9/1/291inh.html

Adressen für weitere Länder finden Sie im Internet unter:

- www.alzheimer-europe.org
- www.alz.co.uk

Eine Liste der **Memory-Kliniken und Gedächtnissprechstunden** für Deutschland, Österreich und die Schweiz gibt es im Internet unter: www.alzheimerforum.de/2/8/1/1/sprechst.html#D

Um **Hilfsangebote vor Ort** zu finden, empfiehlt es sich, unter folgenden Stichworten im Telefonbuch nachzuschlagen:

- Sozialstation/Pflegedienste/Häusliche Krankenpflege
- Gesundheitsamt, dort speziell der Sozialpsychiatrische Dienst
- Deutsches/Österreichisches/Schweizerisches Rotes Kreuz
- Diakonisches Werk der evangelischen Kirche
- Caritasverband der katholischen Kirche
- Arbeiterwohlfahrt
- Paritätischer Wohlfahrtsverband
- Johanniter-Unfall-Hilfe
- Malteser-Hilfsdienst

Erste Adressen in der Bundesrepublik Deutschland

Information und Beratung, Vermittlung von Kontakten zu regionalen Alzheimer-Gesellschaften und -Selbsthilfegruppen sowie Informationsbroschüren zum Aufbau von Selbsthilfegruppen,

zur Pflegeversicherung, zu rechtlichen und finanziellen Fragen bietet die
Deutsche Alzheimer-Gesellschaft e. V.
Friedrichstraße 236, D-10969 Berlin
Tel.: (030) 2 59 37 95-0, Fax: (030) 2 59 37 95 29
E-Mail: info@deutsche-alzheimer.de
Internet: www.deutsche-alzheimer.de
Das Alzheimer-Telefon der Deutschen Alzheimer-Gesellschaft ist bundesweit unter der Nummer 01803-171017 zu erreichen (9 Cent pro Minute).

Alzheimer Angehörigen-Initiative e. V.
Reinickendorfer Str. 61, D-13347 Berlin
Tel.: (030) 47 37 89 95, Fax: (030) 47 37 89 97
E-Mail: aai@alzheimerforum.de
Internet: www.alzheimerforum.de/aai/aai.html

Der **Ratgeber** »Mit neuem Mut Demenzkranke betreuen« ist gegen eine Schutzgebühr von 1,44 Euro erhältlich bei:
Hirnliga e. V.
Postfach 1366, 51657 Wiehl
Tel.: (02262) 9999917, Fax: (02293) 37 07
E-Mail: buero@hirnliga.de, Internet: www.hirnliga.de

Ein **kostenloser Ratgeber** für die häusliche Betreuung demenzkranker älterer Menschen, »Wenn das Gedächtnis nachlässt«, kann bestellt werden bei:
Bundesministerium für Gesundheit und Soziale Sicherung
Referat Information, Publikation, Redaktion
Postfach 500, D-53105 Bonn, Tel.: (0180) 5 15 15 10

Die Broschüre kann auch aus dem Internet heruntergeladen werden: www.bmgs.bund.de/download/broschueren/A504.pdf

Beratung und Hilfestellung bei der Gründung von **Betreuten Wohngemeinschaften** für Menschen mit Demenz bietet: Freunde alter Menschen e.V., Hornstr. 21, 10963 Berlin, Tel. (030) 6 91 18 83, Internet: www.freundealtermenschen.de. Unter der Adresse ist auch die kostenlose Broschüre »Ambulant betreute Wohngemeinschaften für Demenzkranke« (eine Planungshilfe) zu beziehen. Bitte einen mit 1,44 Euro frankierten DIN-A-4-Rückumschlag beilegen.

Erholung vom Pflegealltag wird angeboten:

- als Rehabilitation für Demenzkranke in Begleitung eines Angehörigen in Bad Aibling
  Kontakt: Neurologische Klinik Bad Aibling, Kolbermoorerstr. 72, 83043 Bad Aibling, Tel.: (08061) 38 79 10
- als gemeinsamer Urlaub für Demenzkranke und Angehörige im Ostseebad Boltenhagen-Tarnewitz
  Kontakt: Alzheimer-Gesellschaft Mecklenburg-Vorpommern e.V., Fasanenweg 7, 23946 Boltenhagen, Tel.: 0173-2 11 73 90, E-Mail: AlzGesMV@aol.com

Nähere Informationen zum Angebot und zur Finanzierung bitte dort erfragen. Regionale Angebote können bei den Alzheimer-Gesellschaften des jeweiligen Bundeslandes erfragt werden.

Informationen zu Rechtsfragen finden Sie im Internet:

- Vormundschaftsgerichtstag: www.vgt-ev.de
- Berufsbetreuer: www.betreuer-netz.de

Erste Adressen in Österreich

Alzheimer Angehörige Austria
A-1020 Wien, Obere Augartenstr. 26–28
Tel.: (01) 3 32 51 66, Fax: (01) 3 34 21 41
E-Mail: alzheimeraustria@aon.at
Internet: www.alzheimer-selbsthilfe.at

Pflegetelefon österreichweit und kostenlos: (0800) 20 16 22
E-Mail: pflegetelefon@bmsg.gv.at

»**Handbücher für die Pflege daheim**« können bestellt werden bei:
Bundesministerium für soziale Sicherheit
Generationen und Konsumentenschutz, Renate Winkler
Stubenring 1, A-1010 Wien
Tel.: (01) 7 11 00 - 32 73
E-Mail: renate.winkler@bmsg.gv.at

Erste Adressen in der Schweiz

Schweizerische Alzheimervereinigung
8, rue des Pecheurs, CH-1400 Yverdon-les-Bains
Tel.: (024) 4 26 20 00, Fax: (024) 4 26 21 67
E-Mail: alz@bluewin.ch, Internet: www.alz.ch
Verschiedene Broschüren können kostenlos bestellt werden, u.a. »Leben mit Demenz – Tipps für Angehörige und Betreuende«.

Eine Linksammlung zu **Rechts- und Finanzfragen** gibt es unter: www.alzheimer-net.ch/leben/recht.html

Tipps zum Weiterlesen

Udo Baer und Gabi Schotte: Das Herz wird nicht dement: Rat für Pflegende und Angehörige, Beltz Verlag, 2013
Rücksichtsvoll, warmherzig und verständlich beschreibt das Buch die Innenwelten von Demenzkranken. Ein Abschlusskapitel zeigt, was Pflegende zu ihrer eigenen Unterstützung brauchen.

Arno Geiger: Der alte König in seinem Exil. Deutscher Taschenbuch Verlag, 2012.
Arno Geiger hat ein äußerst berührendes Buch über seinen Vater geschrieben, der trotz seiner Alzheimerkrankheit mit Vitalität und Klugheit beeindruckt. Ein lebendiges, oft komisches Buch, das von einem Leben erzählt, das es immer noch zutiefst wert ist, gelebt zu werden.

Edda Klessmann: Wenn Eltern Kinder werden und doch die Eltern bleiben. Die Doppelbotschaft der Alzheimerdemenz. 6. Auflage, Bern: Verlag Hans Huber, 2006
Dieses Buch beschreibt die Erfahrungen und Gefühle einer Frau, die über zehn Jahre ihre demenzkranke Mutter betreut hat, erweitert durch Texte von Fachleuten. Alle Stadien der Krankheit werden anschaulich dargestellt und die Handlungsmöglichkeiten der Angehörigen ausgiebig erläutert.

Johanna Radenbach: Aktiv trotz Demenz: Handbuch für die Aktivierung und Betreuung von Demenzerkrankten. Schluetersche Verlag, 2009
Dieses Buch ist eine wahre Fundgrube für die Aktivierung und Betreuung von Demenzerkrankten. Professionellen Pflegekräfte und Laien bietet es Fachwissen und viele Ideen zur einfachen, kreativen und sinnvollen Aktivierung.

Swen Staack und Birgit Frohn: Demenz: Leben mit dem Vergessenen: Diagnose, Betreuung, Pflege – Ein Ratgeber für Angehöhrige und Betroffene. Mankau Verlag, 2012
Swen Staack, der für sein Engagement für Demenzkranke 2011 mit dem Bundesverdienstkreuz ausgezeichnet wurde, macht Mut, das Schicksal Demenz zu akzeptieren, dabei jedoch nicht zu resignieren: Schritt für Schritt wird vorgestellt, was von der Diagnose über die tägliche Betreuung in der Häuslichkeit bis hin zum Aufenthalt im Heim zu beachten und zu tun ist. Dazu gibt es eine einfach umzusetzende To-Do-Liste ein wertvoller Fahrplan für alle Betroffenen.

Sylvia Zacharias: Diagnose Alzheimer. Helmut Zacharias. Ein Bericht. Hirnliga e.V., 2000
Die Tochter des großen Geigers schildert die Entwicklung der Alzheimerkrankheit, dokumentiert die Veränderungen seines Verhaltens und die Hilflosigkeit seiner Familie. Ein Buch, das die Gefühle der Angehörigen sehr gut darstellt. Es ist zum Preis von 10 Euro direkt bei der Hirnliga e. V. (Adresse s. o.) zu beziehen.

Danksagung

Abschließend möchte ich meinen Gesprächspartnerinnen und Gesprächspartnern noch einmal ganz herzlich danken. Ich weiß es sehr zu schätzen, dass sie die Bereitschaft hatten, so intensiv in ein derart persönliches Thema einzusteigen. Und eines ist klar: Ohne sie wäre dieses Buch nicht zustandegekommen.

Sehr gefreut habe ich mich über die freundliche Unterstützung durch die Deutsche Alzheimer-Gesellschaft, insbesondere Hans-Jürgen Freter danke ich für seine sachkundige Manuskriptdurchsicht.

Danken möchte ich auch meinem Mann, Hans-Jürgen Huth, der immer der erste war, der sich die fertigen Texte anhörte, und mir eine Rückmeldung gab, ob sie gut verständlich und interessant zu hören sind oder nicht. Außerdem sorgte er stets dafür, dass mein PC und mein Drucker funktionierten, und hielt mir den Rücken frei, damit ich neben der Betreuung meiner Mutter in dieser Form an dem Thema Demenz arbeiten konnte.

Auch durch meine Freundinnen bekam ich sehr anregende Unterstützung:

Ilona Ahrlich hatte als Tochter einer demenzkranken Mutter einen sicheren Blick dafür, was in meinem Manuskript noch fehlte.

Von Brigitte Douglas konnte ich in Bezug auf ihre Sprachgewandtheit sehr viel lernen.

Marion Kutz hatte immer ein offenes Ohr für mich, wenn mir Fragen auf den Nägeln brannten. Sie half mir, Gedanken zu sortieren und Kapitel zu strukturieren.

Es erfüllt mich mit Dankbarkeit, wie intensiv sich alle auf meine Arbeit einließen.

Die Autorin

Inga Tönnies wurde 1952 in Seesteraudeich (Schleswig-Holstein) geboren und wuchs auf der Insel Helgoland auf. Mit fast 40 Jahren kündigte sie 1990 ihre Erzieherinnentätigkeit, um Sozialwissenschaft und Psychologie zu studieren.
Nach dem Studium arbeitete sie als Sozialwissenschaftlerin in einem Sozialforschungsinstitut, wo sie u. a. Interviews mit wohnungslosen Menschen für eine Studie zur Entstehung von Wohnungslosigkeit durchführte. Anschließend arbeitete sie an einer integrierten Gesamtschule als pädagogische Mitarbeiterin im Medienbereich.
Seit Herbst 1999 ist sie nicht mehr erwerbstätig, weil sie nach dem Tod ihres Vaters zusammen mit ihrer Schwester die Betreuung ihrer demenzkranken Mutter übernommen hat.

Kontakt: per E-Mail (i.toennies@gmx.de) oder per Brief. Dazu bitte einen frankierten Brief in einem Umschlag an den Verlag schicken: BALANCE buch + medien verlag, Ursulaplatz 1, 50668 Köln.

Zeitfracht Medien GmbH
Ferdinand-Jühlke-Straße 7
99095 Erfurt, Deutschland
produktsicherheit@kolibri360.de